LA DI FISCAL Y SUS PRINCIPIOS BÁSICOS

2024

Consideraciones Previas al Juicio
Contencioso Administrativo Federal

Doctorando en Derecho, Jaime Romo García
Magistrado Regional del Tribunal Federal de
Justicia Administrativa

Primera edición Agosto de 2014.

Segunda edición Marzo de 2018.

Tercera edición Mayo   de 2020.

Cuarta edición Enero de 2024.

DATOS DEL AUTOR

Jaime Romo García, alumno y maestro de la Facultad de Derecho de la Universidad Nacional Autónoma de México, de la que es egresado.

- **Inició su carrera en la Administración Pública Federal, en abril de 1979**, al ingresar a la Dirección General de Asuntos Jurídicos de la entonces denominada Secretaría de Comercio.

- **Secretario de Acuerdos** del actual Tribunal Federal de Justicia Administrativa, tanto en el interior de la República como en el área Metropolitana.

- **Secretario de Acuerdos** del Tribunal de lo Contencioso Administrativo del Distrito Federal, actual Tribunal de Justicia Administrativa de la Ciudad de México.

- **Administrador Local Jurídico de Ingresos** de la Secretaría de Hacienda y Crédito Público, con adscripción en el Municipio de Benito Juárez, Cancún, Estado de Quintana Roo.

- **Administrador Local de Auditoría Fiscal** de la propia Secretaría de Estado, en la misma entidad federativa.

- **Secretario Auxiliar de la Presidencia** del actual Tribunal Federal de Justicia Administrativa.

- **Secretario de Acuerdos de la Sala Superior** del propio Tribunal.

- **Especialización en Materia de Amparo**, en el Instituto Mexicano del Amparo, que en vida presidiera el Dr. Ignacio Burgoa Orihuela.

- **Diplomado Automatizado en Impuestos** en el Instituto Tecnológico Autónomo de México (ITAM).

- **Diplomado en Propiedad Intelectual** en el propio ITAM.

- **Diplomado en Derecho Procesal Constitucional**, en la Casa de la Cultura Jurídica, con sede en Mérida, Yucatán, de la Suprema Corte de

Justicia de la Nación.

- **Maestro en Impuestos**, en el Instituto de Enseñanza Tributaria, con sede en Mérida, Yucatán.

- **Doctorando en Derecho**, en la Universidad Anáhuac Mayab, con sede en Mérida, Yucatán.

- **Se le han publicado varios ensayos** en la revista que edita el Tribunal Federal de Justicia Administrativa.

- **Ensayo publicado** en la Revista *"Praxis de la Justicia Fiscal y Administrativa",* intitulado *"Propuesta para adecuar el Sistema de Turno, de expedientes del Sistema de Control de Juicios, al Juicio en la Vía Sumaria".*

- **Ensayo publicado** en la obra de homenaje póstumo al Ex Procurador Fiscal de la Federación, Lic. Miguel Valdez Villarreal.

- **Conferencista** en distintos foros, como son, a saber: Distrito Federal, actual Ciudad de México, Querétaro, Guanajuato, Jalisco, Sinaloa, Quintana Roo, Yucatán y Campeche.

- **Director de diversas tesis** a nivel licenciatura en el Seminario de Derecho Fiscal y Finanzas Públicas, de la Facultad de Derecho de la Universidad Nacional Autónoma de México.

- **Profesor**, impartió la cátedra Clínica de Derecho Fiscal, a nivel Licenciatura, en la Facultad de Derecho de la Universidad Autónoma de Yucatán, del mismo modo que impartió la cátedra de Derecho Procesal Fiscal, dentro de los Programas de Maestría y Especialización en la Unidad de Postgrado e Investigación de la propia Facultad.

- **Profesor**, en el Instituto de Enseñanza Tributaria, Consilium, con sede en Mérida, Yucatán, donde imparte el DIPLOMADO EN DEFENSA FISCAL, del mismo modo que lo hace en los Estados de Quintana Roo, Campeche y Veracruz.

- **Profesor**, a partir del mes de octubre de 2023, forma parte del Claustro de Maestros del Centro de Estudios Superiores en Materia de Derecho Fiscal y Administrativo, del Tribunal Federal de Justicia Administrativa.

- Con fecha 4 de febrero de 2003, el C. Presidente Constitucional de los Estados Unidos Mexicanos, con aprobación del Senado de la República, lo nombró Magistrado Regional del actual Tribunal Federal de Justicia Administrativa, con adscripción en la Sala Regional Peninsular, con sede en la Ciudad de Mérida, Estado de Yucatán.

- En Sesiones Ordinarias de los Cabildos correspondientes, se le nombró **VISITANTE DISTINGUIDO**, en la muy NOBLE Y LEAL Ciudad de Santiago de Querétaro; en la Ciudad y Puerto de Mazatlán, Sinaloa; y en la Ciudad de Chapala, Estado de Jalisco.

- Fue **Vicepresidente Regional Peninsular**, del Colegio Nacional de Profesores e Investigadores de Derecho Fiscal y Finanzas Públicas, A.C.

- Es **Presidente de la Academia de Derecho Fiscal de Yucatán, A.C.**

- El 30 de abril de 2009, fue nuevamente nombrado por el C. Presidente Constitucional de los Estados Unidos Mexicanos, con aprobación del Senado de la República, para seguir en el cargo de Magistrado adscrito a la Sala Regional Peninsular del Tribunal Federal de Justicia Administrativa con sede en la Ciudad de Mérida Yucatán.

- El 29 de abril de 2019, concluyó su nombramiento como Magistrado del tribunal mencionado.

- El 22 de mayo de 2023, por virtud de la interposición de un Juicio de Amparo, se le reincorporó en el ejercicio de la Magistratura, habiendo quedado adscrito a la Sala Regional del Caribe y Auxiliar, con sede en el Municipio de Benito Juárez, Cancún, Quintana Roo.

ENERO 2024.

DEDICATORIAS

A mis hijos, Lic. en Derecho Emmanuel Romo Heras y Lic. en Contaduría y Lic. en Derecho, Jaime Eduardo, **Romo Heras**, exhortándoles desde ahora, para que en el futuro, sean ellos quienes asuman llevar a cabo, las actualizaciones que la presente obra requiera.

A mi querida amiga, Magistrada Ana Luz Brun Iñárritu, con quien tuve la fortuna de colegiar en la Sala Regional Peninsular del Tribunal Federal de Justicia Administrativa, a lo largo de diez años, habiendo sostenido con ella, verdaderos esgrimas intelectuales que se vieron enriquecidos con su elevada agudeza jurídica.

AGRADECIMIENTOS

De manera muy puntual y cumplida, dejo testimonio de mi más sincero agradecimiento, a la generosidad de mis colaboradores y amigos, Licenciados en Derecho, Martha Laura Salas Torres, Aldo Andrés Cortés Vivaldo y Jhonny Alexander López Ramírez, por su incondicional apoyo en la investigación y consecuente actualización de este modesto trabajo.

"Bienaventurados los que tienen hambre y sed de justicia, pues ellos serán saciados" (Mateo 5:6)

INTRODUCCIÓN

Esta obra, intitulada **"La Defensa Fiscal y sus Principios Básicos"**, subtitulada como: "Consideraciones Previas al Juicio Contencioso Administrativo Federal", es el resultado de la experiencia acumulada a lo largo de más de treinta y ocho años en el ejercicio de las materias fiscal y administrativa, que el Autor ha adquirido como funcionario jurisdiccional, al servicio de una honorable Institución, noble y generosa, como lo es el Tribunal Federal de Justicia Administrativa, a quien en gran medida debe su formación, incluida en ella su intervención en el pensamiento de varias generaciones de alumnos que han pasado por las aulas, en las distintas Universidades en las que ha impartido las clases de Derecho Fiscal y Práctica Forense de Derecho Fiscal, mismas que le reclaman, escribir y presentar a los lectores de esta obra, de manera amigable, sencilla y sin rebuscamientos lo que para él es la piedra angular y por lo mismo, el basamento de lo que es la defensa fiscal en nuestro país, describiéndolo a grandes pinceladas, tal y como le hubiera gustado que se lo hubieran dado a conocer a él hace ya un buen número de años.

"La Defensa Fiscal y sus Principios Básicos", es una investigación profunda en la que el Autor se propone, concentrar Ciencia Jurídica Pura, en las materias, Fiscal y Administrativa, para administrarla a sus lectores, a manera de Cápsulas del Saber, de tal manera que este trabajo puede ser de utilidad para cualquier persona que se interese por las materias: fiscal y administrativa, dado que contiene un conjunto de conocimientos elementales, básicos, que le permitirán, al estudioso, adentrarse en el manejo de razonamientos lógico-jurídicos que harán propicio su acceso a estas materias tan técnicas, de manera sencilla, facilitando la comprensión de conceptos que serán de utilidad para entender y aplicar dichas materias; y para el caso de los profesionistas versados en ellas, les será útil como un simple elemento de consulta que de manera pronta, les dé referencia de algún concepto que momentáneamente la memoria les llegare a negar.

Sean pues estas breves palabras, una invitación a la lectura, examen y crítica de este modesto trabajo.

Atentamente
El autor.

NOTAS IMPORTANTES

PRIMERA. Las tesis aisladas y jurisprudencias que se invocan en este libro, a fin de ilustrar su contenido, habrá que tomarlas con las reservas del caso, pues son aplicables en cuanto a su esencia, por lo que en algunos casos habrá que buscar el artículo o el ordenamiento legal que en la actualidad sean los correlativos, a las que en ella se citan.

EJEMPLO: La tesis que lleva por rubro: *INCOMPETENCIA DE ORIGEN. NOCION Y DIFERENCIAS CON LA COMPETENCIA A QUE SE REFIERE EL ARTÍCULO 16 CONSTITUCIONAL*, alude al artículo 238, fracción I, del Código Fiscal de la Federación, cuando en la actualidad su correlativo es el numeral 51, fracción I, de la Ley Federal de Procedimiento Contencioso Administrativo, por virtud de que se abrogó el Título VI del Código Fiscal de la Federación, para dar lugar a la promulgación de la Ley Federal con anterioridad señalada.

SEGUNDA. Las citas y comentarios que se hacen en relación al Código Fiscal de la Federación, están actualizadas conforme al Decreto por el que Reforman, Adicionan y Derogan diversas disposiciones de la Ley del Impuesto sobre la Renta, de la Ley del Impuesto al Valor Agregado, de la Ley del Impuesto Especial sobre Producción y Servicios y del Código Fiscal de la Federación, publicado en el **Diario Oficial de la Federación el 12 de noviembre de 2021, para entrar en vigor el 1o. de enero de 2022, sin que a la fecha de publicación de la presente obra, (2024) exista modificación alguna.**

ÍNDICE

BIBLIOGRAFÍA

LEGISLACIÓN

LA DEFENSA FISCAL Y SUS PRINCIPIOS BÁSICOS

Esta obra no tendría ninguna relevancia si no tenemos presentes, aun cuando sea de manera selectiva, desde el punto de vista del autor, conceptos fundamentales de constante observancia en las materias fiscal y administrativa, dado que como la defensa fiscal y administrativa es de la que se ocupará este trabajo, es claro que la misma reclama la atención de nosotros los administrados, gobernados o justiciables, para estar en condiciones de proteger nuestra esfera de derechos.

Así las cosas, al ser trascendente que a partir del 10 de junio de 2011, se respira un nuevo orden constitucional en México, por virtud tanto de la reforma practicada al párrafo segundo, como de la adición que se hizo del párrafo tercero al artículo 1º de la Constitución Política de los Estados Unidos Mexicanos, privilegiándose los derechos humanos contenidos tanto en la propia constitución como en los tratados internacionales en los que el Estado Mexicano sea parte, se considera imprescindible llevar a cabo algunas consideraciones en torno a los derechos humanos, surgiendo de inmediato la siguiente pregunta:

1. ¿QUÉ SON LOS DERECHOS HUMANOS?

De una consulta realizada a la página web de la Organización de las Naciones Unidas[1,] encontramos que los derechos humanos se definen de la siguiente manera:

"Los derechos humanos son derechos inherentes a todos los seres humanos, sin distinción alguna de nacionalidad, lugar de residencia, sexo, origen nacional o étnico, color, religión, lengua, o cualquier otra condición. Todos tenemos los mismos derechos humanos, sin discriminación alguna. Estos derechos son interrelacionados, interdependientes e indivisibles."

Por su parte, la Comisión Nacional de los Derechos Humanos, México[2], en su página web, nos proporciona la siguiente definición de derechos humanos:

"Los Derechos Humanos son el conjunto de prerrogativas sustentadas en la dignidad humana, cuya realización efectiva resulta indispensable para el desarrollo integral de la persona."

Ahora bien, de manera concreta y para fácil retención, nosotros

---

[1] http://www.ohchr.org/SP/Issues/Pages/WhatareHumanRights.aspx
[2] http://www.cndh.org.mx/

definiremos a los derechos humanos, como aquéllos que tiene una persona, por el simple hecho de ser humana y que tienen la característica de ser inalienables e imprescriptibles.

Se precisa que el término inalienable, significa que los derechos humanos no son objeto de comercio, puesto que no se pueden comprar ni vender, denotándose también que el término imprescriptibles, como su nombre lo dice, significa que no puede perder vigencia o validez el derecho del ser humano para demandar el respeto y observancia de sus derechos humanos.

2. ¿CÓMO SE CLASIFICAN LOS DERECHOS HUMANOS?

De una investigación realizada tanto a nuestro derecho doméstico, como a nivel internacional se observa que la clasificación generalmente aceptada de los derechos humanos, es aquella que hace referencia a las generaciones en las que los mismos fueron reconocidos y así tenemos que la división de los derechos humanos en tres generaciones, fue inicialmente propuesta por el jurista checo, Karel Vasak en 1979, en el Instituto Internacional de Derechos Humanos, en Estrasburgo, Francia, quién para establecer dicha clasificación atendió a las nociones centrales de las tres frases que fueron la divisa de la revolución francesa: Libertad, Igualdad, Fraternidad.

DERECHOS HUMANOS DE PRIMERA GENERACIÓN

Tal y como lo refiere Magdalena Aguilar Cuevas[3], Hay coincidencia generalizada en que los derechos humanos de Primera Generación, "Surgen con la Revolución Francesa, como rebelión contra el absolutismo del monarca. Se encuentra integrada por los denominados derechos civiles y políticos. Imponen al Estado respetar siempre los Derechos Fundamentales del ser humano, (a la vida, la libertad, la igualdad, etc.)".

Dentro de esta clasificación se encuentran además: el derecho a la libertad y seguridad personal; el derecho a la libertad de pensamiento, conciencia y religión; el derecho a la libertad de opinión; el derecho a la libre circulación; el derecho de elegir y ser elegido; el reconocimiento de la personalidad jurídica; el derecho a la vida privada; el derecho de reunión y de asociación; el derecho a contraer matrimonio; el derecho a la igualdad en el acceso a funciones públicas; el derecho a no ser torturado; el derecho a no ser esclavizado ni a realizar trabajo forzoso, a menos que en éste último punto, lo justifique la ley; etc.

DERECHOS HUMANOS DE SEGUNDA GENERACIÓN

Los derechos humanos de Segunda Generación, a decir, de la citada,

---

[3] Aguilar Cuevas Magdalena. Derechos Humanos. Artículo publicado en la revista número 30 del Órgano Informativo de la Comisión de Derechos Humanos del Estado de México. 1998.

Magdalena Aguilar Cuevas[4], *"La constituyen los Derechos de tipo Colectivo, los Derechos Sociales, Económicos y Culturales. Surgen como resultado de la Revolución Industrial. En México, la Constitución de 1917, incluyó los Derechos Sociales por primera vez en el mundo. Constituyen una obligación de hacer del Estado y son de satisfacción progresiva de acuerdo a las posibilidades económicas del mismo"*.

Dentro de los derechos humanos de Segunda Generación, encontramos los siguientes: derecho al trabajo; derecho a una remuneración justa y equitativa en el trabajo; derecho a la seguridad social e higiene en el trabajo; derecho a la igualdad de oportunidades para efectos de promoción; derecho a una jornada laboral de ocho horas; derecho a un período vacacional remunerado; derecho a sindicalizarse; derecho a alcanzar un nivel adecuado de vida; y, derecho a participar en el desarrollo y vida cultural de la sociedad; entre otros.

DERECHOS HUMANOS DE TERCERA GENERACIÓN

De igual manera, para Aguilar Cuevas[5], los derechos humanos de Tercera Generación "Se forma por los llamados Derechos de los Pueblos o de Solidaridad. Surgen en nuestro tiempo como respuesta a la necesidad de cooperación entre las naciones, así como de los distintos grupos que las integran".

Entre los derechos humanos de Tercera Generación se cuentan: el derecho a la autonomía y libre autodeterminación de los pueblos; el derecho a la protección del medio ambiente; el derecho a la paz; y, el derecho a beneficiarse del patrimonio común de la humanidad.

Es muy importante mencionar, que en Foros Científicos celebrados en distintas latitudes del mundo, se ha propuesto se adicione a la clasificación universal con anterioridad mencionada, la relativa a los **DERECHOS HUMANOS DE CUARTA GENERACIÓN**, refiriéndose específicamente a la **Manipulación Genética,** pero al haberse considerado que estos quedan comprendidos dentro de los Derechos Humanos de Primera Generación, (DERECHO A LA VIDA), tal propuesta no fue aceptada.

De igual manera, de trascendental importancia resulta plantearnos la siguiente interrogante:

3. ¿LAS PERSONAS MORALES TIENEN DERECHOS HUMANOS?

A lo que responderemos que si bien es cierto que el Órgano Reformador de la Constitución no dispuso expresamente como titulares de los derechos consagrados en ella a las personas jurídicas; esto es, a LAS PERSONAS MORALES, en opinión del autor, es válido sostener que si bien el texto

---

[4]. *Idem.*
[5]. *Idem.*

constitucional citado alude lisa y llanamente al término "personas", es claro que de una interpretación extensiva, funcional y útil, que se haga, debe entenderse que el espíritu de la reforma no sólo se orienta a la tutela de las personas físicas, sino también a las jurídicas; esto es, a las Personas Morales, en aquellos derechos compatibles con su naturaleza, como lo son, a saber, el de acceso a la justicia, la seguridad jurídica, la legalidad, la propiedad y los relativos a la materia tributaria, entre otros, máxime si se considera que la Corte Interamericana de Derechos Humanos, ha reconocido explícitamente, en normas fundamentales e instrumentos internacionales, que las personas jurídicas, en determinados supuestos, son titulares de los derechos consagrados en el Pacto de San José, al reconocer el derecho de constituir asociaciones o sociedades para la consecución de un determinado fin y que en esta medida, son objeto de protección.

En efecto, en la tesis I.4o.A.2 K (10a.)[6], el Cuarto Tribunal Colegiado En Materia Administrativa Del Primer Circuito, ha sostenido que si bien es cierto que el Órgano Reformador de la Constitución no dispuso expresamente como titulares de los derechos consagrados en ella a las personas jurídicas, como sí se hace en otras normas fundamentales e instrumentos internacionales como la Constitución Alemana o el Protocolo No. 1 a la Convención Europea de Derechos Humanos, también lo es que el texto constitucional citado alude lisa y llanamente al término "personas", por lo que de una interpretación extensiva, funcional y útil, debe entenderse que no sólo se orienta a la tutela de las personas físicas, sino también de las jurídicas, en aquellos derechos compatibles con su naturaleza, como los de acceso a la justicia, seguridad jurídica, legalidad, propiedad y los relativos a la materia tributaria, entre otros, máxime que la Corte Interamericana de Derechos Humanos ha reconocido explícitamente, en el caso Cantos vs. Argentina, que las personas jurídicas, en determinados supuestos, son titulares de los derechos consagrados en el Pacto de San José, al reconocer el de constituir asociaciones o sociedades para la consecución de un determinado fin y, en esta medida, son objeto de protección.

Además, precisó que México ha suscrito un sinnúmero de pactos internacionales en los que ha refrendado el compromiso de respetar los derechos humanos en su connotación común o amplia, lo que incluye la relación y sentido que a la institución se atribuye en el ámbito nacional, pero también el reconocido en otras latitudes, reforzando el corpus iuris aplicable que, como bloque de constitucionalidad, recoge la Constitución Mexicana y amplía o complementa a convenciones, en particular a la inicialmente mencionada. Refuerza lo anterior el hecho de que a partir de la nueva redacción del artículo 1o. constitucional y de la sentencia dictada por el Pleno de la Suprema Corte de Justicia de la Nación con motivo del acatamiento a lo ordenado en el caso Radilla Pacheco, registrada bajo el número varios

---

[6] Fuente: Semanario Judicial de la Federación y su Gaceta. Libro XXIII, Agosto de 2013, Tomo 3, página 1408. Registro digital: 2004199

912/2010, que aparece publicada en el Semanario Judicial de la Federación y su Gaceta, Décima Época, Libro I, Tomo 1, octubre de 2011, página 313, las normas relativas a los derechos humanos deben interpretarse de la forma más benéfica para la persona, lo que implica que no necesariamente hay una jerarquía entre ellas, sino que se aplicará la que ofrezca una protección más amplia; en esta medida, si diversos instrumentos internacionales prevén como titulares de derechos humanos a las personas jurídicas, debe seguirse esta interpretación amplia y garantista en la jurisprudencia mexicana.

4. EL SISTEMA INTERAMERICANO DE DERECHOS HUMANOS

Una vez analizado lo anterior, es importante conocer qué pasa cuando alguna autoridad del Estado Mexicano viola nuestros derechos humanos y los órganos jurisdiccionales nacionales no consideran que existen dichas violaciones.

En ese caso, lo que pasa es que tendremos que acudir a la Corte Interamericana de Derechos Humanos, en busca de que sea dicho Órgano Internacional, quien decida en última instancia nuestro conflicto con los Órganos de Gobierno Nacionales.

Así las cosas, de manera ilustrativa, enseguida consignamos las siguientes preguntas que fueron tomadas del texto denominado *"ABC CORTE INTERAMERICANA DE DERECHOS HUMANOS", a fin de conocer, el cómo, cuándo, dónde y el porqué de la razón de ser, de la Corte Interamericana de Derechos Humanos 2020,* consultable en https://www.corteidh.or.cr/sitios/libros/todos/docs/abc_corteidh_2020.pdf

A).- ¿QUÉ ES LA CONVENCIÓN AMERICANA DE DERECHOS HUMANOS?

La Convención Americana, también llamada Pacto de San José de Costa Rica, es un Tratado Internacional que prevé derechos y libertades que tienen que ser respetados por los Estados Parte.

Asimismo, la Convención establece que la Comisión y la Corte son los órganos competentes para conocer los asuntos relacionados con el cumplimiento de los compromisos contraídos por los Estados Partes de la Convención y regula su funcionamiento.

La Convención Americana fue adoptada tras la Conferencia Especializada Interamericana de Derechos Humanos, el 22 de noviembre de 1969, en la Ciudad de San José de Costa Rica y entró en vigor el 18 de julio de 1978, conforme a su artículo 74.2

En México, la Convención fue adoptada el 24 de marzo de 1981. Posteriormente, el Pleno de la Suprema Corte de Justicia de la Nación, en la contradicción de tesis 293/2011, estableció que los Derechos Humanos contenidos en la Constitución y en los Tratados Internacionales, tales como aquellos consagrados en la Convención Americana, constituyen el parámetro de control de regularidad constitucional, por lo cual se encuentran insertos dentro del orden jurídico nacional, ello en consonancia con las reformas constitucionales en materia de derechos humanos del 10 de junio de 2011. No obstante, las restricciones a los derechos humanos contenidas expresamente en la constitución federal, prevalecen sobre la norma convencional.

B).- ¿QUÉ ES EL SISTEMA INTERAMERICANO DE DERECHOS HUMANOS?

Los Estados Americanos, en el ejercicio de su soberanía y en el marco de la Organización de Estados Americanos, adoptaron una serie de instrumentos internacionales que se han convertido en la base de un sistema regional de promoción y protección de los derechos humanos, conocido como el Sistema Interamericano de Protección de los Derechos Humanos.

Dicho Sistema reconoce y define los derechos consagrados en esos instrumentos y establece obligaciones tendientes a su promoción y protección.

Asimismo, a través de este Sistema se crearon dos órganos destinados a velar por su observancia: **La Comisión Interamericana de Derechos Humanos** y **la Corte Interamericana de Derechos Humanos**.

El Sistema Interamericano se inició formalmente con la aprobación de la Declaración Americana de Derechos y Deberes del Hombre en 1948. Adicionalmente, el Sistema cuenta con otros instrumentos como la Convención Americana sobre Derechos Humanos; Protocolos y Convenciones sobre temas especializados, como la Convención para Prevenir y Sancionar la Tortura, la Convención sobre la Desaparición Forzada y la Convención para Prevenir, Sancionar y Erradicar la Violencia contra la Mujer, entre otros; y los Reglamentos y Estatutos de sus órganos.

C).- ¿CUÁLES ÓRGANOS COMPONEN EL SISTEMA INTERAMERICANO DE DERECHOS HUMANOS?

El Sistema Interamericano de Derechos Humanos está compuesto por la Comisión Interamericana de Derechos Humanos. (CIDH) y la Corte Interamericana de Derechos Humanos (Corte IDH).

D).- ¿QUÉ ES LA COMISIÓN INTERAMERICANA Y CUÁLES SON SUS ATRIBUCIONES?

La función principal de la Comisión es la de promover la observancia y la defensa de los derechos humanos y servir como órgano consultivo de la Organización de Estados Americanos en esta materia.

La Comisión, por un lado, tiene competencias con dimensiones políticas, entre las cuales destacan la realización de visitas *in loco* y la preparación de informes acerca de la situación de los derechos humanos en los Estados miembros.

Por otro lado, realiza funciones con una dimensión cuasi-judicial. Es dentro de esta competencia que **recibe las denuncias de particulares u organizaciones relativas a violaciones a derechos humanos, examina esas peticiones y adjudica los casos en el supuesto de que se cumplan los requisitos de admisibilidad.**

E).- ¿QUÉ ES LA CORTE INTERAMERICANA Y CUÁLES SON SUS ATRIBUCIONES?

La Corte Interamericana es uno de los tres tribunales regionales de protección de los derechos humanos, conjuntamente con la Corte Europea de Derechos Humanos y la Corte Africana de Derechos Humanos y de los Pueblos.

Es una institución judicial autónoma cuyo objetivo es aplicar e interpretar la Convención Americana.

La Corte Interamericana ejerce una función contenciosa, dentro de la que se encuentra la resolución de casos contenciosos y el mecanismo de supervisión de sentencias; una función consultiva; y la función de dictar medidas provisionales.

F).- ¿CÓMO PUEDO LLEVAR UN CASO ANTE LA CORTE IDH?

Sólo los Estados Partes y la Comisión pueden someter un caso ante la Corte IDH.

Las personas no pueden acudir directamente a la Corte IDH, y **deben primero presentar su petición ante la Comisión y completar los pasos previstos ante ésta.**

G).- ¿SON VINCULANTES LAS JURISPRUDENCIAS DE LA CORTE INTERAMERICANA DE DERECHOS HUMANOS AUNQUE EL ESTADO MEXICANO NO HAYA SIDO PARTE EN EL LITIGIO DEL QUE DERIVAN?

La respuesta es sí, toda vez que, con independencia de que el Estado Mexicano haya sido parte en el litigio ante dicho tribunal, los criterios jurisprudenciales de la Corte Interamericana de Derechos Humanos, resultan vinculantes para los Jueces nacionales al constituir una extensión de la Convención Americana sobre Derechos Humanos, tal como ha sido sostenido por el Pleno de la Suprema Corte de Justicia de la Nación, en la siguiente jurisprudencia[7]:

---

[7] Fuente: Jurisprudencia P./J. 21/2014 (10a.), con registro digital 2006225, de la décima época, publicada en la Gaceta del Semanario Judicial de la Federación, libro 5, de abril de 2014, tomo I, página 204.

"JURISPRUDENCIA EMITIDA POR LA CORTE INTERAMERICANA DE DERECHOS HUMANOS. ES VINCULANTE PARA LOS JUECES MEXICANOS SIEMPRE QUE SEA MÁS FAVORABLE A LA PERSONA. **Los criterios jurisprudenciales de la Corte Interamericana de Derechos Humanos, con independencia de que el Estado Mexicano haya sido parte en el litigio ante dicho tribunal, <u>resultan vinculantes</u> para los Jueces nacionales al constituir una extensión de la Convención Americana sobre Derechos Humanos,** *toda vez que en dichos criterios se determina el contenido de los derechos humanos establecidos en ese tratado. La fuerza vinculante de la jurisprudencia interamericana se desprende del propio mandato establecido en el artículo 1o. constitucional, pues el principio pro persona obliga a los Jueces nacionales a resolver cada caso atendiendo a la interpretación más favorable a la persona. En cumplimiento de este mandato constitucional, los operadores jurídicos deben atender a lo siguiente: (i) cuando el criterio se haya emitido en un caso en el que el Estado Mexicano no haya sido parte, la aplicabilidad del precedente al caso específico debe determinarse con base en la verificación de la existencia de las mismas razones que motivaron el pronunciamiento; (ii) en todos los casos en que sea posible, debe armonizarse la jurisprudencia interamericana con la nacional; y (iii) de ser imposible la armonización, debe aplicarse el criterio que resulte más favorecedor para la protección de los derechos humanos."*

(Énfasis añadido)

5. CONSOLIDACIÓN DE LOS DERECHOS HUMANOS EN MÉXICO

En México se consolidaron, los Derechos Humanos, a través de tres momentos:

-Reforma constitucional de 10 de junio de 2011.

-Resolución del expediente varios 912/2010: y

-Ley de Amparo de 2013.

En efecto, a través del artículo 1 de la Constitución Política de los Estados Unidos Mexicanos, se incorporaron al sistema jurídico mexicano figuras que ahora se consideran fundamentales, como son, a saber:

I.Principio de igualdad jurídica.

II.Control de constitucionalidad y de la convencionalidad.

III.Obligación primaria del Estado.

IV.Principio de interpretación conforme.

V.Principio pro persona; y

VI. Obligaciones generales de todas las autoridades.

Ahora bien, ocupándonos de manera concisa del desarrollo de las figuras jurídicas antes mencionadas, tenemos lo siguiente:

I. PRINCIPIO DE IGUALDAD JURÍDICA

Este principio está consagrado en el artículo 1 constitucional, en su primer párrafo, al contemplar:

"En los Estados Unidos Mexicanos todas las personas gozarán de los derechos humanos reconocidos en esta constitución y en los tratados internacionales de los que el Estado Mexicano sea parte"

II. CONTROL DE CONSTITUCIONALIDAD Y DE LA CONVENCIONALIDAD

En el primer párrafo del artículo 1 de la Constitución Política de los Estados Unidos Mexicanos, se establece que los Derechos Humanos pueden tener un origen normativo nacional o internacional.

Por tanto, a través del control de convencionalidad es posible verificar si una legislación o reglamentación se ajusta o no a los principios que se prevén en la Convención Americana sobre Derechos Humanos.

Al respecto debemos recordar que aquel ejercicio se realiza de dos maneras: la primera es aquella que efectúa la Corte Interamericana de Derechos Humanos (control concentrado de convencionalidad); y la segunda la llevan a cabo los Estados que se sujetan a aquella convención (control difuso de la convencionalidad).

III. OBLIGACIÓN PRIMARIA DEL ESTADO

Este principio está consagrado en el artículo 1 constitucional, en su primer párrafo, al contemplar:

"...el Estado deberá prevenir, investigar, sancionar y reparar las violaciones a los derechos humanos, en los términos que establezca la ley"

IV. PRINCIPIO DE INTERPRETACIÓN CONFORME

Atendiendo al DECRETO DE REFORMA CONSTITUCIONAL POR EL QUE SE MODIFICA LA DENOMINACIÓN DEL CAPITULO I DEL TITULO PRIMERO Y SE REFORMAN DIVERSOS ARTÍCULOS DE LA CONSTITUCIÓN POLÍTICA DE LOS ESTADOS UNIDOS MEXICANOS, publicada en el Diario Oficial de la Federación el 10 de junio de 2011, es muy importante tener presente que, de conformidad con lo dispuesto por el párrafo segundo del artículo 1 de nuestra Ley Suprema de la Unión, **las normas** relativas a los derechos humanos se interpretarán de conformidad con lo dispuesto por la propia constitución y con los tratados internacionales de la materia "

Ahora bien, a fin de precisar qué es lo que vamos a entender por el Principio de "INTERPRETACIÓN CONFORME" consignado en el párrafo segundo que se analiza, es necesario hacer los siguientes señalamientos:

INTERPRETACIÓN CONFORME

Doctrinalmente, Eduardo Ferrer Mac-Gregor[8], define la forma de interpretación jurídica denominada, Interpretación Conforme, como "la técnica hermenéutica por medio de la cual los derechos y libertades constitucionales son armonizados con los valores, principios y normas contenidos en los tratados internacionales sobre derechos humanos signados por los Estados, así como por la jurisprudencia de los tribunales internacionales (y en ocasiones otras resoluciones y fuentes internacionales), para lograr su mayor eficacia y protección, (…) No se trata simplemente de una imposición de la norma internacional sobre la nacional, sino de un proceso interpretativo de armonización, que implica, incluso, en algunas ocasiones, dejar de aplicar la primera, al resultar de mayor alcance protector la norma nacional, conforme al principio pro persona, y también derivado de la obligación general de respetar los derechos y libertades previstos en los tratados internacionales,"

Jurisprudencialmente, La Primera Sala de la Suprema Corte de Justicia de la Nación[9],* define la Interpretación Conforme denotando que **la supremacía normativa de la constitución no se manifiesta sólo en su aptitud de servir como parámetro de validez de todas las demás normas jurídicas, sino también en la exigencia de que tales normas, a la hora de ser aplicadas, se interpreten de acuerdo con los preceptos constitucionales; de forma que, en caso de que existan varias posibilidades de interpretación de la norma en cuestión, se elija aquella que mejor se ajuste a lo dispuesto en la constitución**. En otras palabras, esa supremacía intrínseca no sólo opera en el momento de la creación de las normas, cuyo contenido ha de ser compatible con la Constitución en el momento de su aprobación, sino que se prolonga, ahora, como parámetro interpretativo, a la fase de aplicación de esas normas. A su eficacia normativa directa se añade su eficacia como marco de referencia o criterio dominante en la interpretación de las restantes normas. Este principio de interpretación conforme de todas las normas del ordenamiento con la Constitución, reiteradamente utilizado por esta Suprema Corte de Justicia de la Nación, es una consecuencia elemental de la concepción del ordenamiento como una estructura coherente, como una unidad o contexto. Es importante advertir que esta regla interpretativa opera con carácter previo al juicio de invalidez. Es

---

[8]. Ferrer Mac-Gregor Eduardo. La Reforma Constitucional de Derechos Humanos México. Un Nuevo Paradigma. Instituto de Investigaciones Jurídicas de la U.N.A.M. y S.C.J.N. 2012, página 340.

[9]. Primera Sala. Semanario Judicial de la Federación. Libro 42. Mayo de 2017. Tomo I. Página 239.

decir, que antes de considerar a una norma jurídica como constitucionalmente inválida, es necesario agotar todas las posibilidades de encontrar en ella un significado que la haga compatible con la Constitución y que le permita, por tanto, subsistir dentro del ordenamiento; de manera que sólo en el caso de que exista una clara incompatibilidad o una contradicción insalvable entre la norma ordinaria y la Constitución, procedería declararla inconstitucional. En esta lógica, el intérprete debe evitar en la medida de lo posible ese desenlace e interpretar las normas de tal modo que la contradicción no se produzca y la norma pueda salvarse".

Por su parte, el Pleno de la Suprema Corte de Justicia de la Nación[10], hace una escisión de la forma de interpretación de la que se viene hablando y precisa lo que significan en sí, la Interpretación Conforme en sentido amplio; y la Interpretación Conforme en sentido estricto, en los siguientes términos:

A) La Interpretación Conforme en sentido amplio, significa que los jueces del país, al igual que todas las demás autoridades del Estado Mexicano, deben interpretar el orden jurídico a la luz y conforme a los derechos humanos reconocidos en la constitución y en los tratados internacionales en los cuales el Estado Mexicano sea parte, favoreciendo en todo tiempo a las personas con la protección más amplia; y,

B) La Interpretación Conforme en sentido estricto, significa que cuando hay varias interpretaciones jurídicamente válidas, los jueces deben, partiendo de la presunción de constitucionalidad de las leyes, preferir aquella que hace a la ley acorde a los derechos humanos reconocidos en la constitución y en los tratados internacionales en los que el Estado Mexicano sea parte, para evitar incidir o vulnerar el contenido esencial de estos derechos.

En atención a las conceptuaciones precedentes, de manera concreta y para fácil retención, **en materia de derechos humanos**, nosotros sostendremos que el Principio de Interpretación Conforme, es aquél método analítico, armónico, de conciliación, que las autoridades jurisdiccionales federales, estatales y municipales deberán realizar a las normas ordinarias, antes de su aplicación, **vigilando que no sean contrarias a la constitución, ni a los tratados internacionales de los que el Estado Mexicano sea parte**.

V. PRINCIPIO " PRO PERSONA" O "IN DUBIO PRO HOMINE"

De igual manera, atendiendo al Decreto con anterioridad mencionado, es muy importante tener presente que, de conformidad con lo dispuesto por el párrafo segundo del artículo 1 de nuestra Ley Suprema de la Unión, las normas relativas a los derechos humanos se interpretarán de conformidad con lo dispuesto por la propia constitución y con los tratados

---

[10]. Pleno. Semanario Judicial de la Federación y su Gaceta. Libro III. Diciembre de 2011. Tomo I. P. LXIX/2011 (9ª.) Página 552.

internacionales de la materia, **favoreciendo en todo tiempo a las personas la protección más amplia**. (PRINCIPIO INDUBIO PRO HOMINE) O (PRINCIPIO INDUBIO PRO PERSONAE).

Ahora bien, a fin de precisar qué es lo que vamos a entender por el Principio" IN DUBIO PRO PERSONAE, O PRINCIPIO INDUBIO PRO HÓMINE", consignados en el párrafo segundo que se analiza, es necesario hacer los siguientes señalamientos:

Aunque ambas denominaciones son correctas, se hace la precisión de que se debe preferir la denominación de "PRINCIPIO PRO PERSONA", ya que ésta tiene un sentido más amplio y con perspectiva de género.

Consecuentemente, por lo que hace a este principio, dada la convergencia generalizada de la doctrina, así como de los pronunciamientos que han hecho los órganos jurisdiccionales, respecto a su conceptuación, nosotros diremos que el Principio Indubio Pro Persona, es aquél método analítico y armónico por el que en caso de antinomia, entre normas del nivel que sean, federales, estatales y municipales, se deberá atender y por consiguiente a aplicar, aquella que brinde la protección más amplia a las personas.

No obstante, la aplicación del principio pro persona no produce necesariamente que los argumentos planteados por los justiciables deban resolverse conforme sus pretensiones, pues tal como lo ha sostenido la Primera Sala de la Suprema Corte de Justicia de la Nación en la jurisprudencia 1a./J. 104/2013 (10a.)[11], del principio pro homine o pro persona no deriva necesariamente que las cuestiones planteadas por los gobernados deban ser resueltas de manera favorable a sus pretensiones, ni siquiera so pretexto de establecer la interpretación más amplia o extensiva que se aduzca, ya que en modo alguno ese principio puede ser constitutivo de "derechos" alegados o dar cabida a las interpretaciones más favorables que sean aducidas, cuando tales interpretaciones no encuentran sustento en las reglas de derecho aplicables, ni pueden derivarse de éstas, porque, al final, es conforme a las últimas que deben ser resueltas las controversias correspondientes.

Por otra parte, se ha establecido en la jurisprudencia XVII.1o.P.A. J/9 (10a.)[12] del Primer Tribunal Colegiado en Materias Penal y Administrativa del Décimo Séptimo Circuito, que el principio pro persona como criterio de interpretación de derechos humanos es aplicable de oficio cuando el Juez o tribunal considere necesario acudir a este criterio interpretativo para resolver los casos puestos a su consideración, y que es factible que en un juicio de amparo, el quejoso o recurrente, se inconforme con su falta de atención o bien, solicite al órgano jurisdiccional llevar a cabo ese ejercicio interpretativo, y esta

---

[11] Fuente: Semanario Judicial de la Federación y su Gaceta. Libro XXV, de octubre de 2013, Tomo 2, página 906. Registro digital: 2004748.

[12] Fuente: Gaceta del Semanario Judicial de la Federación. Libro 23, Octubre de 2015, Tomo IV, página 3723. Registro digital: 2010166.

petición, para ser atendida de fondo, requiere del cumplimiento de una carga básica.

Luego, ese test de argumentación mínima exigida para la eficacia de los conceptos de violación o agravios es el siguiente:

a) Pedir la aplicación del principio relativo o impugnar su falta por la autoridad responsable;

b) Señalar cuál es el derecho humano o fundamental cuya maximización se pretende;

c) Indicar la norma cuya aplicación debe preferirse o la interpretación que resulta más favorable hacia el derecho fundamental; y,

d) Precisar los motivos para preferirlos en lugar de otras normas o interpretaciones posibles. Los anteriores requisitos son necesariamente concurrentes para integrar el concepto de violación o agravio que, en cada caso, debe ser resuelto.

No se debe soslayar que el principio pro persona y su aplicación no eximen a los gobernados de cumplir los presupuestos formales y materiales de procedencia y admisibilidad previstos en las leyes. En efecto, en la jurisprudencia 1a./J. 10/2014 (10a.)[13] de la Primera Sala de la Suprema Corte de Justicia de la Nación y en jurisprudencia XI.1o.A.T. J/1 (10a.)[14], del Primer Tribunal Colegiado en Materias Administrativa y de Trabajo del Décimo Primer Circuito, principio pro persona, no significa que en cualquier caso el órgano jurisdiccional deba resolver el fondo del asunto, sin que importe la verificación de los requisitos de procedencia previstos en las leyes nacionales para la interposición de cualquier medio de defensa, ya que las formalidades procesales son la vía que hace posible arribar a una adecuada resolución, por lo que tales aspectos, por sí mismos, son insuficientes para declarar procedente lo improcedente, tomando en cuenta que el derecho humano de acceso a la justicia es limitado, pues para que pueda ser ejercido es necesario cumplir con los presupuestos formales y materiales de admisibilidad y procedencia para ese tipo de acciones, lo cual, además, brinda certeza jurídica.

Finalmente, en la jurisprudencia 1a./J. 37/2017 (10a.)[15] la Primera Sala de la Suprema Corte de Justicia de la Nación, ha sostenido que el principio de interpretación conforme de todas las normas del ordenamiento a la Constitución, se ve reforzado por el principio pro persona, contenido en el

[13] Fuente: Gaceta del Semanario Judicial de la Federación. Libro 3, Febrero de 2014, Tomo I, página 487. Registro digital: 2005717.

[14] Fuente: Semanario Judicial de la Federación y su Gaceta. Libro XXVI, Noviembre de 2013, Tomo 1, página 699. Registro digital: 2004823.

[15] Fuente: Gaceta del Semanario Judicial de la Federación. Libro 42, Mayo de 2017, Tomo I, página 239. Registro digital: 2014332.

artículo 1o. de la Constitución Política de los Estados Unidos Mexicanos, el cual obliga a maximizar la interpretación conforme en aquellos escenarios en los cuales, dicha interpretación permita la efectividad de los derechos fundamentales de las personas frente al vacío legislativo que puede provocar una declaración de inconstitucionalidad de la norma.

VI. OBLIGACIONES GENERALES DE TODAS LAS AUTORIDADES

Este principio está consagrado en el artículo 1, párrafo tercero, constitucional, al contemplar:

"Todas las autoridades, en el ámbito de sus competencias, tienen la obligación de promover, respetar, proteger y garantizar los derechos humanos de conformidad con los principios de universalidad, interdependencia, indivisibilidad y progresividad."

En esta parte, resulta de sumo interés comentar, que en ella encontramos un mandato constitucional de trascendente relevancia, como lo es el CONTROL DE CONSTITUCIONALIDAD, mismo que analizaremos de la siguiente manera:

Cuando la norma dice, **Todas las autoridades, en el ámbito de sus competencias**, nos está denotando que no todas las autoridades están facultadas para pronunciarse sobre la constitucionalidad o inconstitucionalidad de las leyes, sino que ello está reservado al resorte exclusivo del PODER JUDICIAL DE LA FEDERACIÓN, (Artículos 103, 105 y 107, constitucionales) y como ustedes recordarán, mis queridos lectores, a esto es a lo que se le llama CONTROL CONSTITUCIONAL CONCENTRADO.

Ahora bien, como se ha venido precisando, en una materia tan sensible como lo es la de los Derechos Humanos, el CONTROL DE CONVENCIONALIDAD EX OFFICIO, en un modelo de CONTROL DIFUSO DE CONSTITUCIONALIDAD, es aquel que obliga a todas las autoridades jurisdiccionales, del nivel que sean, federales, estatales y municipales, a examinar las normas, antes de aplicarlas, para que, de encontrar que alguna es contraria a la constitución, **se concreten solamente a dejarla de aplicar**, sin hacer ningún pronunciamiento respecto a su inconstitucionalidad.

Una vez presentadas estas breves consideraciones en torno a los derechos humanos, ahora, a fin de poner en práctica los conocimientos hasta este momento adquiridos, se preparó para ustedes el siguiente caso práctico en materia del Control de Convencionalidad Ex Officio, en un Modelo de Control Difuso de Constitucionalidad, con la finalidad de que nos quede claro el Proceso de Inaplicación de una norma, en beneficio de un gobernado.

Así las cosas, a manera de ejemplo, se transcribe una parte de la versión pública de una sentencia emitida por la Sala Regional del Caribe y Auxiliar del Tribunal Federal de Justicia Administrativa, donde se realiza el control difuso de la constitucionalidad de la Cuarta Modificación de la Regla 2.1.6. de la

Resolución Miscelánea Fiscal para 2021, publicada en el Diario Oficial de la Federación el 21 de diciembre de 2021, al concluirse que dicha regla quebranta los derechos humanos a la seguridad jurídica, a una defensa adecuada que deriva de la tutela jurisdiccional efectiva, y a la irretroactividad de las normas en su perjuicio, previstos en los artículos 14, 16 y 17 de la Constitución Política de los Estados Unidos Mexicanos, así como en el numeral 25 de la Convención Americana sobre Derechos Humanos:

"Cancún, Municipio de Benito Juárez, Quintana Roo; a dos de octubre de dos mil veintitrés. Vistos los autos del juicio en que se actúa y en virtud de no existir cuestiones de previo y especial pronunciamiento, ni pruebas pendientes por desahogar; estando debidamente integrada esta Sala Regional del Caribe del Tribunal Federal de Justicia Administrativa, por los Magistrados MANUEL CARAPIA ORTIZ, Presidente de la Sala y Titular de la Primera Ponencia; JAIME ROMO GARCÍA, Titular de la Segunda Ponencia a partir del 22 de mayo de 2023, conforme al Acuerdo G/JGA/17/2023 emitido por la Junta de Gobierno de este Tribunal en sesión de 17 de mayo de 2023, mismo que ya se encuentra publicado en la página web institucional de este mismo órgano; y ALBERTO ROMO GARCÍA, Titular de la Tercera Ponencia e Instructor del presente juicio; ante la Secretaria de Acuerdos, Licenciada NORA PAMELA VELÁZQUEZ VALENZUELA, quien da fe; con fundamento en los artículos 49, 50, 51 y 52 de la Ley Federal de Procedimiento Contencioso Administrativo, 31, 32, 33, 34 y 36, fracción VIII, de la Ley Orgánica del Tribunal Federal de Justicia Administrativa vigente, se procede a dictar sentencia en el juicio contencioso administrativo federal 658/22-20-01-3, en los siguientes términos, y;

RESULTANDOS

1. Por escrito presentado el 30 de agosto de 2022 en la Oficialía de Partes de esta Sala Regional del Caribe y Auxiliar, ********************, en representación legal de la persona moral citada al rubro, demandó la nulidad de la resolución contenida en el oficio número ********************, de 30 de junio de 2022, emitida por el Administrador Desconcentrado Jurídico de México "2", dependiente del Servicio de Administración Tributaria, órgano desconcentrado de la Secretaría de Hacienda y Crédito Público, mediante la cual, se resolvió el Recurso de Revocación interpuesto por la accionante, confirmándose la diversa resolución contenida en el oficio número **********************, de fecha 3 de enero de 2022, emitida por la Administración Desconcentrada de Auditoría Fiscal de México "2", dependiente del Servicio de Administración Tributaria, a través de la cual se determinó a la hoy actora un crédito fiscal en cantidad total de $*'********* (*** ******** ****** ************ *** ****** ***** ****** moneda nacional) por concepto de Impuesto al Valor Agregado, recargos y multas. Escrito en el que relató los hechos, invocó el derecho y ofreció las pruebas que estimó pertinentes.

2. Mediante proveído de 13 de octubre de 2022, previo cumplimiento de los requerimientos hechos en diverso auto de 12 de septiembre de 2022, se admitió a trámite la demanda de nulidad en la vía tradicional y ordenó que se corriera traslado a la enjuiciada para que le diera contestación dentro del plazo de Ley.

3. *A través del acuerdo de fecha 4 de enero de 2023, se dio cuenta con el oficio número *********** de 2 de diciembre de 2022, depositado en el Servicio Postal Mexicano el día 6 siguiente de su emisión y recibido en esta Sala el 3 de enero de 2023, a través del cual, el Administrador Desconcentrado Jurídico de México "2", dependiente del Servicio de Administración Tributaria, órgano desconcentrado de la Secretaría de Hacienda y Crédito Público, en su carácter de autoridad demandada y en representación del Secretario de Hacienda y Crédito Público, formuló su contestación a la demanda.*

4. *En proveído de 21 de marzo de 2023, se concedió a las partes el término de ley para formular alegatos por escrito; derecho que sólo fue ejercido por la parte demandada. Así, una vez cerrada la instrucción en el presente asunto, se procede a resolverlo tomando en cuenta lo siguiente:*

C O N S I D E R A N D O S

PRIMERO. *Es competente esta Sala Regional del Caribe del Tribunal Federal de Justicia Administrativa para resolver la presente controversia en razón de la materia, de conformidad con el artículo 3 de la Ley Orgánica del Tribunal Federal de Justicia Administrativa; y, por cuestión de territorio, conforme a lo establecido en los artículos 31, 32, 33, 34 y 35 de dicha ley, en relación a los diversos numerales 13 de la Ley Federal de Procedimiento Contencioso Administrativo, 48, fracción XX, y 49, fracción XX, del Reglamento Interior de este Tribunal.*

SEGUNDO. *La existencia tanto de la resolución impugnada como de la recurrida se encuentra acreditada con la exhibición que de las mismas realiza la parte actora, documentales que hacen prueba plena para esta Juzgadora, de conformidad con los artículos 129 y 202 del Código Federal de Procedimientos Civiles, de aplicación supletoria, y por el reconocimiento expreso que de aquéllas efectúa la autoridad al contestar la demanda, en términos del artículo 46, fracción I, de la Ley Federal de Procedimiento Contencioso Administrativo.*

(…)

CUARTO. *Se procede al análisis conjunto de los conceptos de impugnación denominados como noveno y décimo del escrito inicial de demanda, a través de los cuales, **la actora** sostiene que le causa agravio la Regla 2.1.6, fracción I, segundo párrafo, de la Cuarta Resolución de Modificaciones a la Resolución Miscelánea Fiscal para 2021, publicada en el Diario Oficial de la Federación el 21 de diciembre de 2021, ya que atenta contra los derechos humanos a la seguridad jurídica, debido proceso y la irretroactividad de las normas.*

Que se debe inaplicar la regla controvertida como resultado de su análisis bajo el control difuso de la convencionalidad, para llegar a la conclusión de que no existen mayores días inhábiles que tomar en cuenta a favor del Servicio de Administración Tributaria, que los originalmente establecidos en la citada regla, sin modificación, publicada en el Diario Oficial de la Federación el 29 de diciembre de 2020; lo que atañe directamente a la caducidad especial del procedimiento fiscalizador y justifica por qué la norma combatida causa una lesión directa, real y actual en la esfera jurídica de su mandante.

Así, considera que es ilegal que de forma arbitraria e ilegal se emitiera con posterioridad la Cuarta Resolución de Modificaciones a la Resolución Miscelánea Fiscal para 2021 y sus Anexos 1-A, 14 y 23, en la que se señalan como días inhábiles adicionales, como segundo periodo general de vacaciones para 2021, los días del 20 al 31 de diciembre de 2021.

Por tanto, manifiesta que con lo anterior, se violan los derechos humanos a la seguridad jurídica, al debido proceso y a la irretroactividad de las normas en perjuicio de la demandante, lo cual da pauta clara para que este Tribunal pueda ejercer el control difuso ex officio sobre dicha resolución administrativa de carácter general.

En tal virtud, sostiene que se deben de inaplicar las normas que contravengan la constitución o algún tratado internacional o bien, que sean en contra del principio "pro homine".

Que, al ampliarse el periodo de días inhábiles del Servicio de Administración Tributaria sin una justificación legal válida se contravienen los artículos 14, 16 y 17 de la Constitución Política de los Estados Unidos Mexicanos, así como el numeral 25 de la Convención Americana sobre Derechos Humanos.

Lo anterior, aplicado al caso en concreto, radica en que con la emisión de la modificación de la citada regla se pretende justificar ilegalmente el cumplimiento de un plazo fatal con que contaba la fiscalizadora para resolver la revisión electrónica practicada; por lo que, no deben considerarse como días inhábiles el periodo comprendido del 20 al 31 de diciembre de 2021.

Que, tomando en consideración lo expuesto, es evidente que la resolución liquidatoria contenida en el oficio número *********************** de fecha 3 de enero de 2022, se emitió fuera del plazo de 40 días previsto en el numeral 53-B, fracción IV, del Código Fiscal de la Federación, lo cual actualiza la caducidad especial del procedimiento de fiscalización y por ende, debe declararse la nulidad lisa y llana de dicha actuación.

*Al respecto, **la representación jurídica de la autoridad demandada** contesta que son infundados los argumentos de la actora; ello, toda vez que, la adición hecha a la regla de carácter general controvertida, se* *encuentra legalmente emitida, pues sólo se observa lo previsto en el segundo párrafo del artículo 12 del Código Fiscal de la Federación, respecto de los días que serían considerados como vacaciones generales para las autoridades fiscales federales.*

Que la citada regla no vulnera de modo alguno el principio de irretroactividad de la normas, pues no obstante que ésta fuera publicada el 21 de diciembre de 2021 en el Diario Oficial de la Federación, lo cierto es que dicha modificación se dio a conocer en términos de la regla 1.8, tercer párrafo, de la Resolución Miscelánea Fiscal para 2021, la cual indica que el Servicio de Administración Tributaria dará a conocer en su Portal en forma anticipada y con fines informativos, reglas de carácter general que faciliten el cumplimiento de las obligaciones fiscales a los contribuyentes, lo cual ocurrió el 6 de diciembre de 2021, previamente a que comenzara a computarse el plazo de las vacaciones generales de las autoridades fiscales.

Así, contrario a lo expuesto por su contraparte, el plazo de 40 días con el que contaba la autoridad fiscal para emitir y notificar la resolución liquidatoria, comenzó a computarse a partir de que venció el plazo establecido en la fracción II del numeral 53-B del Código Fiscal de la Federación, esto es, el 21 de junio de 2021.

*Que, el 23 de junio de 2021, la Procuraduría de la Defensa del Contribuyente informó a la Administración Desconcentrada de Auditoría Fiscal de México "2", que la ahora actora, el 18 de junio de 2021, presentó una solicitud de adopción de acuerdo conclusivo en relación con los hechos e irregularidades dados a conocer en la resolución provisional contenida en el oficio número ************************ de 27 de mayo de 2021.*

Asimismo, mediante acuerdo conclusivo de fecha 29 de octubre de 2021, notificado a la autoridad fiscal el 3 de noviembre de 2021, la citada Procuraduría hizo del conocimiento la conclusión del procedimiento de adopción de acuerdo conclusivo mediante la emisión del acuerdo de cierre correspondiente; por lo que, el plazo previsto en el artículo 53-B, fracción IV, del Código Fiscal de la Federación se suspendió del 23 de junio al 29 de octubre de 2021, reanudándose a partir del día 1° de noviembre de 2021.

En tal sentido, sostiene que no se actualiza la caducidad del procedimiento pretendida por la actora.

Los suscritos Magistrados determinan que los argumentos de la actora resultan <u>fundados</u>, en atención a las siguientes consideraciones:

En principio, es necesario realizar un análisis a lo dispuesto en el artículo 12 del Código Fiscal de la Federación, así como la regla 2.1.6. de la Resolución Miscelánea Fiscal para 2021, publicada el 29 de diciembre de 2020, y su Cuarta Resolución de Modificaciones, publicada el 21 de diciembre de 2021, que señalan lo siguiente:

CÓDIGO FISCAL DE LA FEDERACIÓN

*"**Artículo 12.** En los plazos fijados en días no se contarán los sábados, los domingos ni el 1o. de enero; el primer lunes de febrero en conmemoración del 5 de febrero; el tercer lunes de marzo en conmemoración del 21 de marzo; el 1o. y 5 de mayo; el 16 de septiembre; el tercer lunes de noviembre en conmemoración del 20 de noviembre; el 1o. de diciembre de cada 6 años, cuando corresponda a la transmisión del Poder Ejecutivo y el 25 de diciembre.*

***Tampoco se contarán en dichos plazos, los días en que tengan vacaciones generales las autoridades fiscales federales,** excepto cuando se trate de plazos para la presentación de declaraciones y pago de contribuciones, exclusivamente, en cuyos casos esos días se consideran hábiles. No son vacaciones generales las que se otorguen en forma escalonada.*

. . ."

RESOLUCIÓN MISCELÁNEA FISCAL PARA 2021

*"**Días inhábiles***

2.1.6. Para los efectos del artículo 12, primer y segundo párrafos del CFF, se estará a lo siguiente:

*I. **Son días inhábiles para el SAT el 1 y 2 de abril de 2021, así como el 2 de noviembre de 2021.***

periodos generales de vacaciones para el SAT:

En dichos periodos y días no se computarán plazos y términos legales correspondientes en los actos, trámites y procedimientos que se sustanciarán ante las unidades administrativas del SAT, lo anterior sin perjuicio del personal que cubra guardias y que es necesario para la operación y continuidad en el ejercicio de las facultades de acuerdo a lo previsto en los artículos 13 del CFF y 18 de la Ley Aduanera.

. . ."

CUARTA RESOLUCIÓN DE MOFIDICACIONES A LA RESOLUCIÓN MISCELÁNEA FISCAL PARA 2021 Y SUS ANEXOS 1-A, 14 Y 23.

*"**Días inhábiles***

2.1.6. ...

I. ...

El segundo periodo general de vacaciones del 2021, comprende los días del 20 al 31 de diciembre de 2021.

...

CFF 12, 13, Ley Aduanera 18, Ley de Coordinación Fiscal 13, 14"

(Énfasis añadido)

De los preceptos transcritos se pueden advertir los días inhábiles que no deben computarse para los plazos fijados en días, así como los días en que tengan vacaciones generales las autoridades fiscales federales.

*Al respecto, conforme a la regla la regla 2.1.6. de la Resolución Miscelánea Fiscal para 2021, **publicada el 29 de diciembre de 2020** - vigente en la fecha en que le fue notificada a la hoy actora la resolución previamente recurrida-, se indica que son inhábiles para el Servicio de Administración Tributaria los días 1 y 2 de abril, así como el 2 de noviembre, todos de 2021.*

*Asimismo, en la cuarta resolución de modificaciones a la regla citada, **publicada el 21 de diciembre de 2021** en el Diario Oficial de la Federación, se señala como segundo periodo vacacional del 2021 para el Servicio de Administración Tributaria, el comprendido del 20 al 31 de diciembre de 2021.*

*En ese sentido, esta Juzgadora concluye que **la cuarta modificación de la regla 2.1.6. de la de la Resolución Miscelánea Fiscal para 2021, es violatoria de los derechos humanos a la seguridad jurídica, a una defensa adecuada –que deriva de la tutela jurisdiccional efectiva-, y a la irretroactividad de las normas en su perjuicio; y, por ende, se debe ejercer el control difuso ex officio sobre la misma.***

*En efecto, cabe mencionar que a partir de la reforma constitucional de 2011, **este Tribunal se encuentra obligado a efectuar el control de la convencionalidad**, en su modalidad de difuso, a efecto de evitar violaciones a los derechos humanos consagrados en la constitución y en los convenios internacionales suscritos por México y de cuyo resultado se puede llegar a la inaplicación de cierta norma atentatoria de dichos derechos.*

De igual forma, a partir de dicha reforma constitucional, este Tribunal debe conducirse en respeto del principio "pro homine" o "pro persona"; el cual tiene como finalidad el acudir a la norma más protectora y/o a preferir la interpretación de mayor alcance de ésta al reconocer y/o garantizar el ejercicio de un derecho fundamental; o bien, en sentido complementario, aplicar la norma y/o interpretación más restringida cuando se trata de limitaciones y/o restricciones al ejercicio de los derechos humanos.

Así, de conformidad a lo establecido por los artículos 1° y 133 de nuestra Carta Magna, en la función jurisdiccional conferida a este Tribunal Federal de Justicia Administrativa, se está obligado a preferir los derechos contenidos en la constitución y en los tratados internacionales y a la interpretación más extensiva para el reconocimiento de derechos y para garantizar su debido ejercicio; aun a pesar de las disposiciones en contrario que se encuentren en cualquier norma inferior; donde si bien este Tribunal no puede hacer una declaración general sobre la invalidez de la norma, sí está obligado a dejar de aplicar las normas inferiores que contravengan la constitución o algún tratado internacional o bien, que sean en contra del principio "pro homine", lo que debe aplicarse aun de oficio.

Cobra aplicación al caso, lo establecido por el Pleno de la Suprema Corte de Justicia de la Nación, mediante la tesis P. LXVII/2011(9a.), con registro digital 160589, publicada en el Semanario Judicial de la Federación y su Gaceta, libro III, diciembre de 2011, tomo 1, página 535, que dispone:

*"**CONTROL DE CONVENCIONALIDAD EX OFFICIO EN UN MODELO DE CONTROL DIFUSO DE CONSTITUCIONALIDAD.** De conformidad con lo previsto en el artículo 1o. de la Constitución Política de los Estados Unidos Mexicanos, todas las autoridades del país, dentro del ámbito de sus competencias, se encuentran obligadas a velar no sólo por los derechos humanos contenidos en la Constitución Federal, sino también por aquellos contenidos en los instrumentos internacionales celebrados por el Estado Mexicano, adoptando la interpretación más favorable al derecho humano de que se trate, lo que se conoce en la doctrina como principio pro persona. Estos mandatos contenidos en el artículo 1o. constitucional, reformado mediante Decreto publicado en el Diario Oficial de la Federación de 10 de junio de 2011, deben interpretarse junto con lo establecido por el diverso 133 para determinar el marco dentro del que debe realizarse el control de convencionalidad ex officio en materia de derechos humanos a cargo del Poder Judicial, el que deberá adecuarse al modelo de control de constitucionalidad existente en nuestro país. Es en la función jurisdiccional, como está indicado en la última parte del artículo 133 en relación con el artículo 1o. constitucionales, en donde los jueces están obligados a preferir los derechos humanos contenidos en la Constitución y en los tratados internacionales, aun a pesar de las disposiciones en contrario que se encuentren en cualquier norma inferior. Si bien los jueces no pueden hacer una declaración general sobre la invalidez o expulsar del orden jurídico las normas que consideren contrarias a los derechos humanos contenidos en la Constitución y en los tratados (como sí sucede en las vías de control directas establecidas expresamente en los artículos 103, 105 y 107 de la Constitución), **sí están obligados a dejar de aplicar las normas inferiores dando preferencia a las contenidas en la Constitución y en los tratados en la materia**." (Énfasis añadido)*

En ese orden de ideas, la Suprema Corte de Justicia de la Nación al resolver la contradicción de tesis 336/2013 definió cómo se debe entender el ejercicio del control difuso en los órganos jurisdiccionales que substancian el juicio contencioso administrativo, de lo cual refirió que el control de la constitucionalidad y convencionalidad de normas generales por vía de acción está depositado en exclusiva en los órganos del Poder Judicial de la Federación, quienes deciden en forma terminal y definitiva si una disposición es o no contraria a la Constitución Federal y a los tratados internacionales sobre derechos humanos.

Por su parte, el control difuso que realizan las demás autoridades del país, como lo es esta Sala Regional del Caribe y Auxiliar del Tribunal Federal de Justicia Administrativa, en el ámbito de su competencia, tal como lo determinó el Tribunal Pleno, se ejerce de manera oficiosa, sí y sólo sí, encuentran mérito para ello, escudándose en el imperio del cual están investidos para juzgar conforme a la Constitución.

De ahí que el control ordinario que ejercen estas autoridades en su labor cotidiana, es decir, su competencia específica, se constriñe a dilucidar un conflicto en materia de legalidad, con base en los hechos, argumentaciones jurídicas, pruebas y alegatos propuestos por las partes, dando cumplimiento a los derechos fundamentales de audiencia, legalidad, debido proceso y acceso a la justicia. Es aquí, donde el juzgador ordinario, al aplicar la norma, puede realizar de oficio un contraste entre su contenido y los derechos humanos que reconoce el orden jurídico nacional (es decir, llevar a cabo un control difuso) en ejercicio de una competencia genérica.

No debe perderse de vista en este análisis que, a diferencia del juicio de amparo, que es un medio de control concentrado de constitucionalidad y convencionalidad, en el juicio ordinario, las partes no gozan de la titularidad de la acción para demandar la inconstitucionalidad de normas; en el ejercicio del control difuso, es al propio juzgador, en la vía ordinaria, a quien le compete en exclusiva emitir, en su caso, un juicio de inaplicación de una determinada disposición legal, cuando advierta que para poder decidir con respeto a la Constitución Federal, tiene que dejar de observar aquélla.

De las anteriores consideraciones la Segunda Sala de la Suprema Corte de Justicia de la Nación emitió la **jurisprudencia** 2a./J. 16/2014 (10a.), consultable en la página 984 del libro 5, abril de 2014, tomo I, décima época de la Gaceta del Semanario Judicial de la Federación, cuyos rubro y texto señalan lo siguiente:

*"**CONTROL DIFUSO. SU EJERCICIO EN EL JUICIO CONTENCIOSO ADMINISTRATIVO.** Si bien es cierto que, acorde con los artículos 1o. y 133 de la Constitución Política de los Estados Unidos Mexicanos, las autoridades jurisdiccionales ordinarias, para hacer respetar los derechos humanos establecidos en la propia Constitución y en los tratados internacionales de los que el Estado Mexicano sea parte, pueden inaplicar leyes secundarias, lo que constituye un control difuso de su constitucionalidad y convencionalidad, también lo es que subsiste el control concentrado de constitucionalidad y convencionalidad de leyes, cuya competencia corresponde en exclusiva al Poder Judicial de la Federación, a través del juicio de amparo, las controversias constitucionales y las acciones de inconstitucionalidad. La diferencia entre ambos medios de control (concentrado y difuso), estriba en que, en el primero, la competencia específica de los órganos del Poder Judicial de la Federación encargados de su ejercicio es precisamente el análisis de constitucionalidad y convencionalidad de leyes, por tanto, la*

controversia consiste en determinar si la disposición de carácter general impugnada expresamente es o no contraria a la Constitución y a los tratados internacionales, existiendo la obligación de analizar los argumentos que al respecto se aduzcan por las partes; en cambio, en el segundo (control difuso) el tema de inconstitucionalidad o inconvencionalidad no integra la litis, pues ésta se limita a la materia de legalidad y, por ello, el juzgador por razón de su función, prescindiendo de todo argumento de las partes, puede desaplicar la norma. Ahora bien, en el juicio contencioso administrativo, la competencia específica del Tribunal Federal de Justicia Fiscal y Administrativa es en materia de legalidad y, por razón de su función jurisdiccional, este tribunal puede ejercer control difuso; sin embargo, si el actor formula conceptos de nulidad expresos, solicitando al tribunal administrativo el ejercicio del control difuso respecto de determinada norma, de existir coincidencia entre lo expresado en el concepto de nulidad y el criterio del tribunal, éste puede inaplicar la disposición respectiva, expresando las razones jurídicas de su decisión, pero si considera que la norma no tiene méritos para ser inaplicada, bastará con que mencione que no advirtió violación alguna de derechos humanos, para que se estime que realizó el control difuso y respetó el principio de exhaustividad que rige el dictado de sus sentencias, sin que sea necesario que desarrolle una justificación jurídica exhaustiva en ese sentido, dando respuesta a los argumentos del actor, pues además de que el control difuso no forma parte de su litis natural, obligarlo a realizar el estudio respectivo convierte este control en concentrado o directo, y transforma la competencia genérica del tribunal administrativo en competencia específica. Así, si en el juicio de amparo se aduce la omisión de estudio del concepto de nulidad relativo al ejercicio de control difuso del tribunal ordinario, el juzgador debe declarar ineficaces los conceptos de violación respectivos, pues aun cuando sea cierto que la Sala responsable fue omisa, tal proceder no amerita que se conceda el amparo para que se dicte un nuevo fallo en el que se ocupe de dar respuesta a ese tema, debido a que el Poder Judicial de la Federación tiene competencia primigenia respecto del control de constitucionalidad de normas generales y, por ello, puede abordar su estudio al dictar sentencia. Si, además, en la demanda de amparo se aduce como concepto de violación la inconstitucionalidad o inconvencionalidad de la ley, el juzgador sopesará declarar inoperantes los conceptos de violación relacionados con el control difuso y analizar los conceptos de violación enderezados a combatir la constitucionalidad y convencionalidad del precepto en el sistema concentrado."

Asimismo, sirve de apoyo a lo anterior la **jurisprudencia** VIII-J-SS-12, emitida por la Sala Superior del Tribunal Federal de Justicia Administrativa, publicada en la revista que edita este Tribunal, de la octava época, año I, número 3, octubre de 2016, página 17, cuyos rubro y texto señalan lo siguiente

"CONTROL DIFUSO DE CONSTITUCIONALIDAD Y CONTROL DE CONVENCIONALIDAD. EL TRIBUNAL FEDERAL DE JUSTICIA

FISCAL Y ADMINISTRATIVA ESTÁ FACULTADO PARA EJERCERLO.- A partir de la resolución emitida por el Pleno de la Suprema Corte de Justicia de la Nación el veinticinco de octubre de dos mil once, en la solicitud de modificación de jurisprudencia 22/2011, se dejaron sin efectos las jurisprudencias P./J. 73/99 y P./J. 74/99, en las cuales se señalaba que los Órganos Jurisdiccionales y Magistrados del Tribunal Federal de Justicia Fiscal y Administrativa debían declarar inoperantes los argumentos en los que se planteara la inconstitucionalidad de leyes, reglamentos o normas jurídicas de carácter general; bajo la consideración, de que solo los Tribunales del Poder Judicial Federal eran competentes para analizar y resolver ese tipo de planteamientos. Por tales motivos, en el nuevo orden constitucional que impera en el sistema jurídico mexicano, a partir de la reforma constitucional de 10 de junio de 2011, los Magistrados del Tribunal Federal de Justicia Fiscal y Administrativa, al examinar los conceptos de impugnación en los cuales se plantee que el acto impugnado está fundado en una norma jurídica que vulnera un derecho humano, consagrado en la Constitución Política de los Estados Unidos Mexicanos o en algún Tratado Internacional celebrado por México, expresarán las razones jurídicas de la decisión, cuando se concluya que existe mérito para la inaplicación del precepto de que se trate; sin que ello implique una determinación de inconstitucionalidad y/o inconvencionalidad por parte del propio Tribunal, puesto que solo se estaría ordenando desaplicar el precepto respectivo; y en el caso de que se considere que la norma no tiene méritos para ser inaplicada, bastará con que mencione que no advirtió violación alguna de derechos humanos, para que se estime que se realizó el control difuso y se respetó el principio de exhaustividad que deben observar las sentencias emitidas por este Tribunal."

No obstante lo anterior, si bien es cierto que este Tribunal Federal de Justicia Administrativa dentro de sus facultades, tiene la posibilidad de dejar de aplicar normas secundarias dando preferencia a los contenidos de la Constitución y de los Tratados en materia de Derechos Humanos, pero no sin antes realizar una interpretación conforme a la constitucionalidad y a la convencionalidad; también lo es que, debemos señalar que la reforma al artículo 1° de la Constitución Política de los Estados Unidos Mexicanos, no implica que los órganos jurisdiccionales dejen de ejercer sus facultades de impartir justicia, pues opera en relación con los tratados internacionales de derechos humanos y con la interpretación más favorable a las personas y al orden constitucional, de ahí que si dichos instrumentos internacionales se aplican en determinada institución jurídica por contemplar una protección más benéfica hacia las personas, ello no implica inobservar los presupuestos procesales que regulan, establecidos en la legislación local aplicable.

Lo anterior es así, pues se insiste que si bien la aplicación de los principios de control difuso de convencionalidad y pro homine le confieren a esta Juzgadora la posibilidad de privilegiar la norma y la interpretación que favorezca en mayor medida la protección de las personas, o bien, que si existe alguna norma que sea violatoria de algún derecho humano protegido por la Constitución o en los tratados sobre derechos Humanos en los que México sea parte, dicha norma no sea aplicada; lo cierto es que la ejecución de este control difuso no implica desconocer los presupuestos formales y materiales de admisibilidad y procedencia de las acciones, pues para la correcta administración de la justicia y la efectiva protección de los derechos de las personas, el Estado puede y debe establecer presupuestos y criterios de admisibilidad de los medios de defensa, los cuales no pueden ser superados, por regla general, con la mera invocación de los citados principios, por tanto, el gobernado debe sujetarse a las formalidades y términos previstos por la Ley.

*En virtud de lo anterior, esta Sala **procede a realizar el control de la constitucionalidad y convencionalidad ex officio de la regla 2.1.6. de la de la Resolución Miscelánea Fiscal para 2021**, modificada mediante la "CUARTA RESOLUCIÓN DE MODIFICACIONES A LA RESOLUCIÓN MISCELÁNEA FISCAL PARA 2021 Y SUS ANEXOS 1-A, 14 Y 23", publicada en el Diario Oficial de la Federación el 21 de diciembre de 2021, vigente a partir del día 22 siguiente de dicha anualidad.*

Ahora bien, la inaplicación de una norma conforme al sistema antes aludido, es decir, al control de la constitucionalidad y convencionalidad, supone un proceso previo de interpretación por parte del juzgador, el cual debe atender a los siguientes pasos:

*a) **Interpretación en sentido amplio.** Ello significa que los jueces del país, al igual que todas las demás autoridades del Estado Mexicano, deben interpretar el orden jurídico a la luz y conforme a los derechos humanos establecidos en la Constitución y en los tratados internacionales de los cuales el Estado Mexicano sea parte, favoreciendo en todo tiempo a las personas la protección más amplia.*

*b) **Interpretación en sentido estricto.** Ello significa que cuando hay varias interpretaciones jurídicamente validas, los jueces deben, partiendo de la presunción de constitucionalidad de las leyes, preferir aquella que hace a la ley acorde a los derechos humanos establecidos en la Constitución y en los Tratados Internacionales en los que el Estado Mexicano sea parte, para evitar incidir o vulnerar el contenido esencial de estos derechos.*

*c) **Inaplicación de la ley cuando las alternativas anteriores no son posibles.** Ello no afecta o rompe con la lógica del principio de división de poderes y del federalismo, sino que fortalece el papel de los jueces al ser el último recurso para asegurar la primacía y aplicación de los derechos humanos establecidos en la Constitución y en los Tratados Internacionales en los que el Estado Mexicano sea parte.*

En ese sentido, se procederá a seguir los pasos señalados por el Pleno de la Suprema Corte de Justicia de la Nación, en la tesis P. LXIX/2011(9a.), con registro digital 160525, de la décima época, publicada en el Semanario Judicial de la Federación y su Gaceta, libro III, diciembre de 2011, tomo 1, página 552, cuyos rubro y texto señalan lo siguiente:

"PASOS A SEGUIR EN EL CONTROL DE CONSTITUCIONALIDAD Y CONVENCIONALIDAD EX OFFICIO EN MATERIA DE DERECHOS HUMANOS. La posibilidad de inaplicación de leyes por los jueces del país, en ningún momento supone la eliminación o el desconocimiento de la presunción de constitucionalidad de ellas, sino que, precisamente, parte de esta presunción al permitir hacer el contraste previo a su aplicación. En ese orden de ideas, el Poder Judicial al ejercer un control de convencionalidad ex officio en materia de derechos humanos, deberá realizar los siguientes pasos: a) Interpretación conforme en sentido amplio, lo que significa que los jueces del país -al igual que todas las demás autoridades del Estado Mexicano-, deben interpretar el orden jurídico a la luz y conforme a los derechos humanos reconocidos en la Constitución y en los tratados internacionales en los cuales el Estado Mexicano sea parte, favoreciendo en todo tiempo a las personas con la protección más amplia; b) Interpretación conforme en sentido estricto, lo que significa que cuando hay varias interpretaciones jurídicamente válidas, los jueces deben, partiendo de la presunción de constitucionalidad de las leyes, preferir aquella que hace a la ley acorde a los derechos humanos reconocidos en la Constitución y en los tratados internacionales en los que el Estado Mexicano sea parte, para evitar incidir o vulnerar el contenido esencial de estos derechos; y, c) Inaplicación de la ley cuando las alternativas anteriores no son posibles. Lo anterior no afecta o rompe con la lógica de los principios de división de poderes y de federalismo, sino que fortalece el papel de los jueces al ser el último recurso para asegurar la primacía y aplicación efectiva de los derechos humanos establecidos en la Constitución y en los tratados internacionales de los cuales el Estado Mexicano es parte."

*Por lo tanto, **respecto al primer paso** "Interpretación conforme en sentido amplio, lo que significa que los jueces del país -al igual que todas las demás autoridades del Estado Mexicano-, deben interpretar el orden jurídico a la luz y conforme a los derechos humanos reconocidos en la Constitución y en los tratados internacionales en los cuales el Estado Mexicano sea parte, favoreciendo en todo tiempo a las personas con la protección más amplia"; esta Juzgadora determina que no es posible realizar una interpretación conforme en sentido amplio, ya que la regla 2.1.6. de la Resolución Miscelánea Fiscal para 2021, modificada por cuarta ocasión el 21 de diciembre de 2021, añadió el segundo periodo vacacional del 2021 del Servicio de Administración Tributaria, comprendido del 20 de diciembre al 31 de diciembre de 2021.*

Ello es así, pues dicha regla, al modificarse y añadir el segundo periodo de las vacaciones del Servicio de Administración Tributaria, publicado en el Diario Oficial de la Federación una vez iniciado el citado periodo de vacaciones vulneró el derecho de seguridad jurídica de la actora, ampliando el plazo con el que originalmente contaba la autoridad fiscal para emitir y notificar la resolución liquidatoria relativa al proceso de revisión electrónica al que estuvo sujeta la incoante, sin que dicha norma permita una interpretación apegada a la Constitución que permita considerar dichos días inhábiles como vacaciones de la autoridad fiscal, de ahí que no se pueda realizar una interpretación flexible en atención al principio pro homine.

De la misma manera, **respecto al segundo paso** "Interpretación conforme en sentido estricto, lo que significa que cuando hay varias interpretaciones jurídicamente válidas, los jueces deben, partiendo de la presunción de constitucionalidad de las leyes, preferir aquella que hace a la ley acorde a los derechos humanos reconocidos en la Constitución y en los tratados internacionales en los que el Estado Mexicano sea parte, para evitar incidir o vulnerar el contenido esencial de estos derechos", se concluye que tampoco es posible realizar una interpretación conforme en sentido estricto, pues la regla en cuestión no admite distintas interpretaciones.

Lo anterior es así, pues la única interpretación posible de la cuarta modificación de la regla 2.1.6. de la Resolución Miscelánea Fiscal para 2021, es que los días inhábiles en ella señalados fueron señalados como el segundo periodo vacacional del Servicio de Administración Tributaria.

En virtud de lo anterior, como **tercer paso**, se determina que lo procedente es la **inaplicación de la regla 2.1.6. de la de la Resolución Miscelánea Fiscal para 2021, modificada por cuarta ocasión el 21 de diciembre de 2021, debiendo aplicarse dicha regla <u>sin su modificación.</u>**

En efecto, al publicarse el segundo periodo vacacional del Servicio de Administración Tributaria una vez iniciado éste, cuando con la publicación de la referida regla –el 29 de diciembre de 2020-, <u>dicho periodo vacacional no era aplicable para el Servicio de Administración Tributaria;</u> la citada regla –modificada- **amplió el plazo con el que contaba la autoridad fiscal para emitir y notificar la resolución respectiva al procedimiento al que estuvo sujeta la actora y, por ende, atenta en contra de los derechos humanos a la seguridad jurídica, a una defensa adecuada –que deriva de la tutela jurisdiccional efectiva- y a la irretroactividad de las normas en su perjuicio,** previstos en los artículos 14, 16 y 17 de la Constitución Política de los Estados Unidos Mexicanos, así como en el numeral 25 de la Convención Americana sobre Derechos Humanos.

Lo anterior es así, toda vez que **el derecho humano a la seguridad jurídica** es la base sobre la cual descansa el sistema jurídico mexicano, de manera que el gobernado jamás se encuentre en una situación de incertidumbre jurídica que propicie un estado de indefensión; es decir, su contenido esencial radica en "saber a qué atenerse" respecto de la regulación normativa prevista en la ley y de la actuación de la autoridad.

Por su parte, conforme a lo previsto en los artículos 17, párrafo segundo, y 14, párrafo segundo, de la Constitución Política de los Estados Unidos Mexicano, **el derecho humano a una defensa adecuada –que deriva de la tutela jurisdiccional efectiva-**, consiste en que todos los gobernados deben contar con un medio de defensa adecuado para defenderse de los actos de las autoridades, mismo que debe contar con plazos y reglas claras.

Asimismo, conforme a lo dispuesto en el artículo 1 Constitucional, todas las personas gozarán de los derechos humanos reconocidos en nuestra Ley Suprema y en los tratados internacionales de los que el Estado Mexicano sea parte, en ese sentido, la obligación a cargo de los Estados miembros de la Convención Americana sobre Derechos Humanos – entre ellos de México- derivada de su artículo 25, se traduce en prever la existencia de un recurso judicial accesible y efectivo contra actos que violen derechos fundamentales, lo que implica que el órgano dirimente previsto por el respectivo sistema legal decida sobre los derechos de toda persona que lo interponga y se garantice el cumplimiento, por las autoridades competentes, de toda decisión en que se haya estimado procedente el recurso; es decir, el sentido de la protección otorgada por el artículo en cuestión, consiste en la posibilidad real de acceder a un recurso judicial para que la autoridad competente y capaz de emitir una decisión vinculante determine si ha habido o no una violación a algún derecho que la persona que reclama estima tener y que, en caso de ser encontrada una violación, el recurso sea útil para restituir al interesado en el goce de su derecho y repararlo.

En ese sentido, el derecho humano a una defensa adecuada se encuentra relacionado con el derecho humano a contar con un recurso efectivo.

Sirve de apoyo a lo anterior, la **jurisprudencia** VI.1o.A. J/3 (10a.), emitida por el Primer Tribunal Colegiado en Materia Administrativa del Sexto Circuito, con registro digital 2002271, de la décima época, publicada en el Semanario Judicial de la Federación y su Gaceta, libro XV, diciembre de 2012, tomo 2, página 1116, cuyos rubro y texto señalan lo siguiente:

"**CONVENCIÓN AMERICANA SOBRE DERECHOS HUMANOS, APLICACIÓN DE SU ARTÍCULO 25. EL ORDENAMIENTO JURÍDICO MEXICANO PREVÉ COMO FIGURAS DE DEFENSA RESPECTO DE LOS ACTOS DE LAS AUTORIDADES FISCALES EL RECURSO DE REVOCACIÓN Y EL JUICIO CONTENCIOSO ADMINISTRATIVO FEDERAL, CUYO OBJETO ES TUTELAR EL DERECHO HUMANO DE PROTECCIÓN JUDICIAL RECONOCIDO EN DICHO PRECEPTO.** Según criterio interpretativo de la Corte Interamericana de Derechos Humanos, al cual los Jueces mexicanos pueden acudir en términos de lo considerado por el Pleno de la Suprema Corte de Justicia de la Nación al resolver el expediente varios 912/2010 (caso Radilla Pacheco), la obligación a cargo de los Estados miembros derivada del artículo 25 de *la Convención Americana sobre Derechos Humanos, se traduce en prever la existencia de un recurso judicial accesible y efectivo contra actos que violen derechos fundamentales, lo que implica que el órgano dirimente previsto por el respectivo sistema legal decida sobre los derechos de toda persona que lo interponga y se garantice el cumplimiento, por las autoridades competentes, de toda decisión en que se haya estimado procedente el recurso; es decir, el sentido de la protección otorgada por el artículo en cuestión, consiste en la posibilidad real de acceder a un recurso judicial para que la autoridad competente y capaz de emitir una decisión vinculante determine si ha habido o no una violación a algún derecho que la persona que reclama estima tener y que, en caso de ser encontrada una violación, el recurso sea útil para restituir al interesado en el goce de su derecho y repararlo. En ese contexto, del análisis sistemático de los artículos 116, 117, 120, 125, 131, 132, 133 y 133-A del Código Fiscal de la Federación, 1o., 2o. y 52 de la Ley Federal de Procedimiento Contencioso Administrativo, y 14 de la Ley Orgánica del Tribunal Federal de Justicia Fiscal y Administrativa, se desprende que el orden jurídico mexicano prevé como medios de defensa para impugnar las resoluciones de las autoridades fiscales, el recurso de revocación, en sede administrativa, y el juicio contencioso administrativo federal; ambos reúnen los requisitos de accesibilidad y efectividad, pues las hipótesis en que son procedentes están expresamente reguladas en los ordenamientos legales precisados (artículos 117 del Código Fiscal de la Federación, y 2o. de la Ley Federal de Procedimiento Contencioso Administrativo, este último en relación con el diverso 14 de la Ley Orgánica del Tribunal Federal de Justicia Fiscal y Administrativa); tienen el alcance jurídico de lograr la insubsistencia del acto controvertido (artículos 133, fracciones IV y V, del Código Fiscal de la Federación, y 52, fracciones II, III, IV y V, de la Ley Federal de Procedimiento Contencioso Administrativo); las resoluciones dictadas en ellos son vinculantes para las autoridades que emitieron el acto combatido (artículos 133-A, primer párrafo, del Código Fiscal de la Federación, y 52 de la Ley Federal de Procedimiento Contencioso Administrativo); y existen disposiciones tendentes a lograr el cumplimiento de aquéllas (artículos 133-A del Código Fiscal de la Federación, y 52, párrafos segundo a octavo, de la Ley Federal de Procedimiento Contencioso Administrativo). Con lo anterior, se constata que el Estado Mexicano ha implementado los mecanismos jurídicos necesarios para garantizar el derecho humano de protección judicial que tutela el artículo 25 de la Convención Americana sobre Derechos Humanos."*

En otro aspecto, el **derecho humano a la irretroactividad de la Ley**, *se encuentra previsto en el primer párrafo del artículo 14 de la Constitución Política de los Estados Unidos Mexicanos, que prevé que a ninguna ley se dará efecto retroactivo en perjuicio de persona alguna, esto es, ninguna norma puede aplicarse hacia el pasado perjudicando a los gobernados.*

En virtud de lo anterior, el hecho de que el Servicio de Administración Tributaria mediante la cuarta modificación de la regla 2.1.6. de la de la Resolución Miscelánea Fiscal para 2021, publicada hasta el 21 de diciembre de 2021, considere inhábiles el segundo periodo vacacional una vez iniciado tal periodo, crea un ambiente de incertidumbre jurídica, dado que el particular no tiene certeza de los días inhábiles señalados originalmente en la Resolución Miscelánea Fiscal para 2021, publicada el 29 de diciembre de 2021.

De estimarse lo contrario, se llegaría al extremo de que se permita a la autoridad fiscal, a capricho y conveniencia, que declarara días hábiles e inhábiles, sin tomar en cuenta derechos previamente reconocidos a los contribuyentes de manera directa o indirecta.

*Sirve de apoyo, por identidad de razón, la **jurisprudencia** P./J. 19/2003, con registro digital: 183844, emitida por el Pleno de la Suprema Corte de Justicia de la Nación, de la novena época, publicada en el Semanario Judicial de la Federación y su Gaceta, tomo XVIII, julio de 2003, página 16, cuyos rubro y texto señalan lo siguiente:*

*"**DÍAS INHÁBILES PARA EL ANUNCIO DE LAS PRUEBAS TESTIMONIAL, PERICIAL E INSPECCIÓN OCULAR EN EL AMPARO. SÓLO TIENEN ESE CARÁCTER LOS ESTABLECIDOS EN DISPOSICIONES GENERALES EXPEDIDAS POR EL ÓRGANO LEGISLATIVO, SIN INCLUIR LOS DÍAS EN QUE SE SUSPENDAN LAS LABORES DEL ÓRGANO JURISDICCIONAL POR ACUERDO DE LA SUPREMA CORTE DE JUSTICIA DE LA NACIÓN, DEL CONSEJO DE LA JUDICATURA FEDERAL O DEL PROPIO TRIBUNAL O JUZGADO.** Los artículos 23, 24, 26 y 151, párrafo segundo, de la Ley de Amparo, el artículo 163 de la Ley Orgánica del Poder Judicial de la Federación, y los artículos 281, 282, 286 y 288 del Código Federal de Procedimientos Civiles, supletorio de la Ley de Amparo, establecen cuáles son los días hábiles para la realización de las actuaciones judiciales, determinando asimismo cuáles son los inhábiles y, por ende, en los que no deben realizarse tales actuaciones; **estos preceptos dan certeza a los litigantes para conocer de antemano cuáles son los días inhábiles que deben deducir del cómputo de los plazos legales previstos para la realización de cualquier actuación procesal**; además de esos días predeterminados, hay otros que alteran esa previsión legal, en cuanto provocan modificaciones del plazo respectivo, que **por regla general, favorece a los gobernados dado que prolonga en su beneficio el plazo con que originalmente contaban para efectuar determinado acto procesal**, los cuales pueden provenir de un acuerdo de la Suprema Corte de Justicia de la Nación, del Consejo de la Judicatura Federal o de los propios Tribunal Unitario de Circuito o Juzgado de Distrito que conozca del juicio, originados por caso fortuito o fuerza mayor, supuestos en los que el órgano jurisdiccional autoriza administrativamente la suspensión de labores, lo que trae como consecuencia que ese día se considere inhábil conforme a lo previsto en el artículo 26 de la Ley de Amparo,*

provocando casi siempre la prolongación del plazo respectivo; empero, **para salvar cualquier eventual confusión cuando la inhabilitación de un día provoca la reducción del plazo,** *como ocurre verbigracia, respecto al anuncio de las pruebas testimonial, pericial e inspección ocular que habrán de rendirse en el amparo, acto procesal que debe efectuarse cinco días hábiles antes de celebrarse la audiencia constitucional,* **la autoridad que conozca del amparo no debe deducir del plazo los días en que se haya acordado la suspensión laboral con motivo de los acuerdos referidos, puesto que en este caso la consecuencia que sufre el gobernado le produce perjuicio,** *dado que ese hecho futuro, incierto e imprevisible puede provocar la deserción de tales pruebas por el anuncio inoportuno, lo que evidentemente resulta injustificado; de ahí que los únicos días que en todo momento pueden considerarse como inhábiles para el anuncio de dichos medios de prueba, son aquellos que previenen las disposiciones legales, en la medida en que su inhabilitación es producto de una decisión adoptada por el legislador, cuya observancia general deriva del conocimiento que tienen los gobernados por haberse publicado en los medios de difusión autorizados, en este caso en el Diario Oficial de la Federación."*

(Énfasis añadido)

Asimismo, robustece lo anterior, por analogía, la tesis XVI.1o.A.194 A (10a.), con registro digital: 2020613, emitida por el Primer Tribunal Colegiado en Materia Administrativa del Décimo Sexto Circuito, de la décima época, publicada en la Gaceta del Semanario Judicial de la Federación, libro 70, septiembre de 2019, tomo III, página 2265, cuyos rubro y texto señalan lo siguiente:

"TRIBUNAL DE JUSTICIA ADMINISTRATIVA DEL ESTADO DE GUANAJUATO. EL PLENO DE ESE ÓRGANO NO PUEDE HABILITAR LOS DÍAS QUE PREVIAMENTE HABÍA DECLARADO COMO NO LABORABLES. *Del artículo 58 de la Ley Orgánica del Tribunal de Justicia Administrativa del Estado de Guanajuato se advierte que el Pleno de ese órgano jurisdiccional puede determinar qué días se suspenderán labores y, con base en esa facultad, aprueba su calendario oficial. Empero,* **dicha potestad no implica que también pueda habilitar los días que había declarado como no laborables, pues ello conlleva que corran los plazos procesales, lo cual atenta contra el derecho humano a la seguridad jurídica,** *el cual es la base sobre la cual descansa el sistema jurídico mexicano, de manera que el gobernado jamás se encuentre en una situación de incertidumbre jurídica que propicie un estado de indefensión; es decir, su contenido esencial radica en "saber a qué atenerse" respecto de la regulación normativa prevista en la ley y de la actuación de la autoridad. Así, el hecho de que el Tribunal de Justicia Administrativa habilite mediante acuerdos días que previamente había declarado inhábiles, crea un ambiente de incertidumbre jurídica, dado que el particular no tiene la certeza de que el calendario oficial publicado a principios de año quede firme y no pueda modificarse con posterioridad."*

(Énfasis añadido)

*Los criterios antes transcritos ponen en evidencia que la cuarta modificación de la regla combatida, al alterar el derecho adquirido de los contribuyentes, consistente en considerar como días inhábiles el segundo periodo de vacaciones de 2021 del Servicio de Administración Tributaria, **contraviene el derecho humano a la seguridad jurídica.***

*Asimismo, esta Sala colige que la cuarta modificación de la regla en cuestión también **violenta el derecho humano a una defensa adecuada, consistente en contar con plazos claros, legalmente establecidos y que no puedan ser modificados a capricho de las autoridades fiscales a través de las reglas de carácter general**, para que con ello se respete cabalmente el derecho previsto en el artículo 25 de la Convención Americana sobre Derechos Humanos.*

*Aunado a lo anterior, **la regla en cuestión también viola el derecho humano a la irretroactividad de la norma en su perjuicio**, al señalar que el segundo periodo vacacional del Servicio de Administración Tributaria <u>comprende los días del 20 al 31 de diciembre de 2021.</u>*

*Ello es así, pues la cuarta modificación de la regla 2.1.6. de la de la Resolución Miscelánea Fiscal para 2021, <u>se publicó en el Diario Oficial de la Federación hasta el 21 de diciembre de 2021, siendo aplicable **hasta** el día 22 siguiente</u>; esto, una vez iniciado el segundo periodo vacacional.*

*Por lo tanto, la modificación de la regla en cuestión altera los plazos de los procedimientos de fiscalización que realiza el Servicio de Administración Tributaria, de manera retroactiva, en perjuicio de la actora, <u>pues a través de ella se pretende que se consideren inhábiles, entre otros, los días del 20 al 31 de diciembre de 2021 (lunes a viernes)</u>, siendo que la cuarta modificación a dicha regla **entró en vigor hasta el 22 de ese mismo mes y año**, contraviniendo lo dispuesto en el artículo 14 de la Constitución Política de los Estados Unidos Mexicanos, que establece que "A ninguna ley se dará efecto retroactivo en perjuicio de persona alguna".*

*Sirve de apoyo, la **jurisprudencia** P./J. 123/2001, con registro digital 188508, emitida por el Pleno de la Suprema Corte de Justicia de la Nación, de la novena época, publicada en el Semanario Judicial de la Federación y su Gaceta, tomo XIV, octubre de 2001, página 16, cuyos rubro y texto señalan lo siguiente:*

"RETROACTIVIDAD DE LAS LEYES. SU DETERMINACIÓN CONFORME A LA TEORÍA DE LOS COMPONENTES DE LA NORMA. *Conforme a la citada teoría, para determinar si una ley cumple con la garantía de irretroactividad prevista en el primer párrafo del artículo 14 de la Constitución Política de los Estados Unidos Mexicanos, debe precisarse que toda norma jurídica contiene un supuesto y una consecuencia, de suerte que si aquél se realiza, ésta debe producirse,* *generándose, así, los derechos y obligaciones correspondientes y, con ello, los destinatarios de la norma están en posibilidad de ejercitar aquéllos y cumplir con éstas; sin embargo, el supuesto y la consecuencia no siempre se generan de modo inmediato, pues puede suceder que su realización ocurra fraccionada en el tiempo. Esto acontece, por lo general, cuando el supuesto y la consecuencia son actos complejos, compuestos por diversos actos parciales. De esta forma, para resolver sobre la retroactividad o irretroactividad de una disposición jurídica, es fundamental determinar las hipótesis que pueden presentarse en relación con el tiempo en que se realicen los componentes de la norma jurídica. Al respecto cabe señalar que, generalmente y en principio, pueden darse las siguientes hipótesis: 1. Cuando durante la vigencia de una norma jurídica se actualizan, de modo inmediato, el supuesto y la consecuencia establecidos en ella. En este caso, ninguna disposición legal posterior podrá variar, suprimir o modificar aquel supuesto o esa consecuencia sin violar la garantía de irretroactividad, atento a que fue antes de la vigencia de la nueva norma cuando se realizaron los componentes de la norma sustituida. 2. El caso en que la norma jurídica establece un supuesto y varias consecuencias sucesivas. Si dentro de la vigencia de esta norma se actualiza el supuesto y alguna o algunas de las consecuencias, pero no todas, ninguna norma posterior podrá variar los actos ya ejecutados sin ser retroactiva. 3. También puede suceder que la realización de alguna o algunas de las consecuencias de la ley anterior, que no se produjeron durante su vigencia, no dependa de la realización de los supuestos previstos en esa ley, ocurridos después de que la nueva disposición entró en vigor, sino que tal realización estaba solamente diferida en el tiempo, ya sea por el establecimiento de un plazo o término específico, o simplemente porque la realización de esas consecuencias era sucesiva o continuada; en este caso la nueva disposición tampoco deberá suprimir, modificar o condicionar las consecuencias no realizadas, por la razón sencilla de que éstas no están supeditadas a las modalidades señaladas en la nueva ley. 4. Cuando la norma jurídica contempla un supuesto complejo, integrado por diversos actos parciales sucesivos y una consecuencia. En este caso, la norma posterior no podrá modificar los actos del supuesto que se haya realizado bajo la vigencia de la norma anterior que los previó, sin violar la garantía de irretroactividad. Pero en cuanto al resto de los actos componentes del supuesto que no se ejecutaron durante la vigencia de la norma que los previó, si son modificados por una norma posterior, ésta no puede considerarse retroactiva. En esta circunstancia, los actos o supuestos habrán de generarse bajo el imperio de la norma posterior y, consecuentemente, son las disposiciones de ésta las que deben regir su relación, así como la de las consecuencias que a tales supuestos se vinculan."*

*En consecuencia, no queda más a esta Sala que **proceder a inaplicar en el caso concreto la cuarta modificación de la regla 2.1.6. de la de la Resolución Miscelánea Fiscal para 2021**, publicada en el Diario Oficial de la Federación el 21 de diciembre de 2021, al concluirse que,* atendiendo a la interpretación hecha anteriormente, **quebranta los derechos humanos a la seguridad jurídica, a una defensa adecuada –que deriva de la tutela jurisdiccional efectiva-, y a la irretroactividad de las normas en su perjuicio**, previstos en los artículos 14, 16 y 17 de la Constitución Política de los Estados Unidos Mexicanos, así como en el numeral 25 de la Convención Americana sobre Derechos Humanos

En virtud de lo anterior, al no ser aplicable la cuarta modificación de la regla antes señalada, sólo se debe aplicar a la actora la regla 2.1.6. de la de la Resolución Miscelánea Fiscal para 2021, publicada el 29 de diciembre de 2020, considerando como días inhábiles el 1° y 2 de abril, el primer periodo general de vacaciones que comprende los días del 19 al 30 de julio de 2021, y el 2 de noviembre, todos de 2021.

Sin que obste para lo expuesto, lo manifestado por la autoridad en su oficio contestatorio, en el sentido de que si bien la cuarta resolución de modificaciones a la resolución miscelánea fiscal para 2021 se publicó en el Diario Oficial de la Federación hasta el 21 de diciembre de 2021, también lo es que, de conformidad con la regla 1.8 de la resolución miscelánea fiscal para 2021, dicha publicación surtiría efectos desde el momento en que se diera a conocer de manera anticipada en el portal del Servicio de Administración Tributaria, lo cual ocurrió el 6 de diciembre de 2021, esto es, previamente a que iniciara el segundo periodo vacacional.

Ello, toda vez que la publicación en el Diario Oficial de la Federación es la condición para que los actos administrativos de carácter general, como la regla de trato y cualquier otro tipo de acto de naturaleza análoga, produzcan efectos jurídicos. Por tanto, la eficacia de estos últimos está condicionada a su publicación en el Diario Oficial de la Federación y no a la notificación a través de los portales de las autoridades.

Máxime, cuando el tercer párrafo de la diversa regla 1.8 a que alude la autoridad, dispone expresamente: "Asimismo, el SAT dará a conocer en su Portal de forma anticipada y **únicamente con fines informativos**, reglas de carácter general que faciliten el cumplimiento de las obligaciones fiscales de los contribuyentes. Los beneficios contenidos en dichas reglas, serán aplicables a partir de que se den a conocer en el Portal del SAT, salvo que se señale fecha expresa para tales efectos."; por lo que, dicho medio de publicación no puede considerarse como válido en los términos pretendidos por la autoridad, ello, aunado a que en el caso concreto no constituye un beneficio para la incoante.

Similar criterio fue sostenido en la sentencia de 16 de junio de 2022 dictada por esta Sala Regional del Caribe y Auxiliar en el juicio 606/20-20-01-8.

Sobre dicha base, atento a la caducidad del procedimiento planteada por la actora, esta Sala estima pertinente traer a la vista el contenido del artículo 53-B, del Código Fiscal de la Federación, vigente en la época de *los hechos, conforme al cual se llevó a cabo el proceso de fiscalización el cual dio lugar a la emisión de la resolución simultáneamente impugnada en el juicio en que se actúa, mismo que dispone lo siguiente:*

*"**Artículo 53-B**. Para los efectos de lo dispuesto en el artículo 42, fracción IX de este Código, las revisiones electrónicas se realizarán conforme a lo siguiente:*

*I. Con base en la información y documentación que obre en su poder, las autoridades fiscales darán a conocer los hechos que deriven en la omisión de contribuciones y aprovechamientos o en la comisión de otras irregularidades, a través de una **resolución provisional a la cual, en su caso, se le podrá acompañar un oficio de preliquidación, cuando los hechos consignados sugieran el pago de algún crédito fiscal.***

*II. **En la resolución provisional se le requerirá al contribuyente, responsable solidario o tercero, para que en un plazo de quince días siguientes a la notificación de la citada resolución, manifieste lo que a su derecho convenga y proporcione la información y documentación**, tendiente a desvirtuar las irregularidades o acreditar el pago de las contribuciones o aprovechamientos consignados en la resolución provisional.*

En caso de que el contribuyente acepte los hechos e irregularidades contenidos en la resolución provisional y el oficio de preliquidación, podrá optar por corregir su situación fiscal dentro del plazo señalado en el párrafo que antecede, mediante el pago total de las contribuciones y aprovechamientos omitidos, junto con sus accesorios, en los términos contenidos en el oficio de preliquidación, en cuyo caso, gozará del beneficio de pagar una multa equivalente al 20% de las contribuciones omitidas.

*III. **Una vez recibidas y analizadas las pruebas aportadas por el contribuyente, dentro de los diez días siguientes a aquél en que venza el plazo previsto en la fracción II de este artículo, si la autoridad fiscal identifica elementos adicionales que** deban ser verificados, podrá actuar indistintamente conforme a cualquiera de los siguientes procedimientos:*

a) Efectuará un segundo requerimiento al contribuyente, el cual deberá ser atendido dentro del plazo de diez días siguientes a partir de la notificación del segundo requerimiento.

b) Solicitará información y documentación de un tercero, situación que deberá notificársele al contribuyente dentro de los diez días siguientes a la solicitud de la información.

El tercero deberá atender la solicitud dentro de los diez días siguientes a la notificación del requerimiento; la información y documentación que aporte el tercero deberá darse a conocer al contribuyente dentro de los diez días siguientes a aquel en que el tercero la haya aportado; para lo cual el contribuyente contará con un plazo de diez días contados a partir de que le sea notificada la información adicional del tercero para manifestar lo que a su derecho convenga.

IV. La autoridad contará con <u>un plazo máximo de cuarenta días para la emisión y notificación de la resolución con base en la información y documentación con que se cuente en el expediente</u>. El cómputo de este plazo, según sea el caso, iniciará a partir de que:

a) Haya vencido el plazo previsto en la fracción II de este artículo o, en su caso, se hayan desahogado las pruebas ofrecidas por el contribuyente;

b) Haya vencido el plazo previsto en la fracción III, inciso a) de este artículo o, en su caso, se hayan desahogado las pruebas ofrecidas por el contribuyente, o

c) Haya vencido el plazo de 10 días previsto en la fracción III, inciso b) de este artículo para que el contribuyente manifieste lo que a su derecho convenga respecto de la información o documentación aportada por el tercero.

Concluidos los plazos otorgados a los contribuyentes para hacer valer lo que a su derecho convenga respecto de los hechos u omisiones dados a conocer durante el desarrollo de las facultades de comprobación a que se refiere la fracción IX del artículo 42 de este Código, se tendrá por perdido el derecho para realizarlo.

Los actos y resoluciones administrativos, así como las promociones de los contribuyentes a que se refiere este artículo, se notificarán y presentarán en documentos digitales a través del buzón tributario.

Las autoridades fiscales deberán concluir el procedimiento de revisión electrónica a que se refiere este artículo dentro de un plazo máximo de seis meses contados a partir de la notificación de la resolución provisional, excepto en materia de comercio exterior, en cuyo caso el plazo no podrá exceder de dos años, en aquellos casos en que se haya solicitado una compulsa internacional. El plazo para concluir el procedimiento de revisión electrónica a que se refiere este párrafo se suspenderá en los casos señalados en las fracciones I, II, III, V y VI y penúltimo párrafo del artículo 46-A de este Código." (Énfasis añadido)

*En efecto, del análisis integral al contenido del precepto legal anteriormente citado, tenemos que, conforme a lo previsto en la fracción I del artículo 53-B del Código Fiscal de la Federación, cuando del análisis de la información y documentación que obra en su poder, la autoridad advierta hechos u omisiones que entrañan el incumplimiento de obligaciones fiscales del sujeto revisado, la autoridad fiscal iniciará la facultad de revisión electrónica, misma que comienza con la notificación de la **resolución provisional**, en la que hará del conocimiento al contribuyente los hechos que deriven en la omisión de contribuciones y aprovechamientos o en la comisión de irregularidades, en la cual, en su caso, se le podrá acompañar un oficio de preliquidación, cuando los* *hechos sugieran el pago de algún crédito fiscal.*

La mencionada preliquidación es una propuesta de pago –no un requerimiento–, es decir, es un acto declarativo a través del cual la autoridad hacendaria exhorta al contribuyente a corregir su situación fiscal respecto de los hechos u omisiones advertidos al verificar el cumplimiento de obligaciones relacionadas con los pagos definitivos de alguna contribución o aprovechamiento, señalando la cantidad que, en su caso, deberá cubrir para gozar del beneficio de la reducción en el porcentaje del monto de la multa de las contribuciones omitidas.

Cabe mencionar, que la revisión previa de la información y documentos que tiene en su poder la autoridad fiscal, no da inicio a la facultad de mérito, pues ello se realiza a través del empleo de los sistemas electrónicos de almacenamiento y procesamiento de datos que permiten, mediante el cruce de información, identificar los hechos u omisiones que pudieran entrañar un incumplimiento de las disposiciones fiscales; así, dicha facultad inicia cuando se notifica la resolución provisional, tal y como lo ha sostenido la Segunda Sala de la Suprema Corte de Justicia de la Nación en la jurisprudencia siguiente:

Registro digital: 2012937

Instancia: Segunda Sala

Décima Época

Materias(s): Administrativa

Tesis: 2a./J. 150/2016 (10a.)

Fuente: Gaceta del Semanario Judicial de la Federación. Libro 35, Octubre de 2016, Tomo I, página 724

Tipo: Jurisprudencia

"REVISIÓN ELECTRÓNICA. EL PROCEDIMIENTO DE FISCALIZACIÓN RELATIVO INICIA CON LA NOTIFICACIÓN DE LA RESOLUCIÓN PROVISIONAL. De acuerdo con los artículos 42, fracción IX y 53-B del Código Fiscal de la Federación, tratándose de la revisión electrónica, el procedimiento de fiscalización inicia con la notificación de la resolución provisional, no así con la revisión previa de la información y documentación que la autoridad hacendaria tiene en su poder, ya que ello se realiza mediante el empleo de los sistemas electrónicos de almacenamiento y procesamiento de datos que permiten, mediante el cruce de información, identificar los hechos u omisiones que pudieran entrañar un incumplimiento de las disposiciones fiscales y, en su caso, emitir una preliquidación de las contribuciones omitidas, a efecto de que el contribuyente corrija su situación fiscal."

Una vez notificada la resolución provisional, conforme a la fracción II del artículo 53-B del código tributario, se requerirá a su destinatario para que, en un plazo de quince días siguientes a dicha notificación, haga valer su derecho de audiencia (manifieste lo que a su derecho convenga y proporcione medios de convicción) para desvirtuar las irregularidades o acredite el pago que se le propuso.

Que, de aceptar los hechos e irregularidades contenidos en la resolución provisional y el oficio de preliquidación, el contribuyente podrá optar por corregir su situación fiscal dentro del plazo de quince días, mediante el pago total de las contribuciones y aprovechamientos omitidos, junto con sus accesorios, en los términos contenidos en el oficio de preliquidación, en cuyo caso, gozará del beneficio de pagar una multa equivalente al 20% de las contribuciones omitidas.

Que de acuerdo a lo dispuesto en la fracción III del artículo 53-B citado, recibidas y analizadas las pruebas que en su caso se aportaron, dentro de los diez días siguientes a aquel en que venza el plazo de quince días antes señalados, si la autoridad fiscal identifica elementos adicionales que deban ser verificados, podrá actuar indistintamente siguiendo los procedimientos relativos a efectuar un segundo requerimiento o solicitar información o documentación a un tercero, otorgando un plazo de diez días en cualquier caso para su cumplimiento o notificación.

Que la solicitud deberá ser atendida por el tercero dentro de los de los diez días siguientes a la notificación del requerimiento; información y documentación que, de ser aportada, deberá darse a conocer al contribuyente dentro de los diez días siguientes a aquel en que el tercero la haya aportado; otorgándole el mismo plazo al contribuyente para que manifieste lo que a su derecho convenga.

Que, acorde a la fracción IV del numeral 53-B en estudio, la autoridad fiscal contará con un plazo máximo de cuarenta días para emitir y notificar la resolución con base en la información con que se cuente en el expediente.

Que el cómputo del plazo de referencia, según sea el caso, iniciará a partir de que:

a) Venza el plazo de quince días para que el contribuyente haga valer su derecho de audiencia (manifieste lo que a su derecho convenga y proporcione información o documentación tendente a desvirtuar la propuesta de pago) o acepte los hechos e irregularidades y opte por corregir su situación fiscal mediante el pago correspondiente; o en su caso, se hayan desahogado las pruebas que ofreció, lo que implica que ejerció dicho derecho.

b) Venza el plazo de diez días siguientes a los quince días señalado en el inciso previo (derecho de audiencia o pago), que tiene la autoridad fiscal para efectuar un segundo requerimiento, o, en su caso, se hayan desahogado las pruebas que ofreció el contribuyente.

c) Venza el plazo de diez días siguientes a los quince días señalado en el inciso a), con el que cuenta la autoridad en el caso de que haya solicitado información o documentación a un tercero, para que el contribuyente ejerza su derecho de audiencia respecto a información o documentación aportada por el tercero.

El antepenúltimo párrafo del numeral 53-B es categórico al señalar que una vez que concluyen los plazos otorgados a los contribuyentes para hacer valer su derecho de audiencia, se tendrán por perdidos en el procedimiento de revisión electrónica.

El penúltimo párrafo del precepto en comento, en congruencia con el citado procedimiento, prescribe que las actuaciones tanto de la autoridad fiscal como de los contribuyentes (actos y resoluciones, así como las promociones) se notificarán y presentarán en documentos digitales vía buzón tributario.

Finalmente, su último párrafo establece el plazo máximo de seis meses para concluir la revisión electrónica, contados a partir de la notificación de la resolución provisional, como regla general, siendo la excepción la materia de comercio exterior, en la que el plazo es de dos años. Además, se establecen los supuestos de suspensión de dichos plazos conforme al diverso numeral 46-A, en diversos supuestos, del ordenamiento tributario federal.

En este sentido, resulta claro que existe un plazo específico, al cual debe de sujetarse la autoridad fiscal para efectos de emitir y notificar la resolución definitiva derivada de la facultad de revisión electrónica contemplada en el artículo 53-B del Código Fiscal de la Federación, computado a partir de que: a) venza el plazo de 15 días para que el contribuyente haga valer su derecho de audiencia, o corrija su situación mediante el pago total propuesto, o cuando se hayan desahogado las pruebas que aportó, b) venza el plazo de diez días para cumplir con el segundo requerimiento o bien se hayan desahogado las pruebas ofrecidas, o en su caso, c) venza el plazo de diez días para que el contribuyente manifieste lo que en su derecho convenga respecto de la información o documentación aportada por el tercero; a efecto de otorgar seguridad jurídica al contribuyente revisado.

Consideración que resulta acorde con el criterio establecido en el mes de mayo de 2022, por la Segunda Sala de la Suprema Corte de Justicia de la Nación al resolver el AMPARO DIRECTO EN REVISIÓN 3130/2021, en el cual se realizó la interpretación conforme del artículo 53-B, fracción IV, inciso a), del Código Fiscal de la Federación, vigente en 2018, a la luz de los principios de interpretación más favorable y seguridad jurídica, previstos en los artículos 1° y 16 de la Constitución Federal, tal y como se desprende con la siguiente transcripción de dicha ejecutoria en la parte que interesa:

"INTERPRETACIÓN CONFORME A LA CONSTITUCIÓN

58. Como punto de partida conviene señalar, en primer término, que se aludirá a la interpretación constitucional y legal que ha realizado esta Segunda Sala del artículo 53-B del Código Fiscal de la Federación, aun con otra vigencia, para que a partir de dichos cánones interpretativos, en segundo lugar, se analice dicho precepto, y en específico su fracción IV, inciso a), vigente para el ejercicio fiscal de 2018, a la luz de los principios de interpretación más favorable y de seguridad jurídica, previstos en los numerales 1o. y 16 de la Ley Fundamental, para arribar a la conclusión de si resulta o no acorde a ellos, para con posterioridad analizar los agravios manifestados por la recurrente.

...

60. No es la primera vez que esta Segunda Sala interpreta y se pronuncia sobre la validez constitucional del numeral transcrito. Ha tenido oportunidad de ello al emitir la jurisprudencia 2a./J. 154/2016 (10a.),(25) en la que sostuvo que la facultad de revisión electrónica no vulnera el derecho a la inviolabilidad domiciliaria, dado que, conforme al artículo 16 constitucional, la revisión de la contabilidad (electrónica) del contribuyente no implica que indefectiblemente debe llevarse en su domicilio.

61. Esta Segunda Sala también ha verificado el apego del numeral 53-B del código invocado a los principios de legalidad y de seguridad jurídica, al emitir la jurisprudencia 2a./J. 153/2016 (10a.),(26) en la que concluyó que en el procedimiento de revisión electrónica se notifica la resolución provisional al contribuyente precisándole los rubros o conceptos a revisar a partir de los hechos u omisiones advertidos con base en el análisis de la información en poder de la autoridad y, en su caso, con la preliquidación, culminando con la resolución definitiva que se emite en los plazos establecidos para tal efecto.

62. De igual forma, esta Segunda Sala al emitir la jurisprudencia 2a./J. 159/2016 (10a.)(27) concluyó que el artículo 53-B del código tributario federal no conculca los derechos de seguridad jurídica y acceso a la justicia previstos en los numerales 16 y 17 de la Ley Fundamental, al prever que todos los actos y resoluciones que se dicten en el procedimiento de revisión electrónica se notificarán por buzón tributario, pues el diverso 134 del ordenamiento invocado en primer término autoriza a ello, y la notificación se tendrá por realizada cuando se genere el acuse de recibo.

63. En el caso la porción normativa que generó la interpretación directa de la Constitución, en concreto desde la perspectiva de los principios ya aludidos, por parte del Tribunal Colegiado del conocimiento, es la fracción IV, inciso a), del artículo 53-B del Código Fiscal de la Federación vigente en 2018.

64. Sin embargo, no es posible interpretar aisladamente dicha porción normativa sino en el contexto y sistemática del precepto en el que se encuentra inserta. Por tal motivo, debe comenzarse por señalar cuándo inicia la facultad de revisión electrónica.

65. Conforme a la fracción I del numeral que se analiza, dicha facultad inicia con la notificación de la resolución provisional a la que, en su caso, se le podrá acompañar un oficio de preliquidación, cuando los hechos sugieran el pago de algún crédito fiscal.

66. La mencionada preliquidación es una propuesta de pago –no un requerimiento–, es decir, es un acto declarativo a través del cual la autoridad hacendaria exhorta al contribuyente a corregir su situación fiscal respecto de los hechos u omisiones advertidos al verificar el cumplimiento de obligaciones relacionadas con los pagos definitivos de alguna contribución o aprovechamiento, señalando la cantidad que, en su caso, deberá cubrir para gozar del beneficio de la reducción en el porcentaje del monto de la multa de las contribuciones omitidas, como se sostuvo en la jurisprudencia 2a./J. 158/2016 (10a.).(28)

67. La revisión previa de la información y documentos que tiene en su poder la autoridad fiscal, no da inicio a la facultad de mérito, pues ello se realiza a través del empleo de los sistemas electrónicos de almacenamiento y procesamiento de datos que permiten, mediante el cruce de información, identificar los hechos u omisiones que pudieran entrañar un incumplimiento de las disposiciones fiscales, dicha facultad inicia cuando se notifica la resolución provisional, tal y como lo ha sostenido esta Segunda Sala en la jurisprudencia 2a./J. 150/2016 (10a.).(29)

68. Una vez notificada la resolución provisional, conforme a la fracción II del artículo 53-B, se requerirá a su destinatario para que, en un plazo de quince días siguientes a dicha notificación, haga valer su derecho de audiencia (manifieste lo que a su derecho convenga y proporcione medios de convicción) para desvirtuar las irregularidades o acredite el pago que se le propuso.

69. Cabe señalar que el plazo de referencia resulta razonable, en la medida en que los contribuyentes tienen el deber de conservar, a disposición de la autoridad fiscal, toda la información y documentación relacionada con el cumplimiento de sus obligaciones fiscales para cuando les sea requerida, máxime que las pruebas que por cualquier motivo no se exhiban en el procedimiento respectivo, podrán ofrecerse en el medio de defensa correspondiente que, en su caso, se haga valer contra la resolución definitiva, por lo que se cumple con el derecho de audiencia, tal y como se sostiene en la jurisprudencia 2a./J. 156/2016 (10a.).(30)

70. De acuerdo a lo dispuesto en la fracción III del artículo 53-B, recibidas y analizadas las pruebas que en su caso se aportaron, dentro de los diez días siguientes a aquel en que venza el plazo de quince días antes señalados, si la autoridad fiscal identifica elementos adicionales que deban ser verificados, podrá actuar indistintamente siguiendo los procedimientos relativos a efectuar un segundo requerimiento (a) o solicitar información o documentación a un tercero (b), otorgando un plazo de diez días en cualquier caso para su cumplimiento o notificación.

71. *Acorde a la fracción IV del numeral 53-B, la autoridad fiscal contará con un plazo máximo de cuarenta días para emitir y notificar la resolución con base en la información con que se cuente en el expediente.*

72. *El cómputo del plazo de referencia, según sea el caso, iniciará a partir de que:*

a) Venza el plazo de quince días para que el contribuyente haga valer su derecho de audiencia (manifieste lo que a su derecho convenga y proporcione información o documentación tendente a desvirtuar la propuesta de pago) o acepte los hechos e irregularidades y opte por corregir su situación fiscal mediante el pago correspondiente; o en su caso, se hayan desahogado las pruebas que ofreció, lo que implica que ejerció dicho derecho.

b) Venza el plazo de diez días siguientes a los quince días señalado en el inciso previo (derecho de audiencia o pago), que tiene la autoridad fiscal para efectuar un segundo requerimiento, o, en su caso, se hayan desahogado las pruebas que ofreció el contribuyente.

c) Venza el plazo de diez días siguientes a los quince días señalado en el inciso a), con el que cuenta la autoridad en el caso de que haya solicitado información o documentación a un tercero, para que el contribuyente ejerza su derecho de audiencia respecto a información o documentación aportada por el tercero.

73. *El antepenúltimo párrafo del numeral 53-B es categórico al señalar que una vez que concluyen los plazos otorgados a los contribuyentes para hacer valer su derecho de audiencia, se tendrán por perdidos en el procedimiento de revisión electrónica.*

74. *El penúltimo párrafo del precepto en comento, en congruencia con el citado procedimiento, prescribe que las actuaciones tanto de la autoridad fiscal como de los contribuyentes (actos y resoluciones, así como las promociones) se notificarán y presentarán en documentos digitales vía buzón tributario.*

75. *Finalmente, su último párrafo establece el plazo máximo de seis meses para concluir la revisión electrónica, contados a partir de la notificación de la resolución provisional, como regla general, siendo la excepción la materia de comercio exterior, en la que el plazo es de dos años. Además, se establecen los supuestos de suspensión de dichos plazos conforme al diverso numeral 46-A, en diversos supuestos, del ordenamiento tributario federal.*

76. *Pues bien, **la interpretación conforme a la Constitución del artículo 53-B, fracción IV, inciso a)**, del Código Fiscal de la Federación vigente en 2018, a la luz de los principios de interpretación más favorable y de seguridad jurídica, permite arribar a la conclusión de que cuando la autoridad fiscal no emita ni notifique la resolución definitiva en el procedimiento de revisión electrónica en el plazo de cuarenta días, computado a partir de que venza el plazo de quince días para que el*

contribuyente haga valer su derecho de audiencia o corrija su situación mediante el pago total propuesto, o cuando se hayan desahogado las pruebas que aportó, trae como consecuencia la nulidad de dicha resolución en términos del artículo 52, fracción II, de la Ley Federal de Procedimiento Contencioso Administrativo.

77. En efecto, debe destacarse que, desde la adición del numeral 53-B, fracción IV, (31) del código tributario federal vigente en el ejercicio fiscal de 2014, el legislador estableció el plazo máximo de cuarenta días para emitir y notificar la resolución en el procedimiento de revisión electrónica, y si bien operaba cuando el contribuyente exhibía pruebas, ello no implica que haya dejado de subsistir dicho lapso para tal efecto.

78. La mencionada fracción IV fue reformada mediante decreto publicado en el Diario Oficial de la Federación el 30 de noviembre de 2016, vigente a partir de 2017, por la que se establecieron los momentos a partir de los cuales se computa el plazo máximo de cuarenta días para dictar resolución definitiva en el procedimiento de revisión electrónica.

79. Por ende, resulta conveniente acudir al proceso legislativo que dio origen al artículo 53-B, fracción IV, inciso a), vigente en el ejercicio fiscal de 2017, en específico, a la exposición de motivos que originó su reforma, en donde se manifestó lo siguiente:

"...

"Asimismo, se propone reformar las fracciones III y IV del artículo 53-B de dicho código, con la finalidad de señalar que el plazo de cuarenta días con el que cuenta la autoridad para emitir y notificar la resolución, se compute a partir de los diferentes supuestos en los que fenezcan los plazos para presentar escritos de pruebas y alegatos. Con ello se da seguridad jurídica al contribuyente respecto del procedimiento de revisión electrónica, sin dejar de proteger su derecho de audiencia, en virtud de que la autoridad deberá emitir una resolución definitiva **en un plazo concreto a partir de que cuente con todas las pruebas aportadas por los contribuyentes revisados con la finalidad de determinar su situación fiscal.**

"Además de lo anterior, se propone establecer que la notificación de la resolución definitiva no podrá exceder de seis meses, o de dos años tratándose en materia de comercio exterior, contados a partir de que la autoridad notifique la resolución provisional en términos de la fracción I del referido artículo 53-B del CFF, precisando que los plazos para concluir este procedimiento de revisión electrónica se suspenderán en los supuestos que actualmente contempla la legislación vigente para las revisiones de gabinete o domiciliarias, lo anterior como una medida que permita evitar prácticas dilatorias tendientes a impedir que la autoridad fiscal pueda concluir la revisión electrónica en el tiempo establecido en el propio artículo 53-B.

"Con esta medida se otorga seguridad jurídica a los contribuyentes revisados en relación al plazo máximo de duración de este tipo de revisiones, pues aun cuando la disposición establece la posibilidad de efectuar un segundo requerimiento de información al contribuyente, o bien, efectuar un requerimiento a un tercero, lo cierto es que la autoridad se encuentra constreñida a concluir su revisión en los plazos de seis meses o dos años en los supuestos señalados."(32) (Énfasis y subrayado añadidos)

*80. Como puede concluirse de lo transcrito, **los motivos que expuso el legislador fueron reiterar el plazo máximo de cuarenta días para emitir y notificar la resolución definitiva en el procedimiento de revisión electrónica, en aras de cumplir con el principio de seguridad jurídica**, estableciendo de manera categórica que la autoridad fiscal deberá hacerlo en dicho plazo a partir de los medios de convicción aportados por el contribuyente para determinar su situación fiscal, con lo que se sigue protegiendo su derecho de audiencia.*

81. Ahora, al vocablo "deberá" no es posible darle otra interpretación que la autoridad se encuentra obligada, compelida o forzada a emitir y notificar en el plazo máximo de cuarenta días la resolución definitiva en el procedimiento de revisión electrónica, plazo que se computará a partir de los supuestos señalados.

82. Por regla general, las exposiciones de motivos contenidas en una iniciativa de ley, así como los debates del legislador, suscitados con motivo de su aprobación, no forman parte del cuerpo legal de un ordenamiento y, por ello, carecen de todo valor probatorio, siempre y cuando no se hayan integrado al texto normativo, ya que en este caso se surte la excepción a la regla general, tal y como se ha sostenido en la tesis aislada 1a. LXXXV/2007.(33)

*83. En este caso **no opera la regla general aludida, sino la excepción, pues el legislador sí integró al texto normativo del artículo 53-B, fracción IV, inciso a), del Código Fiscal de la Federación vigente en 2018, su intención de obligar, compeler o forzar a la autoridad fiscal a emitir y notificar la resolución definitiva del procedimiento de revisión electrónica en el plazo de cuarenta días.***

84. En efecto, atendiendo al significado proporcionado por la Real Academia Española, el vocablo "contará" en el texto del referido precepto legal se utilizó por el legislador como verbo pronominal desusado en el sentido de atribuir algo a alguien.(34) Esto es, se atribuyó la obligación a la autoridad fiscal de emitir y notificar la resolución definitiva en dicho procedimiento en el plazo máximo señalado.

85. Así, no es factible escindir la voluntad del legislador y su producto final que es la ley, toda vez que las diferencias semánticas entre la palabra "deberá" que utilizó en la exposición de motivos y la palabra "contará" que quedó plasmada en el texto legal, no son relevantes desde el punto de vista de su interpretación teleológica, al subsistir la obligación de mérito, tal y como se verá a continuación.

86. Es cierto que, aunque la exposición de motivos de una norma es un elemento coadyuvante en el ejercicio de la reconstrucción de la voluntad del legislador y ésta, uno de los factores a tomar en cuenta a la hora de determinar el contenido de una norma, no es por sí sola parámetro y medida de constitucionalidad de lo establecido en su parte dispositiva, ésta es en principio de donde debe partirse para determinar la voluntad del legislador. Estas consideraciones encuentran sustento en la tesis aislada 1a. LX/2011.(35)

*87. En la especie, **atendiendo a la interpretación teleológica del artículo 53-B, fracción IV, inciso a), del Código Fiscal de la Federación vigente en 2018, se concluye que es la parte dispositiva la que establece la obligación de emitir y notificar en el plazo máximo de cuarenta días, contado a partir de diferentes momentos, la resolución definitiva en el procedimiento de revisión electrónica, pues el vocablo "contará" debe interpretarse y considerarse sinónimo de la palabra "deberá", en aras de generar certidumbre jurídica en la esfera de derecho del contribuyente.***

88. De manera adicional, debe decirse que esta Segunda Sala al resolver el amparo en revisión 1287/2015, en sesión de 6 de julio de 2016, por unanimidad de votos, que fue el primero de los precedentes que integró las jurisprudencias relativas a la temática de la revisión electrónica, analizó la exposición de motivos por la que se estableció el artículo 53-B del Código Fiscal de la Federación vigente en 2015, concluyendo lo siguiente:

"...

"Luego, es claro que la intención que prevalece en el legislador, es integrar una base de datos que, además de facilitar al contribuyente el cumplimiento de sus obligaciones fiscales, permita a la autoridad contar con la información necesaria para ejercer sus facultades de recaudación, supervisión y fiscalización de manera ágil y eficaz.

"Lo anterior es acorde con el nuevo concepto de 'relación cooperativa' – Enchanced Relationship– a que alude la quejosa en su demanda de amparo, cuyo propósito es fomentar una relación de cooperación y confianza entre la autoridad hacendaria y los contribuyentes, a efecto de garantizar que se paguen las contribuciones debidas de manera oportuna.

"De acuerdo con el documento intitulado 'La relación cooperativa: Un marco de referencia. De la relación cooperativa al cumplimiento cooperativo' elaborado por el Foro de Administración Tributaria (FAT), creado por el Comité de Asuntos Fiscales de la Organización para la Cooperación y Desarrollo Económicos (OCDE),(29) el concepto surge a virtud de un estudio previo sobre el papel de los intermediarios fiscales,

en el que se alentó a las administraciones tributarias a establecer 'relaciones de mayor cooperación con los grandes contribuyentes, basadas en la confianza y la cooperación'.

"En el precitado documento se menciona que gracias a la implementación de la relación cooperativa, las administraciones tributarias de diversos países han logrado reducir sus costos de operación e incrementar su recaudación, debido a que permite resolver diferendos derivados de la interpretación de la ley, sin necesidad de recurrir a los tribunales, así como orientar a los contribuyentes con oportunidad sobre los términos en que deben cumplir con sus obligaciones fiscales. Lo que es posible, en razón de que la relación cooperativa se sustenta en las siguientes bases esenciales: a) el entendimiento basado en el conocimiento de la realidad empresarial; b) la imparcialidad; c) la proporcionalidad; d) la apertura mediante la comunicación de información y la reactividad de las administraciones tributarias; y, e) la transparencia de los contribuyentes en su trato con las administraciones tributarias.

"Lo anterior, en términos generales, se traduce en que los contribuyentes proporcionen a la administración tributaria toda la información relacionada con sus obligaciones fiscales, incluso la que no es de ineludible cumplimiento, de modo tal que la administración tributaria esté en aptitud de analizar y comprender sus operaciones comerciales y los riegos fiscales inherentes para orientarlos, oportunamente, sobre los términos en que han de cumplir sus obligaciones tributarias, proporcionándoles toda la información relativa.

"Al respecto, se precisa que la importancia de este nuevo modelo en el contexto actual estriba en que 'la voluntad explícita del contribuyente de cumplir con las obligaciones de comunicación de información y transparencia, más allá de sus obligaciones legales, aporta una base objetiva y racional para un trato diferente', ya que 'la administración tributaria puede tener confianza justificada en las declaraciones recibidas de los contribuyentes que cumplen los requisitos y en los riesgos fiscales importantes y las incertidumbres serán puntualmente comunicadas'.

"En la inteligencia de que la relación cooperativa no implica que la administración tributaria y los contribuyentes deben estar de acuerdo en todo momento; el objetivo es evitar, en la medida de lo posible, los diferendos que den lugar al trámite de juicios contenciosos y procurar una mayor recaudación.

"Por último, importa destacar que en el documento que se analiza, se menciona que aun cuando la relación cooperativa inició con la finalidad de establecer relaciones de confianza con los grandes contribuyentes – debido a la complejidad de sus operaciones comerciales–, válidamente puede aplicarse a otras categorías de contribuyentes.

"El Estado Mexicano, como miembro integrante de la OCDE, ha implementado diversas medidas orientadas a lograr una mayor recaudación y reducir los costos de operación de la hacienda pública atendiendo a las principales bases que sustentan la relación cooperativa: transparencia en la información, comunicación y confianza.

"Es así, ya que, de acuerdo a la normativa vigente, la autoridad hacendaria debe proporcionar asistencia gratuita a los contribuyentes y establecer 'Programas de Prevención y Resolución de Problemas del Contribuyente', para que por conducto de un síndico que los represente, los contribuyentes puedan solicitar opinión y recomendaciones a la autoridad fiscal sobre el cumplimiento de sus obligaciones, en términos de lo previsto en el artículo 33 del Código Fiscal de la Federación.

"Asimismo, gran parte de la información y documentación relacionada con el cumplimiento de las obligaciones fiscales de los contribuyentes, solidarios responsables y terceros relacionados con ellos –tal es el caso de las declaraciones de impuestos e informativas, dictámenes financieros, solicitudes de devolución, avisos y comprobantes fiscales, entre otros–, se debe enviar a través de medios electrónicos para ingresarse en mecanismos electrónicos de almacenamiento y procesamiento de datos –como lo es el registro federal de contribuyentes así como los sistemas de contabilidad electrónica y de expedición de comprobantes fiscales–; lo que además de facilitar a los contribuyentes el cumplimiento de sus obligaciones, permite que la autoridad verifique su acatamiento con oportunidad y, en caso de advertir alguna irregularidad, centre sus facultades de comprobación en rubros o conceptos específicos, cuando el contribuyente no opte por corregir su situación fiscal, con lo cual se agilizan los procesos de recaudación y fiscalización, y se reducen sus costos de operación.

"En efecto, atendiendo a las razones del legislador, la revisión electrónica se implementó con el propósito de agilizar el proceso de fiscalización mediante el empleo de los mecanismos antes apuntados, de modo tal que el ejercicio de las facultades de comprobación de la autoridad hacendaria puedan centrarse en rubros o conceptos específicos de una o varias contribuciones y que el contribuyente pueda corregir su situación fiscal sin necesidad de esperar a que culmine el procedimiento respectivo. Al efecto, se autorizó a la autoridad para revisar la información que tiene en su poder y, en caso de advertir alguna irregularidad, emitir una resolución provisional a través de la cual se darán a conocer al contribuyente los hechos u omisiones que pudieran entrañar el incumplimiento de sus obligaciones fiscales y, en su caso, el monto de las contribuciones omitidas (preliquidación), para que:

"• De aceptar las irregularidades advertidas y, en su caso, la preliquidación respectiva, corrija su situación fiscal, caso en el cual, se le aplicará una multa equivalente al 20% de las contribuciones omitidas; o,

"• *De no estar de acuerdo con lo asentado en la resolución provisional, manifieste ante la propia autoridad hacendaria lo que a su derecho convenga y ofrezca las pruebas que estime conducentes para desvirtuar los hechos u omisiones advertidos y/o el monto de la preliquidación de las contribuciones omitidas.*

"*Cabe apuntar que una vez notificada la resolución provisional y hasta antes de que se le notifique la resolución definitiva, el contribuyente puede solicitar ante la Procuraduría de la Defensa del Contribuyente, la adopción de un acuerdo conclusivo sobre los hechos u omisiones que no acepte, a afecto de que se resuelva lo conducente en forma consensuada con la autoridad fiscalizadora. De ser así, el contribuyente tendrá derecho, por única ocasión, a la condonación del 100% de las multas y la autoridad fiscalizadora deberá tomar en cuenta los alcances del acuerdo conclusivo para emitir la resolución que corresponda en el procedimiento respectivo. En la inteligencia de que el acuerdo conclusivo es inimpugnable, excepto cuando se trate de hechos falsos. ...*"

89. *En resumen, esta Segunda Sala consideró que de la exposición de motivos de la adición del artículo 53-B del Código Fiscal de la Federación, el legislador buscó establecer una base de datos para que la autoridad fiscal ejerciera la nueva facultad de comprobación de revisión electrónica de la contabilidad, dada la nueva relación de cooperación fisco-contribuyente derivada de un documento de la OCDE, por lo que se buscó reducir los costos de operación de la autoridad hacendaria e incrementar la recaudación, con lo que previó evitar la litigiosidad, para alcanzar tal fin hizo uso de las nuevas tecnologías (mecanismos electrónicos de almacenamiento y procesamiento de datos).*

90. *En ese contexto de justificación atendiendo principalmente a la finalidad que buscó el legislador con el establecimiento de la facultad de revisión electrónica de la contabilidad, se colige que la autoridad fiscal tiene el plazo máximo de cuarenta días, contados a partir de los supuestos mencionados, para emitir y notificar la resolución definitiva de dicho procedimiento.*

91. *Lo anterior es así, pues de otra forma no se entendería por qué el legislador buscó reducir no sólo los costos de operación, sino principalmente los tiempos que se lleva el ejercicio de las facultades de comprobación por parte de la autoridad fiscal, en concreto, la revisión de escritorio o gabinete, para adicionar la facultad de comprobación de revisión electrónica,(36) por lo que, si buscó la reducción en los plazos de fiscalización es inobjetable que ello se logra acotando la actuación de la autoridad fiscal por la naturaleza misma de los medios que emplea para la revisión (mecanismos electrónicos de almacenamiento y procesamiento de datos), dado que la principal forma de comunicación entre autoridad y contribuyentes es el buzón tributario, medio de comunicación que, dicho sea de paso, no transgrede el derecho a la*

seguridad jurídica, tal y como se concluyó en la jurisprudencia 2a./J. 137/2016 (10a.).(37)

92. De esa forma, el legislador fue diáfano en establecer un límite temporal máximo para que la autoridad emitiera y notificara la resolución definitiva en el procedimiento de revisión electrónica, consistente en cuarenta días que se computarán a partir de los supuestos que él mismo previó.

93. Ese límite temporal lo estableció el legislador en razón de cumplir con el derecho a la seguridad jurídica del contribuyente, que en materia tributaria consiste en conocer la consecuencia jurídica de su omisión, de conformidad con la jurisprudencia 2a./J. 140/2017 (10a.),(38) para que la autoridad fiscal cumpla con él, ya que de otra manera el contribuyente se encontraría en estado de incertidumbre, dada la inacción de dicha autoridad al no observar el referido plazo.

94. Además, atendiendo no sólo a los medios que utiliza la autoridad fiscal para la revisión electrónica (mecanismos electrónicos de almacenamiento y procesamiento de datos) y a la forma de comunicación con el contribuyente (buzón tributario), sino a las consecuencias jurídicas que conlleva la actualización de los supuestos normativos del precepto que se interpreta, en el caso de que el contribuyente no acuda a ejercer su derecho de defensa (manifieste lo que a su derecho convenga y proporcione información o documentación tendente a desvirtuar la propuesta de pago) ni a corregir su situación fiscal mediante el pago de la propuesta que se le realiza (preliquidación), la resolución provisional que le notifica la autoridad fiscal se torna en resolución definitiva(39) y se convierte en un típico acto de autoridad (unilateral, imperativo y coercitivo) impugnable a través de los medios de defensa correspondientes, al resolver en definitiva el procedimiento de revisión electrónica, lo que implica que no existe razón práctica ni lógica para que la autoridad fiscal no emita y notifique la resolución definitiva – que ya existe provisionalmente– en el plazo de cuarenta días, con lo cual se limita su actuar y se cumple con el principio de seguridad jurídica.

95. La interpretación realizada es consistente con la que ha llevado a cabo esta Segunda Sala en supuestos similares.(40) Al resolver la contradicción de tesis 59/2017 analizó el artículo 22, párrafo sexto, del Código Fiscal de la Federación, relativo a la devolución de contribuciones, concluyendo que si la autoridad no requiere al contribuyente en el plazo de 20 días siguientes a la presentación de la solicitud relativa precluye su derecho para hacerlo.

96. Las razones de ello consistieron en que el diseño normativo del precepto referido implica que cuando la autoridad fiscal ejerce su facultad de requerir al contribuyente datos, informes o documentos para verificar la procedencia de la solicitud de devolución, ese proceder debe acotarse conforme a los artículos 16 y 17 de la Constitución, ya que el contribuyente debe tener plena certeza de que, por una parte, la

autoridad tiene un plazo de veinte días para requerirlo y, por otra, que en caso de no hacerlo, precluye su facultad.

97. Lo expuesto, porque el legislador no sólo fijó un lapso temporal al efecto, sino también facultó a la autoridad fiscal para que apercibiera al contribuyente que, de no cumplir con lo solicitado, se le tendría por desistido de su solicitud de devolución, siendo esta consecuencia en el incumplimiento al requerimiento formulado fuera del plazo indicado, lo que obliga a acotar la actuación de la autoridad fiscal, posibilitando que el contribuyente tenga pleno conocimiento sobre el cumplimiento de los plazos previstos en la ley por parte de la autoridad fiscal, pues dicho apercibimiento constituye un típico acto de autoridad, por su unilateralidad, obligatoriedad y coercitividad.

98. Así, el hecho de que el párrafo sexto del artículo 22 del Código Fiscal de la Federación no contenga expresamente alguna consecuencia por el incumplimiento de realizar el requerimiento en el plazo aludido, no implica que se trate de una norma jurídica imperfecta que carezca de sanción.

99. Es más, al resolver la citada contradicción de tesis 59/2017, esta Segunda Sala retomó la interpretación del alcance del derecho a la tutela jurisdiccional efectiva prevista en el numeral 17 de la Ley Fundamental, sostenida en la tesis aislada 2a. LI/2002,(41) respecto a los plazos establecidos por el legislador para la actuación de las autoridades administrativas, concluyendo que el ámbito de aplicación de dicho derecho no se limita a los juicios o procesos tramitados ante las autoridades que desempeñan funciones materialmente jurisdiccionales, sino también a la actuación de las autoridades administrativas, principalmente por lo que se refiere a los plazos establecidos por el legislador y que rigen su actuación pues los principios que conforman dicho derecho, deben adecuarse a la naturaleza de interés público de los recursos establecidos en sede administrativa.

100. En ese contexto, al resolver la contradicción de tesis señalada esta Segunda Sala avanzó en la interpretación del precepto constitucional citado, en concreto, respecto al derecho a la justicia pronta, al sostener que cuando se establece un plazo en un procedimiento tramitado ante una autoridad administrativa, es porque se considera necesario sujetar a un lapso temporal su actuación, ya que de otra forma no se entendería el porqué de su establecimiento. Las anteriores consideraciones se cristalizaron en la tesis aislada 2a. CXXVIII/2017 (10a.).(42)

101. No es obstáculo a la anterior interpretación el hecho de que en la exposición de motivos el legislador haya manifestado que la notificación de la resolución definitiva no podrá exceder de seis meses, o de dos años tratándose en materia de comercio exterior.

102. Lo expuesto es así, porque en la misma exposición de motivos el legislador se refirió a que con la medida adoptada (revisión electrónica) se otorga seguridad jurídica a los contribuyentes revisados en relación al plazo máximo de duración de este tipo de revisiones, pues, aunque existan requerimientos al contribuyente o terceros, lo cierto es que la autoridad se encuentra constreñida a concluir su revisión en los plazos de seis meses o dos años en los supuestos señalados.

103. De lo que se concluye que el legislador se refirió al plazo de duración del procedimiento de revisión electrónica, no al plazo para emitir y notificar la resolución definitiva, ya que finalmente en la parte dispositiva del texto del artículo 53-B, último párrafo, del Código Fiscal de la Federación vigente en 2018, se estableció que las autoridades deberán concluir el procedimiento de revisión electrónica dentro de un plazo máximo de seis meses o dos años, este último plazo en materia de comercio exterior, no al plazo máximo de cuarenta días para emitir y notificar la resolución definitiva.

*104. Ahora, **cuando la autoridad fiscal no emite ni notifica la resolución definitiva en el procedimiento de revisión electrónica en el plazo máximo de cuarenta días previsto en el artículo 53-B, fracción IV, inciso a), del Código Fiscal de la Federación vigente en 2018, la consecuencia de su actuar conlleva que, de impugnarse esa resolución definitiva en el contencioso administrativo, se actualice la causal de nulidad prevista en el artículo 51, fracción IV,(43) de la Ley Federal de Procedimiento Contencioso Administrativo.***

105. Ello es así, pues se omitió cumplir con el requisito legal consistente en que la autoridad fiscal debió emitir y notificar la resolución definitiva del procedimiento de revisión electrónica en el plazo máximo de cuarenta días, toda vez que se afectó la certidumbre jurídica del contribuyente trascendiendo al sentido de la resolución impugnada, al no observarse el lapso referido.

106. En consecuencia, conforme al artículo 52, fracción II, (44) de la Ley Federal de Procedimiento Contencioso Administrativo, la nulidad que se debe decretar es lisa y llana, porque la resolución se emitió en contravención a lo dispuesto en el artículo 53-B, fracción IV, del Código Fiscal de la Federación.

CASO CONCRETO

107. V2. Ahora, el segundo problema jurídico que esta Segunda Sala tiene que resolver consiste en cómo se debe aplicar la anterior interpretación conforme al caso que se examina.

108. Con base en la interpretación conforme a la Constitución del artículo 53-B, fracción IV, del Código Fiscal de la Federación vigente en 2018, los agravios formulados por la Secretaría de Hacienda y Crédito Público recurrente resultan infundados.

109. Opuestamente a lo que aduce la recurrente, la sentencia sujeta a revisión no es incorrecta, por el contrario, como se vio, la interpretación conforme a la Constitución del aludido numeral 53-B, fracción IV, implica que la autoridad fiscal tiene la obligación de emitir y notificar la resolución definitiva del procedimiento de revisión electrónica en el plazo máximo de cuarenta días, contados a partir de los supuestos que enuncia.

110. Lo errado del argumento de la recurrente radica en que confunde el plazo máximo para la emisión y notificación de la resolución definitiva en el procedimiento de revisión electrónica con el plazo máximo que puede durar el ejercicio de dicha facultad de comprobación.

111. En efecto, como se puso de relieve precedentemente, en la parte dispositiva del artículo 53-B, el legislador distinguió entre el plazo máximo de cuarenta días para dictar la resolución definitiva en el procedimiento de revisión electrónica, contenido en su fracción IV, y el plazo máximo de seis meses para concluir dicho procedimiento, contenido en el último párrafo de dicho numeral.

112. La razón de ser de dicha distinción reside en que el primer plazo máximo mencionado (cuarenta días), se encuentra inmerso o se subsume en el segundo plazo máximo en comento (seis meses).

*113. Ello es así, en la medida en que el plazo máximo de seis meses para concluir el procedimiento de revisión electrónica, por regla general, se computa a partir de que se notificó la resolución provisional de la revisión electrónica. **En cambio, el plazo máximo de cuarenta días para emitir y notificar la resolución definitiva en dicho procedimiento se computa conforme a los supuestos antes mencionados.***

114. Además, el plazo máximo de seis meses para concluir el procedimiento de visita responde a que existe la posibilidad de que se otorgaron plazos y se realizaron requerimientos, y sólo al vencimiento de unos y otros, entonces se podrá empezar a computar el plazo de cuarenta días para dictar resolución definitiva.

115. De esa forma, no es posible conceder razón al argumento de la recurrente, en atención a que se estaría desconociendo la distinción que hizo el legislador y que quedó plasmada en el texto legal, pues se estaría ignorando el plazo máximo de cuarenta días para emitir y notificar la resolución definitiva en el procedimiento de revisión electrónica, con evidente perjuicio en la esfera jurídica del contribuyente desde la perspectiva de su derecho a la seguridad jurídica.

116. En ese orden de ideas, no es cierto que en la sentencia recurrida se haya llevado al extremo el principio de interpretación más favorable al otorgar sin sustento legal un "beneficio" que no se encuentra en el artículo 53-B, fracción IV, del Código Fiscal de la Federación.

117. Lo inocuo del argumento radica en que, como se vio, es el mismo texto del aludido precepto legal el que establece la obligación de la autoridad fiscal de emitir y notificar la resolución definitiva del procedimiento de revisión electrónica en el plazo de cuarenta días, obligación que no es un "beneficio" –como aduce la recurrente–, sino un derecho del contribuyente a la certeza jurídica derivado de la propia ley.

118. Así, contrariamente a lo que alega la recurrente, sí se genera inseguridad jurídica en la esfera jurídica del contribuyente cuando se emite y notifica la resolución definitiva del procedimiento de revisión electrónica fuera del plazo máximo de cuarenta días señalado para ello y se pretende justificar dicho actuar con el diverso plazo máximo de seis meses que se tiene para concluir el ejercicio de dicha facultad de comprobación.

119. Sin que la consecuencia de ese actuar –nulidad lisa y llana de la resolución definitiva emitida y notificada fuera del plazo máximo de cuarenta días– genere en modo alguno afectación irreparable a las arcas del erario, dado que el cumplimiento de los plazos legales nada tiene que ver con una afectación de ese tipo, sino con el cumplimiento de las reglas del Estado de derecho.

120. Se insiste, la interpretación realizada por este Tribunal Constitucional no limita la actuación del fisco federal, sino es acorde con el principio de seguridad jurídica y con la intención del legislador al establecer el artículo 53-B, fracción IV, del Código Fiscal de la Federación. Tampoco señala que este precepto es una norma imperfecta en caso de inobservarse, sino la consecuencia de ello es la nulidad lisa y llana por las razones señaladas.

121. En el mismo sentido, no asiste razón a la recurrente cuando aduce que la sentencia recurrida es ilegal, dado que el Tribunal Colegiado del conocimiento pasó por alto que el precepto combatido no le causó perjuicio, al haberle notificado la resolución definitiva del procedimiento de revisión electrónica fuera del plazo máximo de cuarenta días.

122. En el asunto que se examina, la notificación de la resolución provisional se realizó el lunes 8 de octubre de 2018, surtiendo sus efectos el día hábil siguiente, esto es, el martes 9 de octubre siguiente, de conformidad con el artículo 135 del Código Fiscal de la Federación.

123. El plazo de quince días para que ejerciera su derecho de audiencia o acreditara el pago de lo señalado, acogiéndose también a la preliquidación o propuesta de pago correspondiente, transcurrió del miércoles 10 al martes 30 de octubre de 2018, descontándose por ser inhábiles los días 13, 14, 20, 21, 27 y 28 por corresponder a sábados y domingos.

124. Así, el plazo máximo de cuarenta días para la emisión y notificación de la resolución prevista en el artículo 53-B, fracción IV, inciso a), del Código Fiscal de la Federación, transcurrió del miércoles 31 de octubre de 2018 al lunes 14 de enero de 2019, descontándose por ser días inhábiles 2, 3, 4, 10, 11, 17, 18, 19, 24 y 25 de noviembre; 1, 2, 8, 9, 15, 16, del 20 de diciembre de 2018 al 4 de enero de 2019 por corresponder al segundo periodo vacacional.

125. *En consecuencia, si la resolución definitiva se notificó hasta el 25 de enero de 2019, es evidente que se realizó fuera del plazo máximo legal establecido en el numeral antes referido.*

126. *Por tal motivo,* **de manera opuesta a lo que aduce la recurrente, el artículo 53-B, fracción IV, inciso a), del Código Fiscal de la Federación vigente en 2018, sí le irrogó perjuicio en la esfera jurídica de la quejosa, pues la resolución definitiva del procedimiento de revisión electrónica no se emitió ni se notificó en el plazo máximo de cuarenta días posteriores a los quince que se le otorgaron para hacer valer su derecho de defensa, acreditar el pago o aceptar la preliquidación que le notificaron, con lo que se transgredió su derecho a la seguridad jurídica, como lo estimó el Tribunal Colegiado del conocimiento.**

127. *Es más, tanto la misma recurrente como la Sala responsable confesaron que no se emitió ni notificó a la quejosa la resolución definitiva en el plazo máximo de cuarenta días previsto en el indicado numeral, sino dentro del plazo de seis meses que tiene para concluir el procedimiento de revisión electrónica.*

128. *Por ende, resulta palmario que la actuación de la autoridad fiscal no se ajustó a la interpretación conforme que realizó este Supremo Tribunal, por lo que la interpretación que llevó a cabo el Tribunal Colegiado del conocimiento en la sentencia recurrida se encuentra ajustada a derecho.*

…"

La ejecutoria en comento, dio origen a la **jurisprudencia** *2ª./J. 24/2022 (11ª.), sostenida por la Segunda Sala de la Suprema Corte de Justicia de la Nación, visible en la Gaceta del Semanario Judicial de la Federación, Libro 13, Mayo de 2022, Tomo IV, página 3639, con registro digital 2024681, Undécima Época, la cual es exactamente aplicable al caso en concreto, y que se transcribe a continuación:*

"REVISIÓN ELECTRÓNICA DE CONTRIBUCIONES. EL HECHO DE QUE LA AUTORIDAD FISCAL NO EMITA NI NOTIFIQUE LA RESOLUCIÓN DEFINITIVA EN ESE PROCEDIMIENTO EN EL PLAZO DE 40 DÍAS, TRAE COMO CONSECUENCIA LA NULIDAD LISA Y LLANA DE LA RESOLUCIÓN EMITIDA (INTERPRETACIÓN CONFORME DEL ARTÍCULO 53-B, FRACCIÓN IV, DEL CÓDIGO FISCAL DE LA FEDERACIÓN).

Hechos: La autoridad fiscal ejerció su facultad de revisión electrónica de contribuciones respecto de una persona moral, emitió y notificó resolución definitiva fuera del plazo de 40 días que tiene para tal efecto, determinándole un crédito fiscal. En contra de dicho crédito se promovió juicio contencioso administrativo, el cual resolvió la Sala correspondiente en el sentido de reconocer su validez. En desacuerdo con la sentencia respectiva, la persona jurídica promovió juicio de amparo directo, el cual resolvió el Tribunal Colegiado de Circuito del conocimiento concediendo el amparo solicitado, ante lo cual la autoridad fiscal interpuso recurso de revisión.

Criterio jurídico: La Segunda Sala de la Suprema Corte de Justicia de la Nación determina que la interpretación conforme a la Constitución Política de los Estados Unidos Mexicanos del artículo 53-B, fracción IV, del Código Fiscal de la Federación, a la luz de los principios de interpretación más favorable y de seguridad jurídica, permite concluir que el hecho de que la autoridad fiscal no emita ni notifique la resolución definitiva en el procedimiento de revisión electrónica de contribuciones en el plazo de 40 días, computado a partir de que venza el plazo de 15 días para que el contribuyente haga valer su derecho de audiencia o corrija su situación mediante el pago total propuesto, o cuando se hayan desahogado las pruebas que aportó, trae como consecuencia la nulidad lisa y llana de la resolución emitida, en términos del artículo 52, fracción II, de la Ley Federal de Procedimiento Contencioso Administrativo.

Justificación: Con la facultad de revisión electrónica de contribuciones el legislador buscó reducir los costos de operación y los tiempos en el ejercicio de las facultades de comprobación, además de acotar la actuación de la autoridad fiscal por la naturaleza misma de los medios que emplea (mecanismos electrónicos de procesamiento y almacenamiento de datos), de ahí que se encuentre obligada, compelida o forzada a emitir y notificar la resolución definitiva en el plazo de 40 días, ya que de otra manera el contribuyente se encontraría en estado de inseguridad jurídica respecto de su inacción en el lapso señalado. Adicionalmente, las consecuencias jurídicas que conlleva la actualización de los supuestos normativos del artículo 53-B del Código Fiscal de la Federación, en el caso de que el contribuyente no ejerza su derecho a la defensa ni corrija su situación fiscal mediante el pago de la preliquidación que se le adjunta, conlleva que la resolución provisional que le notifica la autoridad fiscal se torne en resolución definitiva, convirtiéndose en un típico acto de autoridad (unilateral, imperativo y coercitivo) impugnable mediante los medios de defensa correspondientes, por lo que no existe razón práctica ni lógica para que la autoridad fiscal no emita ni notifique la resolución definitiva en el plazo de 40 días. En caso de que la autoridad fiscal no la emita ni notifique en dicho plazo, la consecuencia de su actuar implica que, de impugnarse esa resolución definitiva en el contencioso administrativo, se actualice la causal de nulidad prevista en el artículo 51, fracción IV, de la Ley Federal de Procedimiento Contencioso Administrativo, toda vez que la resolución se emitió en contravención a lo dispuesto en el artículo 53-B, fracción IV, del Código Fiscal de la Federación." (Énfasis añadido)

Así, la Segunda Sala de la Suprema Corte de Justicia de la Nación, ha sido contundente en determinar que **la consecuencia jurídica que tiene el hecho, de que la autoridad fiscal no emita ni notifique la resolución definitiva en el procedimiento de revisión electrónica de contribuciones en el plazo de cuarenta días, previsto en el artículo**

53-B, fracción IV, inciso a) del Código Fiscal de la Federación, trae como consecuencia la nulidad lisa y llana de esa resolución definitiva, al haberse emitido en contravención a lo dispuesto por el artículo referido.

Ahora bien, una vez establecido lo anterior, y a efecto de determinar si la actuación controvertida de la Administración Desconcentrada de Auditoría Fiscal de México "2", se llevó a cabo de conformidad con las disposiciones aplicables, específicamente las que prevén el límite temporal dentro del cual debía emitir el pronunciamiento definitivo correspondiente, es menester señalar a continuación sus antecedentes relevantes, según se advierte de las constancias que obran en autos:

a)Mediante oficio número ************************* de fecha 27 de mayo de 2021, la Administración Desconcentrada de Auditoría Fiscal de México "2", emitió la resolución provisional en términos del artículo 53-B, fracción I, del Código Fiscal de la Federación, dándole a conocer a la parte actora los hechos y posibles irregularidades; asimismo, se le requirió para que, dentro del plazo de quince días, manifestara por escrito lo que a su derecho conviniese, proporcione información y documentación tendiente a desvirtuar las irregularidades señaladas. (Folios 224 a 228 de autos)

b)En fecha 28 de mayo de 2021, se notificó por buzón tributario a la parte actora, la resolución provisional de referencia. (Folio 230 de autos)

c)El 23 de junio de 2021, la Procuraduría de la Defensa del Contribuyente emitió el acuerdo de admisión de la solicitud de acuerdo conclusivo instada por la actora el día 18 del mismo mes y año, respecto de la resolución provisional citada en el inciso. (Folios 231 a 233 de autos)

d) Mediante acuerdo conclusivo de fecha 29 de octubre de 2021, la citada Procuraduría hizo del conocimiento la conclusión del procedimiento de adopción de acuerdo conclusivo mediante la emisión del acuerdo de cierre correspondiente. (Folios 234 a 241 de autos) Mismo que la autoridad manifiesta que le fue notificado el 3 de noviembre de 2021 (reverso del folio 215 de autos), sin que exista prueba en contrario al respecto.

e)Por oficio ************************ de 3 de enero de 2022, la Administración Desconcentrada de Auditoría Fiscal de México "2", emitió la resolución definitiva liquidatoria derivada de la resolución provisional precisada en el inciso a) que antecede. (Folios 242 a 259 de autos)

f)En fecha 4 de enero de 2022, se notificó por buzón tributario a la parte actora, el oficio de liquidación de referencia. (Folio 261 de autos).

Así, derivado del análisis a los antecedentes del caso, se evidencia la ilegalidad de la resolución simultáneamente combatida contenida en el oficio número ************************, toda vez que ésta fue emitida y notificada fuera del plazo de cuarenta días hábiles, contado a partir de *que venció el plazo de quince días siguientes a la notificación de la resolución provisional con que inició el procedimiento, otorgado a la actora para que manifestara lo que a su derecho conviniera y proporcionara la información y documentación tendiente a desvirtuar las irregularidades dadas a conocer, pues a partir de ese momento, la autoridad contaba con todas las pruebas aportadas por el contribuyente revisado en el expediente relativo a la revisión practicada, en términos del artículo 53-B, fracción IV, inciso a) del Código Fiscal de la Federación.*

En efecto, lo anterior se hace patente al advertirse que la resolución provisional contenida en el oficio número ************** fue notificada a la actora el 28 de mayo de 2021; por lo que, el plazo de quince días empezó a transcurrir una vez que surtió efectos dicha notificación, por lo que se computó del 1° al 21 de junio de 2021.

Sin embargo, como se relató anteriormente, la actora presentó el 18 de junio de 2021 ante la Procuraduría de la Defensa del Contribuyente una solicitud de adopción de Acuerdo Conclusivo; mismo que concluyó con el acuerdo de cierre correspondiente de fecha 29 de octubre de 2021; por lo que, el plazo de los cuarenta días con que contaba la autoridad para emitir la resolución recurrida se suspendió del 18 de junio al 29 de octubre de 2021, como incluso lo sostiene la autoridad en su oficio contestatorio (reverso de folio 215 de autos), de conformidad con lo previsto en el artículo 69-F del Código Fiscal de la Federación.

*Así, el cómputo de los cuarenta días empezó a correr a partir del día 1° de noviembre de 2021, feneciendo el día **28 de diciembre de 2021**; descontándose de dicho cómputo los días 2, 6, 7, 13, 14, 15, 20, 21, 27 y 28 de noviembre, 4, 5, 11, 12, 18, 19, 25 y 26 de diciembre, todos de 2021, por tratarse de días inhábiles, sea por tratarse de sábados y domingos, o por estar previstos en el artículo 12 del Código Fiscal de la Federación, y la regla 2.1.6. de la Resolución Miscelánea Fiscal para 2021, **inaplicándose la cuarta modificación de dicha regla**, atento a lo expuesto en precedentes.*

*En consecuencia, el plazo de cuarenta días hábiles en comento feneció desde el **28 de diciembre de 2021**; de ahí que si a esa fecha, la autoridad fiscal aún no había emitido y notificado la resolución definitiva correspondiente, lo cual ocurrió hasta el día 4 de enero de 2022, la consecuencia es que acorde a lo dispuesto de manera clara y precisa en la mencionada Jurisprudencia 2a./J. 24/2022 (11a.), es declarar la nulidad lisa y llana de la resolución simultáneamente impugnada contenida en el oficio número ************************ de fecha 3 de enero de 2022, de conformidad con lo dispuesto en los artículos 51, fracción IV y 52, fracción II, ambos de la Ley Federal de Procedimiento Contencioso Administrativo, pues al haber sido emitida ésta, fuera del plazo de cuarenta días que tenía la autoridad para tal efecto, acorde a lo previsto en el multicitado artículo 53-B, fracción IV, inciso a) del Código Fiscal de la Federación, ante la inacción en el lapso señalado, generó inseguridad* *jurídica en la esfera jurídica del contribuyente, lo que resulta violatorio de la seguridad jurídica prevista en el artículo 16 de la Constitución, así como de los preceptos de la ley en mención que delimitan temporalmente la actuación de dicha autoridad.*

*Sirve de apoyo a lo anterior, la **jurisprudencia** 2a./J. 140/2017 (10a.), sostenida por la Segunda Sala de la Suprema Corte de Justicia de la Nación, de rubro y texto siguiente:*

*"**PRINCIPIO DE SEGURIDAD JURÍDICA EN MATERIA FISCAL. SU CONTENIDO ESENCIAL.** Dicho principio constituye uno de los pilares sobre el cual descansa el sistema fiscal mexicano y tutela que el gobernado no se encuentre en una situación de incertidumbre jurídica y, por tanto, en estado de indefensión. En ese sentido, el contenido esencial del principio de seguridad jurídica en materia fiscal radica en poder tener pleno conocimiento sobre la regulación normativa prevista en la ley y sobre sus consecuencias. De esta forma, las manifestaciones concretas del principio aludido se pueden compendiar en la certeza en el derecho y en la interdicción de la arbitrariedad; la primera, a su vez, en la estabilidad del ordenamiento normativo, esto es, que tenga un desarrollo suficientemente claro, sin ambigüedades o antinomias, respecto de los elementos esenciales de la contribución y la certidumbre sobre los remedios jurídicos a disposición del contribuyente, en caso de no cumplirse con las previsiones de las normas; y la segunda, principal, mas no exclusivamente, a través de los principios de proporcionalidad y jerarquía normativa."*

En virtud de la nulidad lisa y llana declarada, esta Sala se abstiene de analizar los restantes conceptos de impugnación planteados por la parte actora en su escrito de demanda, toda vez que cualquiera que fuere el resultado del estudio que se hiciera a los mismos, en nada variaría el sentido del presente fallo, sin que ello implique una violación al artículo 50 de la Ley Federal de Procedimiento Contencioso Administrativo.

..."

Sentadas así las cosas, pasando al análisis de otras consideraciones vinculadas con los Tratados Internacionales de los que el Estado Mexicano sea parte, ahora resulta provechoso precisar, **cuál es la jerarquía que guardan los Tratados Internacionales suscritos por el Estado Mexicano, respecto a nuestra Constitución Política de los Estados Unidos Mexicanos**, siendo necesario para ello, atender a los siguientes antecedentes:

6. JERARQUIZACIÓN DE LAS LEYES

En diciembre de 1992, el Pleno de la Suprema Corte de Justicia de la Nación, sustentó la siguiente Tesis Aislada:

*"**LEYES FEDERALES Y TRATADOS INTERNACIONALES. TIENEN LA MISMA JERARQUIA NORMATIVA.** De conformidad con el artículo 133 de la Constitución, tanto las leyes que emanen de ella, como los*

tratados internacionales, celebrados por el Ejecutivo Federal, aprobados por el Senado de la República y que estén de acuerdo con la misma, ocupan, ambos, el rango inmediatamente inferior a la Constitución en la jerarquía de las normas en el orden jurídico mexicano. Ahora bien, teniendo la misma jerarquía, el tratado internacional no puede ser criterio para determinar la constitucionalidad de una ley ni viceversa. Por ello, la Ley de las Cámaras de Comercio y de las de Industria no puede ser considerada inconstitucional por contrariar lo dispuesto en un tratado internacional."[16]

Como se puede advertir, para aquel tiempo, en el que todavía no se plasmaba en nuestra Ley Suprema de la Unión, un reconocimiento expreso a los Derechos Humanos, nuestro máximo órgano de justicia consideraba que las Leyes Federales y los Tratados Internacionales, tenían la misma jerarquía normativa.

Más adelante, de una nueva reflexión llevada a cabo por el propio Pleno de la Suprema Corte de Justicia de la Nación, se consideró que los Tratados Internacionales se ubicaban jerárquicamente por encima de las leyes Federales y en un segundo plano respecto de la Ley Suprema de la Unión, habiéndose sustentado al efecto la siguiente tesis aislada:

*"**TRATADOS INTERNACIONALES. SE UBICAN JERÁRQUICAMENTE POR ENCIMA DE LAS LEYES FEDERALES Y EN UN SEGUNDO PLANO RESPECTO DE LA CONSTITUCION FEDERAL.** Persistentemente en la doctrina se ha formulado la interrogante respecto a la jerarquía de normas en nuestro derecho. Existe unanimidad respecto de que la Constitución Federal es la norma fundamental y que aunque en principio la expresión "...serán la Ley Suprema de toda la Unión..." parece indicar que no sólo la Carta Magna es la suprema, la objeción es superada por el hecho de que las leyes deben emanar de la Constitución y ser aprobadas por un órgano constituido, como lo es el Congreso de la Unión y de que los tratados deben estar de acuerdo con la Ley Fundamental, lo que claramente indica que sólo la Constitución es la Ley Suprema. El problema respecto a la jerarquía de las demás normas del sistema, ha encontrado en la jurisprudencia y en la doctrina distintas soluciones, entre las que destacan: supremacía del derecho federal frente al local y misma jerarquía de los dos, en sus variantes lisa y llana, y con la existencia de "leyes constitucionales", y la de que será ley suprema la que sea calificada de constitucional. No obstante, esta Suprema Corte de Justicia considera que los tratados internacionales se encuentran en un segundo plano inmediatamente debajo de la Ley Fundamental y por encima del derecho federal y el local. Esta interpretación del artículo 133 constitucional, deriva de que estos compromisos internacionales son asumidos por el Estado mexicano en su conjunto y comprometen a todas*

---

[16] Tesis publicada en el Semanario Judicial de la Federación, correspondiente al mes de diciembre de 1992, página 27.

sus autoridades frente a la comunidad internacional; por ello se explica que el Constituyente haya facultado al Presidente de la República a suscribir los tratados internacionales en su calidad de Jefe de Estado y, de la misma manera, el Senado interviene como representante de la voluntad de las entidades federativas y, por medio de su ratificación, obliga a sus autoridades. Otro aspecto importante para considerar esta jerarquía de los tratados, es la relativa a que en esta materia no existe limitación competencial entre la Federación y las entidades federativas, esto es, no se toma en cuenta la competencia federal o local del contenido del tratado, sino que por mandato expreso del propio artículo 133 el presidente de la República y el Senado pueden obligar al Estado mexicano en cualquier materia, independientemente de que para otros efectos ésta sea competencia de las entidades federativas. Como consecuencia de lo anterior, la interpretación del artículo 133 lleva a considerar en un tercer lugar al derecho federal y al local en una misma jerarquía en virtud de lo dispuesto en el artículo 124 de la Ley Fundamental, el cual ordena que "Las facultades que no están expresamente concedidas por esta Constitución a los funcionarios federales, se entienden reservadas a los Estados". No se pierde de vista que en su anterior conformación, este Máximo Tribunal había adoptado una posición diversa en la tesis P. C/92, publicada en la Gaceta del Semanario Judicial de la Federación, Número 60, correspondiente a diciembre de 1992, página 27, de rubro: "LEYES FEDERALES Y TRATADOS INTERNACIONALES. TIENEN LA MISMA JERARQUIA NORMATIVA."; sin embargo, este Tribunal Pleno considera oportuno abandonar tal criterio y asumir el que considera la jerarquía superior de los tratados incluso frente al derecho federal." [17]

Ahora bien, con motivo de la reforma practicada al párrafo segundo y la adición que se hizo del párrafo tercero al artículo 1 de nuestra Constitución Política de los Estados Unidos Mexicanos, publicada en el Diario Oficial de la Federación, el 10 de junio de 2011, la Segunda Sala de la Suprema Corte de Justicia de la Nación, sostuvo la siguiente tesis:

"SUPREMACIA CONSTITUCIONAL. LA REFORMA AL ARTÍCULO 1o. DE LA CONSTITUCION POLITICA DE LOS ESTADOS UNIDOS MEXICANOS, DE 10 DE JUNIO DE 2011, RESPETA ESTE PRINCIPIO. La reforma al artículo 1o. de la Carta Magna, publicada el 10 de junio de 2011, en modo alguno contraviene el principio de supremacía constitucional consagrado desde 1917 en el artículo 133 del propio ordenamiento, que no ha sufrido reforma desde el 18 de enero de 1934, y en cuyo texto sigue determinando que "Esta Constitución, las leyes del Congreso de la Unión que emanen de ella y todos los Tratados que estén de acuerdo con la misma, celebrados y que se celebren por el Presidente de la República, con aprobación del Senado, serán la Ley Suprema de toda la Unión", **lo cual implica que** las leyes y **los tratados**

---

[17] Tesis publicada en el Semanario Judicial de la Federación, correspondiente al mes de noviembre de 1999, página 46.

internacionales se encuentran en un plano jerárquicamente inferior al de la Constitución, pues en el caso de las leyes claramente se establece que "de ella emanan" y en el de los tratados "que estén de acuerdo con la misma". Por otra parte, la reforma de 2011 no modificó los artículos _103, 105 y 107 constitucionales_, en la parte en que permiten someter al control constitucional tanto el derecho interno, como los tratados internacionales, a través de la acción de inconstitucionalidad, la controversia constitucional y el juicio de amparo. Además, el propio artículo 1o. reformado dispone que en nuestro país todas las personas gozan de los derechos humanos reconocidos en la Constitución y en los tratados internacionales de los que México sea parte, **pero categóricamente ordena que las limitaciones y restricciones a su ejercicio sólo pueden establecerse en la Constitución, no en los tratados;** disposición que resulta acorde con el principio de supremacía constitucional. Principio que también es reconocido en el ámbito internacional, en el texto del artículo _46 de la Convención de Viena sobre el Derecho de los Tratados entre Estados y Organizaciones Internacionales_, al prever la posibilidad de aducir como vicio en el consentimiento la existencia de una violación manifiesta que afecte a una norma de importancia fundamental de su derecho interno."[18]

Como se puede advertir, el Pleno de la Suprema Corte de Justicia de la Nación, sostuvo en la tesis preinserta, que los tratados internacionales, en materia de derechos humanos, se encuentran jerárquicamente por debajo de la Constitución, estableciendo categóricamente, que las limitaciones y restricciones a su ejercicio sólo pueden establecerse en la propia Constitución y no en los tratados.

Por último, el 3 de septiembre de 2013, el Pleno de la Suprema Corte de Justicia de la Nación, resolvió la contradicción de tesis número 293/11, en la que se plantea una problemática de trascendental importancia para el orden constitucional mexicano, precisamente a partir de la reforma constitucional de 2011, con anterioridad mencionada en materia de derechos humanos, habiendo definido dicho órgano supremo judicial, el criterio que debe prevalecer respecto del lugar constitucional de los tratados celebrados por el Estado Mexicano en materia de derechos humanos, de fuente internacional, dando así luz a los juzgadores sobre la manera de ejecutar la reforma constitucional, habiéndose determinado por mayoría de 10 votos, que del artículo 1 Constitucional, se desprenden un conjunto de normas de derechos humanos, tanto de fuente constitucional, como convencional, que se rigen por principios interpretativos, entre los cuales no se distingue la fuente de los que derivan dichos derechos, **habiéndose determinado por parte de la mayoría, que los derechos humanos de fuente internacional a partir de la reforma al artículo 1o. constitucional, tienen la misma eficacia normativa que los previstos en la propia constitución, reconociéndoles así el mismo rango constitucional.**

---

[18] Tesis publicada en el Semanario Judicial de la Federación, correspondiente al mes de octubre de 2012, página 2038.

La tesis de referencia es la siguiente:

"DERECHOS HUMANOS CONTENIDOS EN LA CONSTITUCIÓN Y EN LOS TRATADOS INTERNACIONALES. CONSTITUYEN EL PARAMETRO DE CONTROL DE REGULARIDAD CONSTITUCIONAL, PERO CUANDO EN LA CONSTITUCION HAYA UNA RESTRICCION EXPRESA AL EJERCICIO DE AQUELLOS, SE DEBE ESTAR A LO QUE ESTABLECE EL TEXTO CONSTITUCIONAL. El primer párrafo del artículo 1o. constitucional reconoce un conjunto de derechos humanos cuyas fuentes son la Constitución y los tratados internacionales de los cuales el Estado Mexicano sea parte. De la interpretación literal, sistemática y originalista del contenido de las reformas constitucionales de seis y diez de junio de dos mil once, se desprende que las normas de derechos humanos, independientemente de su fuente, no se relacionan en términos jerárquicos, entendiendo que, derivado de la parte final del primer párrafo del citado artículo 1o., cuando en la Constitución haya una restricción expresa al ejercicio de los derechos humanos, se deberá estar a lo que indica la norma constitucional, ya que el principio que le brinda supremacía comporta el encumbramiento de la Constitución como norma fundamental del orden jurídico mexicano, lo que a su vez implica que el resto de las normas jurídicas deben ser acordes con la misma, tanto en un sentido formal como material, circunstancia que no ha cambiado; lo que sí ha evolucionado a raíz de las reformas constitucionales en comento es la configuración del conjunto de normas jurídicas respecto de las cuales puede predicarse dicha supremacía en el orden jurídico mexicano. Esta transformación se explica por la ampliación del catálogo de derechos humanos previsto dentro de la Constitución Política de los Estados Unidos Mexicanos, el cual evidentemente puede calificarse como parte del conjunto normativo que goza de esta supremacía constitucional. En este sentido, los derechos humanos, en su conjunto, constituyen el parámetro de control de regularidad constitucional, conforme al cual debe analizarse la validez de las normas y actos que forman parte del orden jurídico mexicano."[19]

De esa manera se interpretó que la reforma en materia de derechos humanos, amplía el catálogo constitucional de los mismos, dado que permite armonizar a través del principio pro personae, las normas nacionales y las internacionales, garantizando así la protección más amplia a la persona.

Asimismo, se determinó, y esto es muy importante resaltarlo, que cuando haya una restricción expresa en la constitución al ejercicio de los derechos humanos, se deberá estar a lo que indica la norma constitucional, dejando ver con esto, que en materia de derechos humanos, los tratados internacionales suscritos por el estado mexicano, en tratándose de la existencia de una restricción expresa prevista en la constitución, nunca podrán estar por encima

---

[19] Tesis publicada en el Semanario Judicial de la Federación, correspondiente al mes de abril de 2014, página 202.

de la misma.

El señalamiento precedente encuentra su razón de ser, en que en nuestro país existe una **jerarquización de las leyes**, prevista por el artículo 133 constitucional, clasificándolas como federales y locales, lo que nos hace recurrir a la famosa pirámide de Kelsen, donde valiéndonos de un símil enfocado a nuestro derecho doméstico, encontramos, en la cúspide, a la Ley Fundamental; esto es, a la Constitución Política de los Estados Unidos Mexicanos, encontrando enseguida, en grado descendente, a los Tratados Internacionales de los que México es parte, y a continuación en ese mismo grado, encontramos las Leyes Federales y enseguida las Leyes Locales, **sin perder de vista que en materia de derechos humanos, según lo resuelto por la Suprema Corte de Justicia de la Nación, al resolver la contradicción de tesis con anterioridad identificada, los derechos humanos de fuente internacional a partir de la reforma citada, tienen el mismo rango que la constitución, con excepción de que cuando exista una restricción expresa en la constitución al ejercicio de los derechos humanos, se deberá estar a lo que indique esta última.**

Aquí lo que resulta digno de comentario, es precisar que en opinión respetuosa del Autor, en materia de derechos humanos, es incomprensible que en nuestro país se privilegie una restricción constitucional sobre un tratado internacional, que en un momento dado, brinde un mayor beneficio a la persona, puesto que ello resulta violatorio a lo dispuesto por los artículos 29 y 30 de la Convención Americana sobre Derechos Humanos, o Pacto de San José, que establecen lo siguiente:

"Artículo 29. Normas de Interpretación

Ninguna disposición de la presente Convención puede ser interpretada en el sentido de:

a) permitir a alguno de los Estados Partes, grupo o persona, suprimir el goce y ejercicio de los derechos y libertades reconocidos en la Convención o limitarlos en mayor medida que la prevista en ella;

b) limitar el goce y ejercicio de cualquier derecho o libertad que pueda estar reconocido de acuerdo con las leyes de cualquiera de los Estados Partes o de acuerdo con otra convención en que sea parte uno de dichos Estados;

c) excluir otros derechos y garantías que son inherentes al ser humano o que se derivan de la forma democrática representativa de gobierno, y

d) excluir o limitar el efecto que puedan producir la Declaración Americana de Derechos y Deberes del Hombre y otros actos internacionales de la misma naturaleza.

Artículo 30. Alcance de las Restricciones

Las restricciones permitidas, de acuerdo con esta Convención, al goce y ejercicio de los derechos y libertades reconocidas en la misma, no pueden ser aplicadas sino conforme a leyes que se dictaren por razones de interés general y con el propósito para el cual han sido establecidas."

(Énfasis añadido)

En efecto, se disiente de lo sostenido por la Suprema Corte de Justicia de la Nación, en el precedente con anterioridad transcrito, debido a que como bien lo sostiene el Doctor Sergio García Ramírez,[20] por lo que hace a los requisitos que en materia de derechos humanos ha de satisfacer una restricción, señala que en primer término, la misma debe estar previamente fijada en una ley, como medio para asegurar que no quede al arbitrio del poder público fijarla, y en segundo lugar, señala que la restricción establecida por la ley debe responder a un objetivo permitido por la Convención Americana sobre Derechos Humanos, señalando de manera contundente que de ninguna manera podrían invocarse el orden público, o el bien común como medios para suprimir un derecho garantizado por la Convención o para desnaturalizarlo o privarlo de contenido real.

Por reflejo de lo anterior, en la modesta opinión del Autor, es inconcuso que de no responder la restricción constitucional referida, a un objetivo permitido por la Convención Americana sobre Derechos Humanos, México tendrá que responder de su manera reprobable de actuar, ante la Corte Interamericana de Derechos Humanos, por ser esta el Órgano Jurisdiccional Interamericano que interpreta en forma definitiva la Convención Americana sobre Derechos Humanos, o Pacto de San José.

En otro orden de ideas, guardando en mente este reconocimiento tan trascendente, hecho por nuestra constitución en materia de los derechos humanos, ahora referiremos, que corresponde al Congreso de la Unión, la emisión de las Leyes Federales y a los Congresos de los Estados, la emisión de las Leyes Locales, de donde el enfoque de nuestro estudio en lo sucesivo será federal.

Así, **el artículo 31 de la Constitución Política de los Estados Unidos Mexicanos, en la parte que nos interesa**, dispone:

"**Artículo 31.** *Son obligaciones de los mexicanos:*

...

IV. *Contribuir para los gastos públicos, así de la Federación, como de los Estados, de la Ciudad de México y del Municipio en que residan, de la manera proporcional y equitativa que dispongan las leyes..."*

Como se puede observar, es en este dispositivo Constitucional donde

---

[20] García Ramírez Sergio. La Corte Interamericana de Derechos Humanos. Editorial Porrúa. México. Año 2019. Página 419.

encontramos el sustento con el que cuenta la Federación para obligarnos a los administrados a contribuir para los gastos públicos, previéndose categóricamente que la manera en la que se va a contribuir será proporcional y equitativa, en la forma en que lo dispongan las leyes, de donde surgen las siguientes interrogantes:

7. ¿QUÉ ES EL PRINCIPIO DE OBLIGATORIEDAD EN LAS CONTRIBUCIONES?

El principio de obligatoriedad se desprende del artículo 31, fracción IV, de la Constitución Política de los Estados Unidos Mexicanos, pues indica que son obligaciones, entre otras, contribuir para los gastos públicos.

Así, para el Estado, los tributos son ingresos que el mismo requiere para su subsistencia, de ahí que cuente con el poder tributario; en tanto que para los contribuyentes el contribuir es una obligación; de ahí que se provea al Estado de las herramientas necesarias para velar por el cumplimiento de nuestras obligaciones fiscales.

En este punto, resalta la figura del gasto público, el cual se ha definido como el monto de las erogaciones efectuadas por el Estado para la adquisición de los bienes y el pago de los salarios necesarios para la prestación de los diferentes servicios públicos, para cubrir la deuda pública y para realizar diversos pagos de transferencia como pensiones, jubilaciones y subsidios[21].

Así las cosas, en lo concerniente al Gasto Público, la doctrina ha establecido las siguientes características:

-Que la erogación sea hecha a través de la administración activa, refiriéndose a las erogaciones que debe realizar la federación, a través de sus Secretarías de Estado, así como los demás poderes de la unión;

-Que la erogación se destine a la satisfacción de funciones de los entes que constituyen la administración activa de la federación, entendiendo por funciones las que se encuentran en la Ley Orgánica de la Administración Pública Federal;

-Que la erogación esté prevista en el presupuesto de egresos (lo que responde al principio de legalidad); y,

-Que la erogación se haga con cargo a la partida destinada, al renglón respectivo.

---

[21] Chapoy Bonifaz, Beatriz. "gasto público" en Diccionario Jurídico Mexicano, Instituto de Investigaciones Jurídicas. UNAM, México.

8. ¿QUÉ ES EL GASTO PÚBLICO?

El principio del destino de las contribuciones al gasto público, consiste esencialmente, en que lo que recibe el Estado de recursos económicos derivados del pago de las contribuciones, se debe destinar a la satisfacción de las necesidades generales de la población, esto es, dicho pago debe revertirse a ésta a través de la prestación de los servicios públicos[22].

9. ¿LAS CONTRIBUCIONES SE VINCULAN AL GASTO PÚBLICO?

Sí, toda vez que de conformidad con el aludido artículo 31, fracción IV, de la Constitución Política de los Estados Unidos Mexicanos, las contribuciones deben estar vinculadas exclusivamente a las necesidades sociales: término que contiene al gasto público pero que no lo agota.

10. ¿QUÉ ES LA PROPORCIONALIDAD?

La proporcionalidad atiende a la capacidad contributiva de los gobernados.

Es decir, la proporcionalidad radica, medularmente, en que los sujetos pasivos deben contribuir a los gastos públicos en función de su respectiva capacidad económica, debiendo aportar a la Federación una parte justa y adecuada de sus ingresos.

11. ¿QUÉ ES LA EQUIDAD?

La equidad, consiste en dar trato igual a los iguales y desigual a los que no lo son.

Doctrinariamente se ha establecido que las principales características del principio que nos ocupa, son:

1. Que no implica la necesidad de que los sujetos se encuentren, en todo momento y ante cualquier circunstancia, en condiciones de absoluta igualdad; atento a que la equidad tributaria contemplada en la Constitución Federal es la aplicación del concepto de igualdad ante la ley.

2. Su violación se presenta sólo en aquellos casos en los que se produce una distinción entre situaciones tributarias que pueden considerarse iguales sin que exista justificación objetiva y razonable (deben superar el test de razonabilidad de las normas).

12. PRINCIPIO DE LEGALIDAD DE LAS CONTRIBUCIONES

Asimismo, en dicho numeral encontramos un principio muy importante

---

[22] Vázquez, J.. El principio constitucional del destino de las contribuciones al gasto público y los derechos humanos. En E. Viesca, Los principios constitucionales de las contribuciones a la luz de los derechos humanos. Editorial Porrúa. México. Año 2017. Páginas 205 y 206.

denominado **"PRINCIPIO DE LEGALIDAD DE LAS CONTRIBUCIONES"**, que no es otra cosa más que establecer una máxima de derecho, consistente en que no puede existir un tributo que no esté previsto en la ley *"nullum tributum sine lege".* NO HAY TRIBUTO SIN LEY.

Ahora bien, cuando el artículo Constitucional que estamos analizando refiere que, **son obligaciones de los mexicanos** contribuir para los gastos públicos, surge de inmediato una pregunta obligada como lo es la siguiente:

13. ¿LOS EXTRANJEROS NO ESTÁN OBLIGADOS A CONTRIBUIR?

La respuesta que nosotros damos, es que cuando dicho numeral habla de los mexicanos es porque está contenido en la Constitución Política de los Estados Unidos Mexicanos, donde se regulan deberes patrios o de seguridad social propios de quienes tienen la calidad de ciudadanos mexicanos, pero ello de ninguna manera tiene el alcance de interpretar que los extranjeros no estén obligados a contribuir, sino que dicha Ley Fundamental, deja a las leyes secundarias la regulación de tales temperamentos, en las que, como habremos de ver un poco más adelante, ya no se habla de mexicanos, ni de extranjeros, sino de personas físicas y personas morales.

Lo anterior, se ilustra con la siguiente tesis sustentada por la Segunda Sala de la Suprema Corte de Justicia de la Nación, que enseguida se transcribe:

*"**EXTRANJEROS. GOZAN DE LOS DERECHOS PREVISTOS EN EL ARTÍCULO 31, FRACCIÓN IV, DE LA CONSTITUCION FEDERAL, AL QUEDAR SUJETOS A LA POTESTAD TRIBUTARIA DEL ESTADO MEXICANO.** De los antecedentes constitucionales de la citada disposición suprema se advierte que la referencia que se hace solamente a los mexicanos, tratándose de la obligación de contribuir para los gastos públicos de la manera proporcional y equitativa que dispongan las leyes, obedece a que se incluyeron en el mismo precepto otros deberes patrios o de solidaridad social propios de quienes tienen la calidad de ciudadanos mexicanos, por lo que el hecho de que el texto del artículo 31, fracción IV, de la Constitución Política de los Estados Unidos Mexicanos no incluya expresamente a los extranjeros, no impide imponerles tributos por razones de territorio o ubicación de la fuente de riqueza en México, además de que al quedar vinculados a la potestad tributaria nacional por cualquier nexo, también gozan de los derechos fundamentales que estatuye dicho numeral."* [23]

Además, debemos recordar que en 1971 la Suprema Corte de Justicia de la Nación resolvió el Amparo en Revisión 8140/61, en donde analizando la Ley Federal de Ingresos Mercanticas –la cual es antecedente de la actual Ley del Impuesto al Valor Agregado- concluyó que los extranjeros están obligados

---

[23]. Tesis consultable en el Semanario Judicial de la Federación, correspondiente al mes de agosto de 2007, página 637.

a contribuir a los gastos públicos.

En ese tópico, es importante tener presente que los –extranjeros- se encuentran sujetos a contribuir en México. Lo anterior es así, en primer lugar porque no hay disposición constitucional que lo prohíba; en segundo lugar porque existe la Convención Sobre la Condición de los Extranjeros, la cual fue adoptada en La Habana, Cuba, el 20 de febrero de 1928 (ratificada por México el 25 de marzo de 1931, cuyo Decreto Promulgatorio fue publicado en el DOF el 20 de agosto de 1931). Dicha convención fue adoptada no sólo por México, sino también por: Argentina, Bolivia, Brasil, Colombia, Costa Rica, Cuba, Chile, Ecuador, El Salvador, los Estados Unidos de América, Guatemala, Haití, Honduras, Nicaragua, Panamá, Paraguay, Perú, la República Dominicana, Uruguay y Venezuela.

En la convención en comento, se estableció en el artículo 4 que:

"...Los extranjeros están obligados a las contribuciones ordinarias o extraordinarias, así como a los empréstitos forzosos siempre que tales medidas alcancen a la generalidad de la población..."

14. ESTRUCTURA DE LA ADMINISTRACIÓN PÚBLICA FEDERAL

Retomando nuestro principal enfoque, como lo es la defensa fiscal, si nuestro propósito es el de entablar un medio de defensa, lo primero que debemos tener presente es **"de qué"** y **"cómo"** nos vamos a defender, pues si como ya se mencionó, existen autoridades federales y autoridades locales, debemos conocer **cómo es que se estructura la Administración Pública Federal** y así, tenemos que la misma se integra por:

• La Administración Pública Federal Centralizada; y

• La Administración Pública Federal Descentralizada o Paraestatal.

Sentadas así las cosas, tenemos que la Ley Orgánica de la Administración Pública Federal, en la parte que nos interesa, dispone lo siguiente:

*"**ARTICULO 1o.-** La presente Ley establece las bases de organización de la Administración Pública Federal, centralizada y paraestatal.*

La Oficina de la Presidencia de la República, las Secretarías de Estado, la Consejería Jurídica del Ejecutivo Federal y los Órganos Reguladores Coordinados integran la Administración Pública Centralizada.

Los organismos descentralizados, las empresas de participación estatal, las instituciones nacionales de crédito, las organizaciones auxiliares nacionales de crédito, las instituciones nacionales de seguros y de fianzas y los fideicomisos, componen la administración pública paraestatal."

"ARTÍCULO 26. Para el despacho de los asuntos del orden administrativo, el Poder Ejecutivo de la Unión contará con las siguientes dependencias:

Secretaría de Gobernación;

Secretaría de Relaciones Exteriores;

Secretaría de la Defensa Nacional;

Secretaría de Marina;

Secretaría de Seguridad y Protección Ciudadana;

Secretaría de Hacienda y Crédito Público;

Secretaría de Bienestar;

Secretaría de Medio Ambiente y Recursos Naturales;

Secretaría de Energía;

Secretaría de Economía;

Secretaría de Agricultura y Desarrollo Rural;

Secretaría de Infraestructura, Comunicaciones y Transportes;

Secretaría de la Función Pública;

Secretaría de Educación Pública;

Secretaría de Salud;

Secretaría del Trabajo y Previsión Social;

Secretaría de Desarrollo Agrario, Territorial y Urbano;

Secretaría de Cultura;

Secretaría de Turismo, y

Consejería Jurídica del Ejecutivo Federal."

Bajo esta línea de pensamiento, ahora cabe preguntarnos:

15. ¿PORQUÉ EL COBRO DE LAS CONTRIBUCIONES LE CORRESPONDE A LA SECRETARIA DE HACIENDA Y CRÉDITO PÚBLICO?

La respuesta la encontramos en el artículo 31 de la Ley Orgánica en examen, en el que se dispone lo siguiente:

"Artículo   31. A la Secretaría de Hacienda y Crédito Público corresponde el despacho de los siguientes asuntos:

...

XI. Cobrar los impuestos, contribuciones de mejoras, derechos, productos y aprovechamientos federales en los términos de las leyes aplicables y vigilar y asegurar el cumplimiento de las disposiciones fiscales;.. "

Ahora bien, para efectos prácticos y no profundizar en antecedentes, conveniente resulta señalar, que actualmente esta responsabilidad corre a cargo del **Servicio de Administración Tributaria, conocido por sus siglas como "SAT",** creado mediante Decreto por el que se expiden nuevas leyes fiscales y se modifican otras, publicado en el Diario Oficial de la Federación el 15 de diciembre de 1995, y muy concretamente en la Ley del Servicio de Administración Tributaria, en la que se le da vida a un Órgano Desconcentrado de la Secretaría de Hacienda y Crédito Público, denominado Servicio de Administración Tributaria, el cual inició sus funciones el 1o. de julio de 1997.

En otro orden, como la experiencia como académico a nivel Diplomados en Materia Fiscal y Maestría en Impuestos, ha dejado ver al Autor que los alumnos llegan a cursar las asignaturas correspondientes sin saber en específico, cómo definir el derecho fiscal y más aún sin tener una idea clara o confundiéndolo con el Derecho Financiero, se considera conveniente definir ambas ramas del derecho público para de esa manera caminar sobre bases firmes.

Así las cosas, para pronta referencia y para fácil comprensión, sostendremos lo siguiente:

16. DEFINICIÓN DE DERECHO FISCAL

El Derecho Fiscal es un conjunto de normas jurídicas de carácter bilateral y coercible, que regula las relaciones que surgen entre la Hacienda Pública Federal o local y los contribuyentes.

17. DEFINICIÓN DE DERECHO FINANCIERO

El Derecho financiero es un conjunto de normas jurídicas de carácter bilateral y coercible, que regula la actividad financiera del Estado y de las demás entidades públicas, respecto de la administración que las mismas hacen de los recursos que se les asignan para el cumplimiento de sus fines.

Sentadas así las cosas, cuando hablamos de un conjunto de **normas jurídicas,** nos estamos refiriendo a reglas que encausan la conducta de los contribuyentes, ubicándolos en el terreno de derechos y obligaciones.

Por otra parte, cuando referimos que esas normas jurídicas son **de carácter bilateral**, estamos denotando que la relación de que se trata involucra a dos partes, las cuales son, a saber: la Hacienda Pública Federal o Estatal y los contribuyentes.

Cuando señalamos que esas normas jurídicas de carácter bilateral **son coercibles,** lo que estamos denotando es que, las mismas son de ineludible cumplimiento, razón por la que de no cumplir de manera voluntaria los contribuyentes con sus obligaciones, (fiscales), la hacienda pública ejercerá presión sobre ellos a modo de que cumplan.

Ahora bien, como ya se precisó en párrafos precedentes, ubicándonos en el ámbito federal, lo que implica de manera definitiva dejar de lado la materia local y tomando en consideración que entre otros actos o resoluciones que recaerán sobre nuestra esfera de administrados está la liquidación de impuestos, o determinación de créditos fiscales, resulta provechoso conocer cómo es que el Código Fiscal de la Federación define a los créditos fiscales, encontrándonos con que en el artículo 4o. de dicho ordenamiento legal, en la parte que interesa se establece lo siguiente:

*"**Artículo 4.** Son créditos fiscales los que tenga derecho a percibir el Estado o sus organismos descentralizados que provengan de contribuciones, de aprovechamientos, o de sus accesorios, incluyendo los que deriven de responsabilidades que el Estado tenga derecho a exigir de sus servidores públicos o de los particulares, así como aquellos a los que las leyes les den ese carácter y el Estado tenga derecho a percibir por cuenta ajena."*

18. DEFINICIÓN DE CRÉDITO FISCAL

Por cuestión práctica y para una cómoda retención, **un crédito fiscal, lo vamos a conceptuar como toda obligación fiscal determinada en cantidad líquida.**

19. DEFINICIÓN DE LIQUIDACIÓN DE IMPUESTOS

Por la misma razón, concebiremos a la **liquidación de impuestos, como el documento oficial por el que se determina en cantidad líquida la situación fiscal de un contribuyente, por determinado ejercicio, o ejercicios, en materia de determinado impuesto o impuestos.**

20. ORGANISMOS DESCENTRALIZADOS Y ÓRGANO DESCONCENTRADO QUE ADQUIEREN EL CARÁCTER DE AUTORIDAD FISCAL FEDERAL

Por **organismos descentralizados que adquieren el carácter de autoridad fiscal federal**, vamos a identificar tanto al **Instituto Mexicano del Seguro Social**; como al **Instituto del Fondo Nacional de la Vivienda para los Trabajadores**; así como a la **Procuraduría Federal del Consumidor**, considerada como autoridad fiscal para el cobro de sus multas; sin soslayar a la **Comisión Nacional del Agua**, que como órgano desconcentrado de la Secretaría de Medio Ambiente y Recursos Naturales, también asume el carácter de autoridad fiscal federal, conforme a los fundamentos legales que enseguida se precisan:

LEY DEL SEGURO SOCIAL

Instituto Mexicano del Seguro Social

*"**Artículo 5.** La organización y administración del Seguro Social, en los términos consignados en esta Ley, están a cargo del organismo público descentralizado con personalidad jurídica y patrimonio propios, de integración operativa tripartita, en razón de que a la misma concurren los sectores público, social y privado, denominado Instituto Mexicano del Seguro Social, **el cual tiene también el carácter de organismo fiscal autónomo**."*

LEY DEL INSTITUTO DEL FONDO NACIONAL DE LA VIVIENDA PARA LOS TRABAJADORES

Instituto del Fondo Nacional de la Vivienda para los Trabajadores

*"**Artículo 30.** Las obligaciones de efectuar las aportaciones y enterar los descuentos a que se refiere el artículo anterior, así como su cobro, tienen el carácter de fiscales.*

*El Instituto del Fondo Nacional de la Vivienda para los Trabajadores, **en su carácter de organismo fiscal autónomo** está facultado, en los términos del Código Fiscal de la Federación, para:*
.... "*

LEY FEDERAL DE PROTECCIÓN AL CONSUMIDOR

Procuraduría Federal del Consumidor

*"**ARTICULO 134 BIS.-** Las multas que imponga la Procuraduría serán consideradas créditos fiscales y se ejecutarán por ésta **en su carácter de autoridad fiscal** bajo el Procedimiento Administrativo de Ejecución previsto en el Código Fiscal de la Federación y su Reglamento."*

LEY DE AGUAS NACIONALES

Comisión Nacional del Agua

*"**Artículo 9.** "La Comisión" es un órgano administrativo desconcentrado de "la Secretaría", que se regula conforme a las disposiciones de esta Ley y sus reglamentos, de la Ley Orgánica de la Administración Pública Federal y de su Reglamento Interior.*
.... *"*

REGLAMENTO DE LA LEY DE AGUAS NACIONALES

*"**Artículo 9o.** Para efectos de la fracción X, del artículo 9o., de la Ley, "**La Comisión**" **podrá ejercer las siguientes atribuciones fiscales** respecto a las contribuciones y aprovechamientos a que el citado precepto se refiere, en los términos del Código Fiscal de la Federación:*
.... *"*

Por lo que respecta a este numeral reglamentario, es importante mencionar que la remisión que hace a la fracción X del artículo 9 de la Ley de Aguas Nacionales, es muy desafortunada, dado que el reenvío correcto debe ser a la fracción XXIX, de la mencionada Ley, puesto que es ahí donde se contempla, que a la Comisión Nacional del Agua le corresponde ejercer las atribuciones fiscales en materia de administración, determinación, liquidación, cobro, recaudación y fiscalización de las contribuciones y aprovechamientos que se le destinen, o en los casos que señalen las leyes respectivas, conforme a lo dispuesto en el Código Fiscal de la Federación, hipótesis ésta a la que en nada se refiere la fracción X, a la que remite el artículo 9o. del Reglamento citado, como se denota a continuación:

LEY DE AGUAS NACIONALES

*"**Artículo 9.** La Comisión" es un órgano administrativo desconcentrado de "la Secretaría", que se regula conforme a las disposiciones de esta Ley y sus reglamentos, de la Ley Orgánica de la Administración Pública Federal y de su Reglamento Interior."*
...
***X.** Apoyar, concesionar, contratar, convenir y normar las obras de infraestructura hídrica que se realicen con recursos totales o parciales de la federación o con su aval o garantía, en coordinación con otras dependencias y entidades federales, con el gobierno del Distrito Federal, con gobiernos de los estados que correspondan y, por medio de éstos con los gobiernos de los municipios beneficiados con dichas obras, en los casos establecidos en la fracción anterior;*
....*"*

Mientras que en la fracción XXIX, del propio numeral de la Ley de Aguas Nacionales, se dispone lo siguiente:

*"**XXIX.** Ejercer las atribuciones fiscales en materia de administración, determinación, liquidación, cobro, recaudación y fiscalización de las contribuciones y aprovechamientos que se le destinen o en los casos que señalen las leyes respectivas, conforme a lo dispuesto en el Código Fiscal de la Federación;"*

Como se puede advertir, de la precisión realizada claramente se advierte que la remisión aludida es indebida.

Este ejercicio jurídico nos será de gran utilidad a la hora de analizar los motivos y fundamentos que se nos apliquen como sustento de una resolución, pues por exigencia del artículo 16 constitucional, *todo acto de autoridad debe estar adecuada y suficientemente fundado y motivado, entendiéndose por lo primero que ha de expresarse con precisión el precepto legal aplicable al caso y, por lo segundo, que también deben señalarse, con precisión, las circunstancias especiales, razones particulares o causas inmediatas que se hayan tenido en consideración para la emisión del acto; siendo necesario, además, que exista adecuación entre los motivos aducidos y las normas aplicables, es decir, que en el caso concreto se configuren las hipótesis normativas.*

Continuando nuestro estudio, es conveniente precisar que tanto los organismos descentralizados, como el órgano desconcentrado mencionados, tienen el carácter de autoridades fiscales federales, pero no en todo su quehacer cotidiano, sino sólo en los casos siguientes:

El Instituto Mexicano del Seguro Social*, sólo cuando emite:*

• *Cédulas de liquidación de cuotas obrero patronales;*

• *Cédulas de liquidación por las que impone multas;*

• *Cédulas de liquidación de capitales constitutivos;*

• *Avisos para calificar probable riesgo de trabajo, así como;*

• *Cuando determina el grado de siniestralidad de una empresa.*

Ahora bien, como respecto de estos puntos de alguna manera sabemos en qué consisten, y sólo sería objeto de explicación lo referente a lo que es un capital constitutivo, precisaremos que nos encontramos frente a éste, cuando se da el caso de que un patrón no cumple con la obligación de afiliar a un trabajador al Instituto Mexicano del Seguro Social y al acontecer que dicho trabajador sufre un accidente, al llevarlo a la clínica de dicho Instituto donde será atendido, se cuantificará todo el gasto que se hubiere realizado para dar la atención médica requerida y el total obtenido más los gastos de administración correspondientes será el importe que constituye el indicado capital constitutivo.

Para el caso del **Instituto del Fondo Nacional de la Vivienda para los**

Trabajadores, tenemos que dicho organismo descentralizado adquiere el carácter de autoridad fiscal federal:

Cuando emite *"Cédulas de Determinación de Omisiones de Pago, en materia de Aportaciones Patronales al Fondo Nacional de la Vivienda y/o Amortizaciones por Créditos para Vivienda"*.

Pues no hay que olvidar que, en términos de lo dispuesto por el artículo 4, párrafo sexto, de nuestra Ley Fundamental, toda familia tiene derecho a disfrutar de una vivienda digna y decorosa, para lo cual en el diverso numeral 123, Apartado A, fracción XII, de la propia Magna Carta, se dispone que toda empresa agrícola, industrial, minera o de cualquier otra clase de trabajo, estará obligada según lo determinen las leyes reglamentarias a proporcionar a los trabajadores habitaciones cómodas e higiénicas, mediante la aportación que las empresas hagan a un fondo nacional de la vivienda, a fin de constituir depósitos *a favor de sus trabajadores y establecer un sistema de financiamiento que permita otorgar a éstos crédito barato y suficiente para que adquieran en propiedad tales habitaciones.*

Por su parte, la **Procuraduría Federal del Consumidor** únicamente tendrá el carácter de autoridad fiscal cuando realice el cobro de las multas que imponga, a través del Procedimiento Administrativo de Ejecución previsto en el Código Fiscal de la Federación y su Reglamento.

Continuando con el análisis que nos ocupa, tenemos que para el caso de la **Comisión Nacional del Agua**, únicamente tendrá el carácter de autoridad fiscal federal:

Cuando determina y cobra Contribuciones y Aprovechamientos en los términos del Código Fiscal de la Federación.

Estos señalamientos son importantes, dado que en todo su demás quehacer, estos organismos descentralizados y órgano desconcentrado, son meramente administrativos, de ahí que se haga este especial señalamiento de los casos en los que los mismos adquieren la naturaleza de autoridades fiscales federales.

21. DEFINICIÓN DE ACCIÓN PROCESAL

Una vez hechas las precisiones anteriores, ahora nos ocuparemos de intentar algunas definiciones de conceptos imprescindibles en las materias fiscal y administrativa que nos ocupan.

Así, empezaremos por intentar una definición de lo que es la "acción procesal".

El insigne maestro, Fernando Flores García, en su clase de Teoría General del Proceso, nos decía, que *la acción procesal es el derecho, facultad de pedir al juez justa composición.*

Nosotros, diremos que la acción procesal es poner en movimiento al órgano jurisdiccional, a fin de que dirima una controversia.

22. DEFINICIÓN DE INTERÉS JURÍDICO

Ahora bien, para entablar nuestra acción procesal nos vamos a encontrar con que es necesario que acreditemos nuestro *interés jurídico*, y así diremos que **el interés jurídico es el vínculo que existe entre el bien u objeto sobre el que recae un acto de autoridad y su propietario, poseedor, o tenedor**, cabiendo citar el siguiente precedente con ánimo de ilustrar lo aquí mencionado:

"INTERÉS JURÍDICO EN MATERIA ADMINISTRATIVA. CONSTITUYE UN GENERO QUE COMPRENDE TANTO AL DERECHO SUBJETIVO COMO AL INTERES LEGÍTIMO, EN TANTO QUE AMBOS ESTAN TUTELADOS POR NORMAS DE DERECHO. La Suprema Corte de Justicia de la Nación únicamente ha interpretado el interés jurídico en su acepción de derecho subjetivo, consustancial a la materia civil, pero en materia administrativa, tanto la violación a los derechos subjetivos del particular, como el atentado contra sus intereses legítimos, constituyen casos de afectación a su esfera de derechos, aunque en grados distintos. Por tanto, el interés jurídico, entendido como la afectación a la esfera jurídica, en materia administrativa, abarca tanto al derecho subjetivo como al interés legítimo, pues en ambos casos existe agravio o perjuicio en la esfera de derechos del gobernado. Ello significa que el interés jurídico en el juicio de amparo constituye un género relativo a la afectación a la esfera jurídica de los gobernados, afectación que, en materia administrativa, se presenta en dos casos, a saber, con la violación a un interés legítimo, cuando lo que se pretende es la mera anulación de un acto administrativo contrario a las normas de acción, o con la violación a un derecho subjetivo, cuando lo que se solicita de la administración pública es el reconocimiento de una situación jurídica individualizada."[24]

23. DEFINICIÓN DE INTERÉS LEGÍTIMO

El interés legítimo, es aquél que está direccionado y soportado por la teoría de los derechos difusos, pudiéndose definir como aquél interés personal, individual o colectivo, cualificado, actual, real y jurídicamente relevante, que puede traducirse, en caso de obtener una resolución favorable, en un beneficio jurídico en favor del gobernado, derivado de una afectación a su esfera jurídica en sentido amplio que puede ser de índole económica, profesional, de salud pública o de cualquier otra naturaleza.

Ahora bien, el interés simple, es aquél que puede tener cualquier persona por alguna acción u omisión del estado, pero que en caso de

---

[24] Tesis consultable en el Semanario Judicial de la Federación, correspondiente al mes de enero de 2003, página 1802.

satisfacerse no se traducirá en un beneficio personal puesto que no supone afectación a su esfera jurídica en algún sentido. Consecuentemente, si el promovente únicamente acredita el interés simple, más no el legítimo se actualizará la improcedencia del medio de defensa intentado.

Un ejemplo del que me auxilio para explicar la teoría de los derechos difusos, es aquel supuesto en el que en un terreno contiguo a un fraccionamiento en el que se respira paz y tranquilidad, se inicia la construcción de una enorme plaza comercial, que los vecinos interpretan como la ruptura y acabose de esa paz y tranquilidad, dado que habrá ruido por las madrugadas generado por los camiones de carga que surten los bienes y satisfactores que ahí se expenderán y el criadero de alimañas, cucarachas y ratones que ahí abundarán, por los restaurantes y almacenes de venta de comida y perecederos que ahí se venderán, lo que provoca que se unan y gestionen para que esa obra no se lleve a cabo.

24. ¿QUÉ ES EL JUICIO CONTENCIOSO ADMINISTRATIVO (JUICIO DE NULIDAD)?

Es un proceso que se lleva a cabo ante un tribunal especializado, denominado Tribunal Federal de Justicia Administrativa (antes Tribunal Fiscal de la Federación y Tribunal Federal de Justicia Fiscal y Administrativa) o ante un Tribunal de lo Contencioso Administrativo en el ámbito local, actualmente Tribunal de Justicia Administrativa del Estado de que se trate, por virtud del cual se resuelven las controversias suscitadas entre la administración pública y un particular afectado en sus derechos, por actos o resoluciones definitivas de la primera.

El Tribunal Federal de Justicia Administrativa, así como la mayoría de los Tribunales de lo Contencioso Administrativo, no forman parte del Poder Judicial; no obstante, las funciones que realizan son materialmente jurisdiccionales.

25. ¿CUÁLES SON LOS TIPOS DE JUICIOS DE NULIDAD PREVISTOS EN LA LEY FEDERAL DE PROCEDIMIENTO CONTENCIOSO ADMINISTRATIVO?

Existen tres tipos de juicio de nulidad y dos modalidades para iniciarlo.

Los tipos de juicio que existen son:

1. El juicio ordinario, este es el juicio que sigue la regulación normal prevista en la Ley Federal de Procedimiento Contencioso Administrativo, con plazos más largos que el juicio sumario y es resuelto por los tres Magistrados que integran las Salas Regionales del Tribunal Federal de Justicia Administrativa.

2. El juicio sumario, este es un juicio que tiene las mismas etapas que el juicio ordinario, sin embargo, cuenta con plazos más cortos y es resuelto por el Magistrado Instructor. Procede únicamente en los casos previstos en el artículo 58-2 de la Ley Federal de Procedimiento Contencioso Administrativo, siempre que la cuantía del asunto sea mayor a 15 veces la UMA, elevada al año, vigente al momento de emisión de la resolución ($594,420.75 a partir de febrero de 2024)

3. El juicio de resolución exclusiva de fondo, este es un juicio que se rige por los principios de oralidad, celeridad, resolución sustantiva y proporcionalidad. Se tramita a petición del actor (es optativo), ante la Sala Especializada en Juicios de Resolución Exclusiva de Fondo y únicamente procede contra resoluciones definitivas derivadas de una revisión de gabinete, visita domiciliaria o revisión electrónica de las autoridades fiscales, siempre que la cuantía del asunto sea mayor a 200 veces la UMA, elevada al año, vigente al momento de emisión de la resolución ($7,925,610.00 a partir de febrero de 2024)

Las modalidades para iniciarlo son:

1. En forma tradicional, es decir, recibiendo las promociones y demás documentales en manuscrito o impresos en papel, y formando un expediente también en papel, donde se agregan las actuaciones procesales, incluso en los casos en que sea procedente la vía sumaria o el juicio de resolución exclusiva de fondo.

2. En línea, es decir, el trámite y resolución del juicio contencioso administrativo federal en todas sus etapas, se lleva a cabo a través del Sistema de Justicia en Línea; esto es, a través de Medios Electrónicos, (actualmente en su versión 2.0), incluso en los casos en que sea procedente la vía sumaria.

26. REPRESENTACIÓN DE PERSONAS FÍSICAS Y PERSONAS MORALES

Es conveniente mencionar que **cuando no se está en posición de entablar una defensa de manera personal, los administrados podemos acudir a la representación, ya sea que se trate de una persona moral, o bien, de una persona física**, debiéndose instrumentar tal representación mediante el otorgamiento de poderes generales o especiales, según el caso lo amerite y que se consignarán ante la fe de un Notario Público.

27. EN EL JUICIO CONTENCIOSO ADMINISTRATIVO FEDERAL, LAS AUTORIDADES NO ESTÁN SUJETAS A LAS REGLAS DE LA REPRESENTACIÓN CONVENCIONAL QUE RIGEN A LOS PARTICULARES

Aquí es conveniente abrir un paréntesis para señalar que en el juicio contencioso administrativo federal, **las autoridades no están sujetas a las reglas de la representación convencional que rigen para los particulares**, dado que, para ellas sólo es factible analizar jurídicamente la competencia que tiene el órgano de autoridad para la realización de un determinado acto procesal, pero no así la cuestión concerniente a la legitimidad de la persona física que encarne a dicho órgano de gobierno, puesto que de otra suerte de llegar a considerar que el funcionario que encarne al órgano del estado tenga la obligación de adjuntar su nombramiento en cada acto procesal que realice, sería tanto como exigir que también exhibiera el documento donde conste el nombramiento de quien lo designó con esa responsabilidad, lo que constituiría un absurdo, ya que se crearía una cadena interminable de aportación de una serie de nombramientos hasta llegar a la autoridad jerárquicamente más alta, con detrimento de la función pública, puesto que los titulares tendrían que desviar la atención que deben prestar a la misma, en recabar la totalidad de los nombramientos para exhibirlos juntamente con el oficio primigenio correspondiente al acto de autoridad emitido.

En efecto, si el acto de autoridad que se va a controvertir lo emitió un Administrador Desconcentrado de Auditoría Fiscal, dependiente del Servicio de Administración Tributaria de la Secretaría de Hacienda y Crédito Público, tenemos que quien lo nombró fue el Administrador General de Auditoría Fiscal, el que a su vez fue nombrado por el Jefe del Servicio de Administración Tributaria, quien a su vez fue nombrado por el Secretario de Hacienda y Crédito Público, el que a su vez fue nombrado por el Presidente de los Estados Unidos Mexicanos, llegándose al conocimiento de que este último desempeña un cargo de elección popular; esto es, que fue elegido por el voto popular, lo que a nada fructífero nos conduce, de ahí que como ya se dijo, las autoridades, como entes de derecho público no estén sujetas a las reglas de representación convencional que rigen a los particulares y por consiguiente, no tienen obligación de acompañar o exhibir su correspondiente nombramiento.

Ilustran lo anterior las siguientes tesis que enseguida se transcriben:

"JUICIO DE NULIDAD FISCAL. LEGITIMIDAD DE LAS AUTORIDADES, NO TIENEN PORQUE COMPROBARLA. No existe disposición alguna en el Código Fiscal de la Federación, que establezca como requisito que las personas físicas que participan en el juicio de anulación, con el carácter de autoridades, deban demostrar que efectivamente desempeñan el cargo que ostentan. **Lo anterior obedece a que la autoridad, como ente de derecho público, no está sujeta a las reglas de la representación convencional que rigen para los particulares**; *sólo es factible analizar jurídicamente la competencia de la autoridad para la realización de determinado acto procesal, no así, la cuestión concerniente a la legitimidad de la persona física que dice ocupar el cargo de que se trate. Por tanto, si una persona viene ocupando un cargo, la situación relativa a si es legítima su actuación, no es dable como se señaló con antelación examinarla en el juicio de nulidad, ni en la revisión fiscal, sino lo que debe estudiarse únicamente es lo relativo a la competencia para la emisión del acto; considerar que toda persona que ostenta un cargo público, siempre que lleve a cabo un acto procesal, tiene la obligación de adjuntar su nombramiento, sería tanto como exigir que también debe llevar el documento donde conste el nombramiento de quien aparece extendiendo aquél, lo que constituiría*

un absurdo, ya que habría necesariamente que aportar una serie de nombramientos, hasta llegar a la autoridad jerárquicamente más alta, con detrimento de la función pública, pues los titulares tendrían que desviar la atención que deben prestar a la misma, en recabar la totalidad de los nombramientos para exhibirlos juntamente con el oficio respectivo al emitir cada acto. "[25]

(Énfasis añadido)

"INCOMPETENCIA DE ORIGEN. NOCIÓN Y DIFERENCIAS CON LA COMPETENCIA A QUE SE REFIERE EL ARTÍCULO 16 CONSTITUCIONAL. La noción de incompetencia de origen, nació hacia la segunda mitad del siglo pasado, para significarse con ella los problemas que entrañaban la ilegitimidad de autoridades locales, (presidentes municipales, magistrados y jueces, así como gobernadores) por infracciones a las normas reguladoras de su designación o elección para desempeñar cargos públicos. Las razones aducidas para distinguirla de las irregularidades examinadas en el rubro de competencia del artículo 16 constitucional, fueron que el conocimiento de aquellas cuestiones por los tribunales Federales se traduciría en una injustificada intervención en la soberanía de las entidades federativas, y redundaría en el empleo del juicio de amparo como instrumento para influir en materia política, la noción de incompetencia de origen así limitada en principio al desconocimiento de autoridades locales de índole política o judicial, se hizo sin embargo extensiva por la fuerza de la tradición en el lenguaje forense a todos los casos en que por cualquier razón se discutiera la designación de un funcionario federal o local perteneciente inclusive al Poder Ejecutivo, o la regularidad de su ingreso a la función pública. Así, se introduce una distinción esencial entre la llamada "incompetencia de origen" y la incompetencia derivada del artículo 16 constitucional, de manera similar a lo sucedido en otras latitudes cuando frente a los funcionarios "de jure" se ha creado una teoría de los funcionarios "de facto", esto es, aquellos cuya permanencia en la función pública es irregular, bien por inexistencia total o existencia viciada del acto formal de designación según cierto sector de la doctrina, bien por ineficacia sobrevenida del título legitimante, frecuentemente debida a razones de temporalidad o inhabilitación, según otros autores. El examen de la legitimidad de un funcionario y de la competencia de un órgano supone una distinción esencial: mientras la primera explica la integración de un órgano y la situación de una persona física frente a las normas que regulan las condiciones personales y los requisitos formales necesarios para encarnarlo y darle vida de relación orgánica, la segunda determina los límites en los cuales un órgano puede actuar frente a terceros. En este sentido, el artículo 16 constitucional no se refiere a la legitimidad de un funcionario ni la manera como se incorpora a la función pública, sino a

---

[25] Tesis consultable en el Semanario Judicial de la Federación, correspondiente al mes de abril de 1996, página 409.

los límites fijados para la actuación del órgano frente a los particulares, ya que son justamente los bienes de éstos el objeto de tutela del precepto en tanto consagra una garantía individual y no un control interno de la organización administrativa. Por lo tanto, ni los tribunales de amparo ni los ordinarios de jurisdicción contencioso –administrativa federal, por estar vinculados al concepto de competencia del artículo 16 constitucional, reproducido en el artículo 238, fracción I, del Código Fiscal de la Federación, pueden conocer de la legitimidad de funcionarios públicos, cualquiera que sea la causa de irregularidad alegada; lo anterior, sin perjuicio de la posible responsabilidad administrativa o quizá penal exigible a la persona dotada de una investidura irregular o incluso sin investidura alguna."[26]

"TRIBUNAL FISCAL DE LA FEDERACIÓN, COMPETENCIA DEL. EXAMEN DE LA INCOMPETENCIA DEL FUNCIONARIO A QUE SE REFIERE EL ARTÍCULO 238, FRACCIÓN I DEL CÓDIGO FISCAL. La incompetencia del funcionario, a que se refiere el artículo 238, fracción I, del Código Fiscal de la Federación, es aquella que se deriva de la inexistencia de normas legales que faculten a la autoridad, para la realización de determinadas atribuciones. Es decir, se contempla el conjunto de facultades otorgadas por la ley a determinadas autoridades, para establecer si su actuación se encuentra comprendida dentro de ellas o no. Lo anterior implica que el Tribunal Fiscal de la Federación, sólo debe analizar si la autoridad considerada como tal, con independencia del funcionario investido con dicho carácter, está facultada para la realización del acto impugnado. Así, la competencia del Tribunal Fiscal al examinar estas cuestiones, únicamente conlleva el análisis de la ley respectiva, para establecer si el funcionario que suscribe el acto está facultado por ella, con abstracción de la persona física que ostente el nombramiento correspondiente. Esto último, que comprende el análisis de la legitimación en la designación y ratificación del nombramiento de una persona en particular, no es facultad del Tribunal Fiscal de la Federación. Por último, cabe hacer la consideración de que ni la Carta Magna, ni el Código Fiscal de la Federación, ni la Ley Orgánica del Tribunal Fiscal de la Federación, facultan a este último para analizar tales cuestiones, siendo por demás incongruente que un tribunal de carácter administrativo federal, realice el estudio sobre la validez del procedimiento seguido para la designación de funcionarios pertenecientes a la Administración Pública Federal."[27]

"INCOMPETENCIA E ILEGITIMIDAD SON DOS INSTITUCIONES JURÍDICAS DIFERENTES. La incompetencia propiamente dicha y la ilegitimidad (también llamada incompetencia de origen) son dos instituciones diferentes, pues la primera se actualiza cuando una

---

[26]. Tesis consultable en el Semanario Judicial de la Federación, correspondiente al período enero-junio de 1989, página 390.

[27] Tesis consultable en el Semanario Judicial de la Federación, correspondiente al mes de abril de 1996, página 311.

autoridad, entendida como órgano administrativo sin importar quien sea su titular, carece de las facultades para ejercer ciertas atribuciones, mientras que la segunda se actualiza cuando el nombramiento o elección del titular de un órgano administrativo no se ha hecho en términos legales. En otras palabras, la incompetencia y la ilegitimidad son dos cuestiones independientes y por tanto, una no puede abarcar a la otra."[28]

"JUICIO DE NULIDAD FISCAL. TITULARES DE LOS ORGANOS DE AUTORIDAD DEMANDADOS EN EL. NO TIENEN QUE COMPROBAR SU NOMBRAMIENTO. Ninguna de las disposiciones del Código Fiscal Federal establece el requisito de que las personas físicas que participan en el juicio de anulación, con el carácter de autoridades, deban demostrar que efectivamente desempeñan el cargo que ostentan. Lo anterior obedece a que la autoridad, como ente de derecho público, no está sujeta a las reglas de la representación convencional que rigen para los particulares; y al hecho de que, no es posible que en una controversia ordinaria se determine que a quien se ostenta como funcionario no le asiste ese carácter, puesto que, ese tema corresponde a la llamada "incompetencia de origen" que ni siquiera en el juicio constitucional de amparo puede tocarse. Lo anterior es así porque de haberse exhibido el nombramiento de la autoridad recurrente, la actora podría argüir que no se exhibió el diverso nombramiento del funcionario que la designó; y así, sucesivamente, hasta llegar, en el caso de la Secretaría de Hacienda y Crédito Público, al Presidente de la República, por cuanto hace al nombramiento del titular del ramo; empero, como el depositario del Poder Ejecutivo Federal no es designado por nombramiento, sino por elección, el cuestionamiento final, en éstos casos, tendría que versar sobre la validez de ese acto político."[29]

28. REPRESENTACIÓN EN JUICIO DE LAS PERSONAS MORALES

Ahora, por lo que **respecta a la representación legal de las personas morales**, tenemos que si bien es cierto que son ficciones de ley, dado que no las podemos ver ni tocar, esto es, que son intangibles, tenemos que sus órganos de representación son, o bien, un consejo de administración, o un administrador único, los que a su vez, pueden extender poderes generales o especiales para que representen a la persona moral de que se trate, cabiendo invocar aquí el siguiente precedente:

"REPRESENTACIÓN LEGAL DE LAS PERSONAS MORALES EN EL JUICIO CONTENCIOSO ADMINISTRATIVO FEDERAL. SE ACREDITA CON EL ORIGINAL O COPIA CERTIFICADA DEL TESTIMONIO DE LA ESCRITURA PÚBLICA EN QUE SE CONTENGA

---

[28] Tesis consultable en la revista editada por el Tribunal Fiscal de la Federación, correspondiente a la Tercera Época. Año VII. Número 75. Marzo de 1994, página 7.

[29]. Tesis consultable en el Semanario Judicial de la Federación, correspondiente al mes de febrero de 1993, página 271.

EL MANDATO O PODER CORRESPONDIENTE. La representación consiste en la aptitud y facultad de que una persona realice actos jurídicos a nombre y por cuenta de otro. El artículo 200 del Código Fiscal de la Federación prohíbe la gestión de negocios ante el Tribunal Fiscal de la Federación, hoy Tribunal Federal de Justicia Fiscal y Administrativa, y establece la obligación de acreditar la representación de quienes promuevan a nombre de otra persona y que ésta fue otorgada a más tardar en la fecha de presentación de la demanda o de la contestación, según el caso. La fracción II del artículo 209 del citado código establece la obligación de adjuntar a la demanda el documento que acredite la personalidad (personería) del promovente, cuando no gestione a nombre propio, o en el que conste que le fue reconocida por la autoridad demandada. El término "acreditar" significa: "Hacer digna de crédito alguna cosa, probar su certeza o realidad; afamar, dar crédito o reputación; dar seguridad que alguna persona o cosa es lo que representa o parece; dar testimonio en documento fehaciente de que una persona lleva facultades para desempeñar comisión o encargo diplomático, comercial, etcétera." (Diccionario de la Lengua Española, Real Academia Española, vigésima primera edición, Editorial Espasa Calpe, Sociedad Anónima, Madrid, España). Luego, para acreditar la personería a que se refiere la fracción II del artículo 209 del Código Fiscal de la Federación, es indispensable que el promovente exhiba el original o copia certificada del mandato o poder respectivo, pues solamente de esa forma se puede tener la certeza o convicción de que efectivamente se tiene la aptitud y facultad de representar al demandante. Si bien la fracción I del citado artículo 209 señala que el demandante deberá adjuntar a su demanda una copia de ésta y "de los documentos anexos", para cada una de las partes, no significa que el documento relativo a la personería, a que se refiere la fracción II de dicho precepto, pueda aportarse en copia simple, pues las copias a que hace alusión la fracción I son aquellas con las que se correrá traslado a cada una de las partes, mas no al original o copia certificada del documento relativo a la personería, con el que se debe acreditar fehacientemente esa calidad. Así pues, el carácter de apoderado para pleitos y cobranzas de una persona colectiva no puede acreditarse con la "copia simple" del testimonio respectivo, el cual, en todo caso, sólo tiene el valor de un indicio y, por ende, resulta insuficiente para comprobar tal carácter, ya que los artículos 200 y 209, fracción II, del Código Fiscal de la Federación disponen que la representación de los particulares debe otorgarse en escritura pública o carta poder y que el demandante está obligado a adjuntar a su demanda el documento que acredite su personalidad (personería), el cual, como quedó mencionado, debe ser en original o copia certificada, a fin de que acredite en forma indubitable la personería del promovente, y así dar seguridad jurídica al procedimiento contencioso federal administrativo, en tanto que la personería constituye uno de los presupuestos procesales del juicio de nulidad."[30]

---

[30] Tesis consultable en el Semanario Judicial de la Federación, correspondiente al mes de octubre

29. DEFINICIÓN DE LEGITIMIDAD

Como en líneas precedentes se ha hablado de la figura de la legitimidad, se estima conveniente precisar qué es lo que vamos a entender por legitimación, precisándose que para efectos prácticos y de fácil retención, para nosotros **lo legítimo será lo que está ajustado a derecho** y por principio de exclusión, lo ilegítimo será lo contrario.

30. PROHIBICIÓN EN JUICIO DE LA GESTIÓN DE NEGOCIOS

Ahora bien, **provechoso resulta señalar que en materia fiscal no procede la gestión de negocios**, por así prohibirlo el artículo 5o. de la Ley Federal de Procedimiento Contencioso Administrativo, valiendo la pena denotar dos aspectos en él regulados, los cuales son, a saber:

El primero, consistente en que se deberá poner especial atención en que **la personalidad se debe acreditar a más tardar en la fecha de la presentación de la demanda o de la contestación en su caso**, lo que implica que cuando se nos haga la encomienda de defender un asunto, debemos tomar la providencia consistente en que se nos extienda un poder general para pleitos y cobranzas, por parte de la persona que vayamos a representar; y

El segundo, consistente en que ya se da oportunidad a las partes para autorizar a cualquier persona con capacidad legal para oír notificaciones e imponerse de autos, lo que se traduce en que los pasantes en derecho, ya pueden tener acceso a los expedientes, para consultarlos y tomar notas únicamente, cosa ésta que antes de la reforma practicada a dicho numeral, publicada en el Diario Oficial de la Federación de 28 de enero de 2010, no podían hacer.

31. PARTES EN EL JUICIO

Una vez sentado lo anterior, ahora es pertinente referir que **en el juicio contencioso administrativo federal, las partes son las siguientes**:

a. El demandante;

b. Los demandados, teniendo ese carácter:

1. La autoridad que dictó la resolución impugnada;

2. El particular a quien favorezca la resolución cuya modificación o nulidad pida la autoridad administrativa;

3. El Jefe del Servicio de Administración Tributaria o el titular de la dependencia u organismo desconcentrado o descentralizado que sea parte en los juicios en que se controviertan resoluciones de

---

de 2003, página 1106.

autoridades federativas coordinadas, emitidas con fundamento en convenios o acuerdos en materia de coordinación respecto de las materias de la competencia del tribunal.

c. *El tercero que tenga un derecho incompatible con la pretensión del demandante.*

Aquí abrimos un paréntesis para explicar dos cosas:

32. JUICIO DE LESIVIDAD

La primera, relativa al particular a quien favorezca la resolución cuya modificación o nulidad pida la autoridad administrativa, que no es otra cosa más que la inversión de los papeles que normalmente tienen las partes en el juicio contencioso administrativo federal, dado que en este caso tenemos a un particular tenedor de una resolución que le es favorable y la autoridad que la dictó, quien al percatarse que fue indebido emitir dicha resolución, se propone privarla de efectos, cosa ésta que no podrá hacer mediante la emisión de un simple oficio por el que le comunique a aquel particular, que la resolución favorable que se le había expedido ha quedado sin efectos, sino que necesariamente dicha autoridad tendrá que promover juicio contencioso administrativo federal ante el Tribunal Federal de Justicia Administrativa, para demandar, la nulidad de aquella resolución favorable, registrándose aquí que el demandado será precisamente dicho particular y la demandante será la autoridad que emitió la citada resolución favorable, invirtiéndose así, como ya se dijo, los papeles que normalmente tienen las partes en el proceso, dado que por regla general el demandado siempre lo es una autoridad, **de ahí que este caso especial reciba el nombre de juicio de lesividad**, puesto que se parte del presupuesto de que la federación sufrió una lesión indebida, resultando conveniente mencionar que para instaurar dicho juicio, la autoridad cuenta con un plazo de cinco años, siendo de invocarse sobre este particular el siguiente precedente, que a la letra dice:

"JUICIO CONTENCIOSO ADMINISTRATIVO (JUICIO DE LESIVIDAD). LOS TÉRMINOS QUE ESTABLECE EL ARTÍCULO 207 DEL CODIGO FISCAL DE LA FEDERACIÓN PARA PROMOVERLO, NO VIOLAN EL PRINCIPIO DE IGUALDAD PROCESAL. Cuando la autoridad hacendaria se percata de que una resolución fiscal dictada en favor de un contribuyente es, a su parecer, indebida y lesiva para el fisco, no puede revocarla válidamente por sí y ante sí, ni tampoco puede hacer gestión directa ante el particular para exigirle el reembolso que resulte, sino que para ello debe promover el juicio contencioso administrativo de anulación o lesividad ante el Tribunal Federal de Justicia Fiscal y Administrativa (antes Tribunal Fiscal de la Federación). Ahora bien, el hecho de que el artículo 207 del Código Fiscal de la Federación otorgue a la autoridad fiscal un término de cinco años para promover el referido juicio y al particular sólo le conceda el término de cuarenta y cinco días, no viola el principio de igualdad procesal. Ello es así, porque el mencionado principio se infringe si a una de las partes se le concede lo

que se niega a la otra, por ejemplo, que al actor se le permitiera enjuiciar, probar o alegar y al demandado no, o viceversa; pero dicho principio no puede considerarse transgredido porque no se tenga exactamente el mismo término para ejercitar un derecho, pues no se pretende una igualdad numérica sino una razonable igualdad de posibilidades para el ejercicio de la acción y de la defensa; además, la circunstancia de que se otorgue a la autoridad un término más amplio para promover el juicio de nulidad, en contra de una resolución favorable al particular, se justifica en atención al cúmulo de resoluciones que se emiten y al tiempo que tarda la autoridad en advertir la lesión al interés público, y porque aquélla defiende el patrimonio de la colectividad, que es indispensable para el sostenimiento de las instituciones y de los servicios públicos a que está obligado el Estado, mientras que el particular defiende un patrimonio propio que le sirve para fines personales. Debe agregarse que la igualdad procesal en el juicio contencioso administrativo se corrobora con el texto de los artículos 212, 213, 214, 230 y 235 del Código Fiscal de la Federación, ya que de su contenido se infiere la posibilidad que tiene el particular de conocer la demanda instaurada en su contra, las pruebas aportadas por la autoridad actora, así como la oportunidad de contestar la demanda e impugnar dichas pruebas. Finalmente cabe señalar que si se aceptara que las autoridades hacendarias sólo tuvieran cuarenta y cinco días para promover la demanda de nulidad, vencido este término la resolución quedaría firme por consentimiento tácito, con lo cual se volvería nugatorio el plazo prescriptorio de cinco años que tiene el fisco para exigir el crédito fiscal."[31]

33. CARÁCTER DE TERCERO EN EL JUICIO

Ahora bien, la segunda de las cosas a denotar, es la figura del tercero, al que vamos a identificar como aquel que tiene un derecho incompatible con la pretensión del demandante, valiéndonos del siguiente ejemplo para explicar esta figura:

Ubiquémonos en el caso en el que una Administración Desconcentrada de Auditoría Fiscal, le determina un crédito fiscal en materia del Impuesto Sobre la Renta a una empresa, obligándola además al pago de un reparto de utilidades.

Aquí el tercero será el representante de la mayoría de los trabajadores o el representante del sindicato al que estén afiliados los trabajadores, cuyo interés será que sí se lleve a cabo el reparto de utilidades determinado por la autoridad, chocando radicalmente con el interés del empresario que consistirá en demostrar que no es legal la determinación del crédito fiscal que se le determinó y por consiguiente que no procede el reparto de utilidades pretendido.

---

[31] Tesis consultable en el Semanario Judicial de la Federación, correspondiente al mes de mayo de 2001, página 456 .

Como se puede advertir, el **tercero es aquel que tiene un derecho incompatible con la pretensión del demandante**, es decir, que busca lo contario a la parte actora.

34. CONSECUENCIA DE QUE SE PRESENTE UNA PROMOCIÓN SIN FIRMA

No está por demás señalar que **todas las promociones que se presenten en el juicio contencioso administrativo federal deberán estar firmadas autógrafamente o de ser el caso, con la firma electrónica avanzada de quien las formule, dado que sin éste requisito se tendrán por no presentadas**.

Así las cosas, como a toda promoción le debe recaer un auto, acuerdo o proveído, es bueno que tengamos presente que éstos términos son sinónimos y que por "autos" vamos a entender aquellos que conforman un expediente.

Aunado a lo anterior, es conveniente precisar que el primer Acuerdo que se dicte en un expediente iniciará con la fecha, seguida de la expresión **visto el escrito presentado ante este órgano jurisdiccional**, lo cual obedece a que antes de éste no hay ninguna actuación; en cambio, los subsecuentes Acuerdos que se pronuncien iniciarán con la fecha, seguida de la expresión, "**Agréguese a sus autos el escrito presentado ante este órgano jurisdiccional**...", estos son tecnicismos, pero es bueno que ustedes amigos lectores, los conozcan y sepan la razón de ser de tales expresiones.

Sobre el mismo tema, es bueno precisar que las promociones presentadas por los particulares, son escritos, mientras que las pre- sentadas por las autoridades son Oficios.

Antes de entrar al análisis de la parte que nos interesa de los artículos 14 y 16 Constitucionales, en los que respectivamente se prevé que:

"ARTÍCULO 14. A ninguna ley se dará efecto retroactivo en perjuicio de persona alguna.

Nadie podrá ser privado de la libertad o sus propiedades, posesiones o derechos, sino mediante juicio seguido ante los tribunales previamente establecidos, en el que se cumplan las formalidades esenciales del procedimiento y conforme a las leyes expedidas con anterioridad al hecho";

"ARTÍCULO 16. Nadie puede ser molestado en su persona, familia, domicilio, papeles o posesiones, sino en virtud de mandamiento escrito de la autoridad competente, que funde y motive la causa legal del procedimiento."

Es conveniente recordar **qué es el hecho imponible y qué es el hecho**

generador, dado que son dos aspectos muy importantes que se deben considerar para los efectos de la aplicación de la ley.

35. ¿PUEDE UNA PERSONA MORAL FIRMAR UNA DEMANDA EN EL JUICIO CONTENCIOSO ADMINISTRATIVO FEDERAL?

Sí, en el trámite del juicio contencioso administrativo federal en línea, existe la posibilidad de que una persona moral, con su propia firma electrónica, firme la demanda.

Al respecto, el artículo 4, segundo párrafo, de la Ley Federal de Procedimiento Contencioso Administrativo, señala lo siguiente:

"Las personas morales para presentar una demanda o cualquier promoción podrán optar por utilizar su firma electrónica avanzada o bien hacerlo con la firma electrónica avanzada de su representante legal; en el primer caso, el titular del certificado de firma será la persona moral."

Por lo tanto, únicamente en el juicio contencioso administrativo federal en línea existe la posibilidad de que una demanda pueda ser firmada a través de la firma electrónica del apoderado o representante legal de la persona moral (persona física) o, en su caso, a través de la firma electrónica de la propia persona moral.

36. HECHO IMPONIBLE

Por hecho imponible vamos a entender, la descripción contenida en ley de la conducta que se debe dar para la aplicación de la consecuencia legal correspondiente.

37. HECHO GENERADOR

Y por hecho generador, la realización de dicha conducta a fin de que se configure la hipótesis normativa.

38. LA LEY Y SUS CARACTERÍSTICAS

Y ya que hablamos de la ley, **provechoso resulta señalar que ésta la vamos a conceptuar como una norma de carácter general, impersonal y abstracta**, explicándose sus características de la siguiente manera:

a. Es general, porque se aplica a todos los sujetos cuya conducta se ajusta a los presupuestos de hecho previstos en la norma.

b. Es impersonal, porque como su nombre lo dice, no se dirige a una persona, sino a una universalidad de ellas

c. Es abstracta, porque, a diferencia de los actos administrativos, no regula situaciones jurídicas concretas.

39. CONCEPTO DE AUTORIDAD

Sentadas así las cosas, toca ahora definir qué es lo que vamos a entender por AUTORIDAD, precisándose para efectos prácticos y de fácil retención, que para nosotros, **la autoridad es un órgano del estado, pudiéndola conceptualizar también, como un ente complejo de facultades**.

40. CONCEPTO DE ACTO DE AUTORIDAD

Ahora bien, **el acto de autoridad lo vamos a definir como aquel que proviene de un órgano del estado**.

41. CARACTERÍSTICAS DEL ACTO DE AUTORIDAD

Son tres sus características, fundamentales, a saber:

•**Unilateral;**

•**Imperativo; y**

•**Coercitivo.**

Decimos que **es Unilateral**, porque emerge del resorte de la autoridad; esto es, que no se nos consulta, ni mucho menos se nos pide parecer, para la emisión del acto de autoridad.

Decimos que **es Imperativo**, porque se coloca por encima de la voluntad de los gobernados; esto es, que estamos obligados a permitirlo y tolerarlo; y

Decimos que **es Coercitivo**, porque en el caso de que no quisiéramos permitir ni tolerar el acto de autoridad, ésta cuenta con la facultad de ejercer su imperio por encima de la voluntad de los gobernados.

Llegado este punto, en el que hemos puntualizado qué es una autoridad y cuáles son las características que deben revestir sus actos, es momento de retomar el contenido de los artículos 14 y 16 constitucionales, para denotar lo siguiente:

Es una máxima de derecho y así lo ha sostenido en jurisprudencia definida la Suprema Corte de Justicia de la Nación, que **las autoridades sólo pueden hacer aquello que la ley expresamente les autoriza**.

Bajo esta premisa, cuando el artículo 14 constitucional dispone que:

"Nadie podrá ser privado de la libertad o de sus propiedades, posesiones o derechos, sino mediante juicio seguido ante los tribunales previamente establecidos, **en el que se cumplan las formalidades esenciales del procedimiento** y conforme a las leyes expedidas con anterioridad al hecho."

(Énfasis añadido)

Resulta de suma relevancia denotar una parte de este mandato constitucional que a muchos litigantes les ha pasado desapercibido y que por lo mismo no han sabido aprovechar en el litigio, siendo ésta la relativa a que en todo juicio se deberán cumplir las formalidades esenciales del procedimiento.

42. DEFINICIÓN DE FORMALIDADES ESENCIALES DEL PROCEDIMIENTO

Aquí se hace propicia la ocasión para rendir honor a quien honor merece, pues lo que ahora causa tanto revuelo como lo es el respeto absoluto al DEBIDO PROCESO LEGAL, en su vertiente del Principio In Dubio Pro Persona, consagrado en el artículo 1. párrafo segundo, de nuestra Ley Suprema de la Unión, **entendido éste como favorecer en todo tiempo a las personas la protección más amplia**, resulta ser que un hombre con enorme visión, diríamos nosotros, un hombre adelantado a su tiempo, como nuestro querido maestro **Carlos A. Cruz Morales**, interpretó con enorme intuición jurídica, allá por el año 1977, cuando publicó su libro intitulado "**LOS ARTÍCULOS 14 Y 16 CONSTITUCIONALES**"[32] que por formalidades esenciales del procedimiento deberíamos entender, como reiteradamente lo decía en su cátedra de Garantías y Amparo, dictada en el aula de la Facultad de Derecho de nuestra Alma Mater, *otorgar al gobernado el mayor número de oportunidades para el logro de su defensa*, con lo que indudablemente nos compartió una enorme enseñanza que ahora tenemos, la oportunidad de compartir con ustedes, en ocasión de establecer, qué es lo que debemos entender por formalidades esenciales del procedimiento, resultando al efecto provechoso mencionar que en relación con este tema, el Pleno de la Suprema Corte de Justicia de la Nación, a través de la jurisprudencia P./J. 47/95, publicada en el Semanario Judicial de la Federación y su Gaceta, en diciembre de 1995, estableció que las formalidades esenciales del procedimiento son las que garantizan una adecuada y oportuna defensa previa al acto privativo y que, de manera genérica, se traducen en los siguientes requisitos:

1) La notificación del inicio del procedimiento y sus consecuencias;

2) La oportunidad de ofrecer y desahogar las pruebas en que se finque la defensa;

3) La oportunidad de alegar; y

4) El dictado de una resolución que dirima las cuestiones debatidas.

Por otra parte, en lo concerniente al artículo 16 constitucional en el que

---

[32] Cruz Morales, Carlos A. "Los artículos 14 y 16 Constitucionales". Página 51. Editorial Porrúa, S.A., México, 1997.

se dispone que:

> *"ARTÍCULO 16. Nadie puede ser molestado en su persona, familia, domicilio, papeles o posesiones, sino en virtud de mandamiento escrito de la autoridad competente, que funde y motive la causa legal del procedimiento."*

Vamos a señalar en principio, que todos los actos de autoridad que se traduzcan en afectación a la esfera jurídica de los administrados, deben constar por escrito.

Asimismo, deberemos preguntarnos:

43. ¿CÓMO SABER SI UNA AUTORIDAD ES COMPETENTE O NO PARA EMITIR UN DETERMINADO ACTO DE MOLESTIA?

A lo que contestaremos que para saber si una autoridad es competente o no para realizar tal o cual acto de molestia a un gobernado, debemos acudir a la Ley Orgánica; Estatuto o Reglamento Interior del órgano de gobierno del que dependa la autoridad emisora, para conocer si ésta existe y si tiene facultad expresa para emitir ese determinado acto; y habiendo constatado lo anterior, habremos de analizar concienzudamente, que el acto de autoridad esté debidamente fundado y motivado.

Sin embargo, antes de analizar la fundamentación y motivación del acto o resolución administrativa-fiscal, debemos recordar que la competencia de las autoridades administrativas es un presupuesto fundamental y básico de la validez de un acto administrativo.

Aunado a ello, debemos recordar que la Segunda Sala de la Suprema Corte de Justicia de la Nación, en la jurisprudencia 2a./J. 115/2005[33], sostuvo que para considerar que se cumple con la garantía de fundamentación establecida en el artículo 16 de la Constitución Federal, es necesario que la autoridad precise exhaustivamente su competencia por razón de materia, grado o territorio, con base en la ley, reglamento, decreto o acuerdo que le otorgue la atribución ejercida, citando en su caso el apartado, fracción, inciso o subinciso; sin embargo, en caso de que el ordenamiento legal no los contenga, si se trata de una norma compleja, habrá de transcribirse la parte correspondiente, con la única finalidad de especificar con claridad, certeza y precisión las facultades que le corresponden, pues considerar lo contrario significaría que el gobernado tiene la carga de averiguar en el cúmulo de normas legales que señale la autoridad en el documento que contiene el acto de molestia, si tiene competencia por grado, materia y territorio para actuar en la forma en que lo hace, dejándolo en estado de indefensión, pues ignoraría cuál de todas las normas legales que integran el texto normativo es la específicamente aplicable a la actuación del órgano del que emana, por razón

---

[33] Semanario Judicial de la Federación y su Gaceta, tomo XXII, septiembre de 2005, página 310.

de materia, grado y territorio.

Ahora bien, la doctrina reconoce que la competencia de las autoridades administrativas se fija siguiendo diversos criterios, pero los más utilizados suelen ser por razón de: materia, grado, territorio y cuantía; los cuales consisten en:

a) **MATERIA:** Atiende a la naturaleza del acto y a las cuestiones jurídicas que constituyen el objeto de aquél, ubicándose dentro del campo de acción de cada órgano, que se distingue de los demás (salud, fiscales, administrativas, ecología, migración, comercio, etcétera).

b) **GRADO:** También llamada funcional o vertical y se refiere a la competencia estructurada piramidalmente, que deriva de la organización jerárquica de la administración pública, en la que las funciones se ordenan por grados y los órganos inferiores no pueden desarrollar materias reservadas a los superiores o viceversa.

c) **TERRITORIO:** Ésta hace alusión a las circunscripciones administrativas. El Estado por la extensión de territorio y complejidad de las funciones que ha de realizar, se encuentra en la necesidad de dividir su actividad entre órganos situados en distintas partes del territorio, cada uno de los cuales tiene un campo de acción limitada localmente; por tanto, dos órganos que tengan idéntica competencia en cuanto a la materia, se pueden distinguir, sin embargo, por razón de territorio.

d) **CUANTÍA:** Referida a la que se delimita atendiendo específicamente al valor del negocio como elemento diferenciador de las facultades entre unas y otras autoridades.

Sobre este particular, se estima conveniente dejar sentado, que **en el Juicio Contencioso Administrativo Federal, no opera la competencia por razón de Grado**, habida cuenta que las resoluciones definitivas que pronuncian las Salas Regionales del Tribunal Federal de Justicia Administrativa, no son revisadas por el Pleno Jurisdiccional, ni por las Secciones del propio Órgano Jurisdiccional, sino que quien conoce de la impugnación que se haga de las mismas, lo es el Poder Judicial Federal, a través de sus Tribunales Colegiados de Circuito.

Continuando con el examen del dispositivo constitucional que nos ocupa, ahora precisaremos:

44. ¿QUÉ ES FUNDAR?

Fundar, es citar los dispositivos legales exactamente aplicables al caso concreto.

45. ¿QUÉ ES MOTIVAR?

Motivar, es señalar con precisión las causas inmediatas, circunstancias especiales, o razones particulares que tomó en cuenta la autoridad para emitir su acto, debiendo existir adecuación entre los motivos aducidos y las normas aplicables; es decir, que en el caso concreto se configure la hipótesis normativa.

Ilustra lo anterior, la siguiente tesis jurisprudencial que a la letra dice:

"FUNDAMENTACIÓN Y MOTIVACIÓN. De acuerdo con el artículo 16 de la Constitución Federal, todo acto de autoridad debe estar adecuada y suficientemente fundado y motivado, entendiéndose por lo primero que ha de expresarse con precisión el precepto legal aplicable al caso y, por lo segundo, que también deben señalarse, con precisión, las circunstancias especiales, razones particulares o causas inmediatas que se hayan tenido en consideración para la emisión del acto; siendo necesario, además, que exista adecuación entre los motivos aducidos y las normas aplicables, es decir, que en el caso concreto se configuren las hipótesis normativas."[34]

Resulta de suma importancia señalar que la fundamentación y motivación de todo acto de autoridad, debe constar en su texto mismo y no así en un documento diferente, como lo ilustra la siguiente tesis jurisprudencial:

*"ACTO RECLAMADO, FUNDAMENTACIÓN Y MOTIVACIÓN DEL. No basta que en el documento señalado como acto reclamado, la autoridad hacendaria responsable alegue que citó preceptos relativos a su competencia para que cumpla con el requisito constitucional de fundamentación a su acto, sino que es necesario, además, que dicho documento contenga la expresión del precepto legal aplicable al caso que sirva de apoyo al mandamiento reclamado, cuyo presupuesto normativo revele que la conducta del gobernado encuadra en el mismo y, por ende, que se encuentra obligado al pago de la multa impugnada; igualmente, si de los propios argumentos de inconformidad se advierte que por cuanto hace a la motivación del acto reclamado, la autoridad hacendaria se remite a lo que ya había expuesto como argumento de esa motivación, en diverso oficio en el que también había negado al quejoso la condonación de multa solicitada, **ello es insuficiente para que su mandamiento reúna el requisito de motivación del artículo 16 constitucional, toda vez que éste debe constar en el cuerpo mismo del documento constitutivo del acto de molestia y no en diverso."[35]***

---

[34] Tesis consultable en el Semanario Judicial de la Federación, Volumen 97-102, Tercera Parte. Página 143.

[35] 21. Tesis consultable en el Semanario Judicial de la Federación, correspondiente al mes de junio de 1994. Página 83.

De igual manera es conveniente tener presente que la fundamentación y motivación de un acto de autoridad podrá constar en un documento diferente al acto de autoridad impugnado, sólo en el caso en que ese documento sea oportunamente notificado al administrado, como así nos lo dejan ver las siguientes tesis jurisprudenciales:

> *"FUNDAMENTACIÓN Y MOTIVACIÓN. CUANDO PUEDE CONSTAR EN DOCUMENTO DISTINTO AL QUE CONTENGA EL ACTO RECLAMADO. Una excepción a la regla de que la fundamentación y motivación debe constar en el cuerpo de la resolución y no en documento distinto, se da cuando se trata de actuaciones o resoluciones vinculadas, pues, en ese supuesto, no es requisito indispensable que el acto de molestia reproduzca literalmente la que le da origen, sino que basta con que se haga remisión a ella, con tal de que se tenga la absoluta certeza de que tal actuación o resolución fue conocida oportunamente por el afectado, pues igual se cumple el propósito tutelar de la garantía de legalidad reproduciendo literalmente el documento en el que se apoya la resolución derivada de él, como, simplemente, indicándole al interesado esa vinculación, ya que, en uno y en otro caso, las posibilidades de defensa son las mismas."*[36]

> *"FUNDAMENTACIÓN Y MOTIVACIÓN. PUEDE DARSE EN DOCUMENTOS ANEXOS, SIEMPRE Y CUANDO SE NOTIFIQUEN AL CAUSANTE. Toda resolución puede fundarse y motivarse en documentos anexos a la misma, en los que se detallen las razones, fundamentos y motivos por los que procedió la afectación, siempre y cuando esos documentos se notifiquen debidamente al causante, cumpliéndose así con los requisitos señalados en el artículo 16 Constitucional."*[37]

Una vez que sabemos:

• Qué es una autoridad;

• Qué es un acto de autoridad;

• Cuáles son los elementos del acto de autoridad; y

• Que todo acto de autoridad debe estar debidamente fundado y motivado.

Resulta importante presentarnos ahora la siguiente reflexión, **¿la contestación que recae a la demanda es un acto de autoridad?, y en esa medida, para el caso de que así sea, ¿es correcto que se exija que la**

---

[36] Tesis consultable en el Semanario Judicial de la Federación, correspondiente al mes de enero de 1994. Página 57.

[37] Tesis consultable en la revista editada por el Tribunal Fiscal de la Federación, correspondiente a la Segunda Época. Año IV. Número 24. Diciembre de 1981. Página 740

misma esté fundada y motivada?

46. NATURALEZA JURÍDICA DE LA CONTESTACIÓN DE LA DEMANDA, ¿ES UN ACTO DE AUTORIDAD?

A lo que vamos a contestar, que si **bien la contestación que recae a una demanda, proviene de una autoridad, dado que la formula la unidad administrativa encargada de la defensa jurídica de quien emitió la resolución impugnada, debemos precisar que no se trata de un acto de autoridad** *per se,* **dado que no reúne las características de un acto de autoridad sustantivo como lo es el del que se ha venido hablando, por no reunir las características propias de éste, como lo son**:

- •La Unilateralidad;

- •La Imperatividad; y,

- •La Coercitividad.

Llegándose a la conclusión de que tan sólo se trata de un acto meramente procesal, que dentro del juicio contencioso administrativo federal la autoridad demandada está obligada a producir, razón por la que dicha contestación no tiene porqué fundarse ni motivarse.

Ilustra lo anterior, el siguiente precedente que a la letra dice:

"CONTESTACIÓN DE DEMANDA, CONSTITUYE UN ACTO PROCESAL Y NO UN ACTO UNILATERAL DE LA AUTORIDAD. De acuerdo con las definiciones doctrinales (Ignacio Burgoa Orihuela, "Diccionario de Derecho Constitucional, Garantías y Amparo", Ed. Porrúa, Cuarta Edición; México 1996, págs. 16 y 17 y Andrés Serra Rojas, "Derecho Administrativo", Primer Curso, Ed. Porrúa, vigésima Edición corregida y aumentada; México 1999, pág. 238) y tesis sustentadas por el Poder Judicial de la Federación, el acto de autoridad se caracteriza por su unilateralidad, imperatividad y coercitividad, es decir, la emisión del acto se emite por voluntad del órgano estatal sin necesidad del consentimiento del particular, goza de imperio y puede imponerse aun mediante la fuerza pública al particular a quien va dirigida; características que también se contienen en el acto administrativo, es decir, en los actos de las autoridades administrativas. Sin embargo, la contestación de la demanda no reúne los anteriores elementos y, por tanto, no puede ser considerado como acto de autoridad, sino como un acto procesal en tanto que su emisión no obedece a la expresión unilateral de voluntad del órgano público, sino al emplazamiento formulado por el Tribunal Fiscal de la Federación, teniendo además como característica dicha actuación el estar regulada por los artículos 3 y 4 del Código Federal de Procedimientos Civiles, de aplicación supletoria, que establecen, el primero, que debe observarse la norma tutelar de la igualdad de las partes dentro del proceso y, el segundo, que las instituciones, servicios y dependencias de la

Administración Pública Federal tienen la misma situación que otra parte cualquiera. Además, la contestación de la demanda, como acto procesal, carece de las características de imperatividad o ejecutividad y coercitividad, pues es el caso que una vez efectuado el emplazamiento, la autoridad cuenta con un plazo de cuarenta y cinco días para contestar la demanda de conformidad con el artículo 212 del Código Fiscal de la Federación y en caso de omisión se tendrán por ciertos los hechos que el actor impute a la autoridad demandada de manera precisa. Con base a lo anterior, deberá considerarse infundado el agravio que se haga valer mediante el recurso de reclamación bajo el argumento de que el oficio contestatorio de la demanda no cumple con los requisitos de debida fundamentación y motivación en términos de los artículos 14 y 16 de la Constitución Política de los Estados Unidos Mexicanos."[38]

47. ¿CUÁNDO NACE A LA VIDA JURÍDICA UN ACTO DE AUTORIDAD?

El acto de autoridad nace a la vida jurídica, cuando se notifica.

48. ¿CUÁNDO SURTE EFECTOS UNA NOTIFICACIÓN?

Esta interrogante la vamos a contestar atendiendo a las materias que nos ocupan, como son:

•La fiscal; y

•La administrativa.

Y dado que en ellas, el surtimiento de efectos no es igual, empezaremos por señalar, que de conformidad con lo dispuesto por el artículo 135 del Código Fiscal de la Federación, **la notificación de un acto de autoridad en materia fiscal surte efectos a partir del día hábil siguiente a aquél en que se realiza**, de donde el término para interponer el recurso de revocación en él previsto, o bien para instaurar el juicio contencioso administrativo federal, dada la optatividad en cuanto al agotamiento de dicho recurso, empezará a correr al día hábil siguiente a dicho surtimiento.

Ahora bien, **en materia administrativa, tenemos que de conformidad con lo dispuesto por el artículo 38, de la Ley Federal de Procedimiento Administrativo, las notificaciones surten sus efectos el mismo día en que se realizan**, de donde el término para interponer el recurso de revisión en ella previsto, o bien, para instaurar el juicio contencioso administrativo federal, dada la optatividad en cuanto al agotamiento de dicho recurso, empezará a correr a partir del día hábil siguiente al mencionado surtimiento.

---

[38] Tesis consultable en la revista editada por el Tribunal Fiscal de la Federación, correspondiente a la Quinta Época. Año I. Número 5. Mayo de 2001. Página 151.

49. FORMULACIÓN DE CÓMPUTOS

Ahora, es momento de conocer cómo es que se formulan los cómputos en las materias que nos ocupan y para ello nos auxiliaremos de un calendario correspondiente al año "2024" en el que ya se encuentran perfectamente señalizados los días inhábiles para efectos de las actuaciones del Tribunal Federal de Justicia Administrativa:

En esta parte, cabe comentar que el Servicio de Administración Tributaria, ha tratado de unificar sus periodos vacacionales, tanto con el Poder Judicial de la Federación, como con el Tribunal Federal de Justicia Administrativa, para no generar confusión en los contribuyentes, por lo que hace a la formulación de los cómputos, **razón por la que sólo de manera hipotética, en este ejercicio que vamos a realizar, consideraremos que los períodos vacacionales del Servicio de Administración Tributaria, no están unificados con los de los Órganos Jurisdiccionales ya mencionados**.

2024

ENERO						
Domingo	Lunes	Martes	Miércoles	Jueves	Viernes	Sábado
	1	2	3	4	5	6
7	8	9	10	11	12	13
14	15	16	17	18	19	20
21	22	23	24	25	26	27
28	29	30	31			

FEBRERO						
Domingo	Lunes	Martes	Miércoles	Jueves	Viernes	Sábado
				1	2	3
4	5	6	7	8	9	10
11	12	13	14	15	16	17
18	19	20	21	22	23	24
25	26	27	28	29		

MARZO						
Domingo	Lunes	Martes	Miércoles	Jueves	Viernes	Sábado
					1	2
3	4	5	6	7	8	9
10	11	12	13	14	15	16
17	18	19	20	21	22	23
24	25	26	27	28	29	30
31						

ABRIL						
Domingo	Lunes	Martes	Miércoles	Jueves	Viernes	Sábado
	1	2	3	4	5	6
7	8	9	10	11	12	13
14	15	16	17	18	19	20
21	22	23	24	25	26	27
28	29	30				

MAYO						
Domingo	Lunes	Martes	Miércoles	Jueves	Viernes	Sábado
			1	2	3	4
5	6	7	8	9	10	11
12	13	14	15	16	17	18
19	20	21	22	23	24	25
26	27	28	29	30	31	

JUNIO						
Domingo	Lunes	Martes	Miércoles	Jueves	Viernes	Sábado
						1
2	3	4	5	6	7	8
9	10	11	12	13	14	15
16	17	18	19	20	21	22
23	24	25	26	27	28	29
30						

JULIO						
Domingo	Lunes	Martes	Miércoles	Jueves	Viernes	Sábado
	1	2	3	4	5	6
7	8	9	10	11	12	13
14	15	16	17	18	19	20
21	22	23	24	25	26	27
28	29	30	31			

AGOSTO						
Domingo	Lunes	Martes	Miércoles	Jueves	Viernes	Sábado
				1	2	3
4	5	6	7	8	9	10
11	12	13	14	15	16	17
18	19	20	21	22	23	24
25	26	27	28	29	30	31

SEPTIEMBRE						
Domingo	Lunes	Martes	Miércoles	Jueves	Viernes	Sábado
1	2	3	4	5	6	7
8	9	10	11	12	13	14
15	16	17	18	19	20	21
22	23	24	25	26	27	28
29	30					

OCTUBRE						
Domingo	Lunes	Martes	Miércoles	Jueves	Viernes	Sábado
		1	2	3	4	5
6	7	8	9	10	11	12
13	14	15	16	17	18	19
20	21	22	23	24	25	26
27	28	29	30	31		

NOVIEMBRE						
Domingo	Lunes	Martes	Miércoles	Jueves	Viernes	Sábado
					1	2
3	4	5	6	7	8	9
10	11	12	13	14	15	16
17	18	19	20	21	22	23
24	25	26	27	28	29	30

DICIEMBRE						
Domingo	Lunes	Martes	Miércoles	Jueves	Viernes	Sábado
1	2	3	4	5	6	7
8	9	10	11	12	13	14
15	16	17	18	19	20	21
22	23	24	25	26	27	28
29	30	31				

Así las cosas, en materia fiscal, tenemos que con fecha 12 de julio de 2024, se nos ha notificado un oficio por el que se determina nuestra situación fiscal en materia del Impuesto sobre la Renta, por el ejercicio comprendido del primero de enero al treinta y uno de diciembre de dos mil veinte, liquidándose un crédito por la cantidad de $500,000.00, y como resulta ser que no estamos dispuestos a pagarlo, nos disponemos a instaurar juicio contencioso administrativo federal, ante el Tribunal Federal de Justicia Administrativa, para lo cual tenemos un término de treinta días hábiles, ya sea que se trate del Juicio Ordinario o Tradicional, del Juicio en Línea, o bien del Juicio Sumario, resultando aquí pertinente recomendar a ustedes amigos lectores, consulten la Ley Federal de Procedimiento Contencioso Administrativo [39], para advertir las hipótesis de procedencia y características de dichos juicios, pues por virtud de las reformas practicadas en el 2016, al juicio Sumario, la Autoridad demandada solamente cuenta con quince días para contestar.

Aplicando los conocimientos hasta ahora adquiridos, y partiendo de la premisa de que el Servicio de Administración Tributaria (SAT), sí trabajó los días 15, 16 y 17 del citado mes de julio, dado que su período de vacaciones inició el 18 del propio mes, razonaremos de la siguiente manera:

Si la notificación se practicó el 12 de julio de 2024, la misma surtió sus efectos el día hábil siguiente, que para el caso que nos ocupa lo será el día 15 de julio citado, dado que no obstante que en nuestro calendario aparece como inhábil porque el personal del Tribunal Federal de Justicia Administrativa, se encuentra disfrutando del primer período de vacaciones de dicho año, resulta que para el surtimiento de efectos de la notificación relativa, debemos atender al quehacer cotidiano de la autoridad administrativa que nos notificó, la que como ya se denotó en el párrafo inmediato precedente, sí laboró ese día, conscientes de que los treinta días hábiles referidos deben serlo para el quehacer normal del mencionado Tribunal, lo que se cumple si vislumbramos el asunto de la manera siguiente:

La notificación de referencia se efectuó el 12 del mencionado mes de julio, surtió sus efectos el 15 siguiente y el primer día hábil de los treinta con los que contamos para instaurar nuestro juicio, empezará a correr el uno de agosto siguiente.

Como se puede advertir, disponemos de treinta días hábiles para instaurar nuestro medio de defensa, lo que se ilustra con la siguiente tesis cuyos datos de localización, rubro y contenido son los siguientes:

"NOTIFICACIÓN DE ACTOS ADMINISTRATIVOS. MOMENTO EN QUE SURTEN SUS EFECTOS PARA EL CÓMPUTO DEL PLAZO DE PRESENTACIÓN DE LA DEMANDA DE NULIDAD. La suspensión de labores en los días que así lo acuerde el Pleno de la Sala Superior del ahora Tribunal Federal de Justicia Fiscal y Administrativa, sólo incide

---

[39] Decreto por el que se reforman, adicionan y derogan diversas disposiciones de la Ley Federal de Procedimiento Contencioso Administrativo, publicado en el Diario Oficial de la Federación el 13 de junio de 2016.

respecto del cómputo de los términos que deben observarse durante la tramitación del procedimiento contencioso administrativo, pero dicha suspensión de ninguna manera puede hacerse extensiva a las actuaciones propias de las autoridades administrativas, ni mucho menos a los actos que aquéllas emitan en ejercicio de las facultades que les son propias. Por consiguiente, es intrascendente que exista un acuerdo administrativo que establezca como inhábiles determinados días, pues tales días sólo serán inhábiles para las actuaciones del Tribunal Fiscal, pero no así para los términos que estén corriendo a las partes a las que les surte efectos una notificación por encontrarse laborando las autoridades administrativas. Lo anterior es así, ya que el artículo 12 del Código Fiscal de la Federación contempla con claridad cuáles son los días inhábiles a que se deben sujetar estas últimas autoridades al emitir los actos que les son propios y notificarlos, así como la forma en que se debe efectuar el cómputo de los plazos fijados para esas notificaciones; de tal manera que si el artículo 135 del Código citado dispone, en lo conducente, que: "Las notificaciones surtirán sus efectos el día hábil siguiente a aquél en que fueron hechas...", resulta entonces que para hacer el cómputo respectivo no debe atenderse a otras reglas que aquellas que establece el artículo 12, en relación con el 135, del Código invocado."[40]

En otro orden, en lo concerniente a la materia administrativa, apoyándonos en el mismo ejemplo, tenemos que con fecha 12 de julio de 2024, se nos ha notificado un oficio por el que se nos impone una multa por parte de la Procuraduría Federal del Consumidor, en cantidad de $500,000.00, y como resulta ser que no estamos dispuestos a pagarla, nos disponemos a defendernos, para lo cual podremos a nuestra elección, interponer el Recurso de Revisión que contempla el artículo 83 de la Ley Federal de Procedimiento Administrativo, para lo cual tendremos quince días hábiles, contados a partir del día hábil siguiente a aquel en que surtió efectos la notificación correspondiente o bien, dada su optatividad en cuanto a su agotamiento, acudir directamente al juicio contencioso administrativo federal, ante el Tribunal Federal de Justicia Administrativa, para lo cual tendremos un término de treinta días, contados a partir del día hábil siguiente a aquél en que surtió efectos la notificación correspondiente, sin olvidar que en materia administrativa, las notificaciones surten efectos el mismo día en que se realizan y en materia fiscal, las notificaciones surten efectos el día hábil siguiente a aquél en que fueron hechas. Aquí es pertinente aconsejar a nuestros queridos lectores que estén pendientes de la publicación que hacen las autoridades administrativas respecto de los días que serán inhábiles para ellas y que se publican en el Diario Oficial de la Federación.

Aplicando los conocimientos hasta ahora adquiridos, razonaremos de la siguiente manera:

---

[40] Tesis consultable en el Semanario Judicial de la Federación, correspondiente al mes de Febrero de 2002. Página 879.

Si la notificación se practicó el 12 de julio de 2024, la misma surtió sus efectos el mismo día, que para el caso que nos ocupa lo será el día 12 de julio citado, y como a partir del 15 del mismo mes, el personal del Tribunal Federal de Justicia Administrativa, se encuentra disfrutando del primer período de vacaciones de dicho año, resulta que el plazo de treinta días con que contamos para instaurar el juicio correspondiente, empezará a correr el uno de agosto siguiente.

Como se puede advertir, disponemos de treinta días hábiles, para instaurar nuestro medio de defensa.

50. ¿CÓMO SE CONFIGURA UNA RESOLUCIÓN NEGATIVA FICTA?

En otro orden de ideas, ahora es conveniente establecer **cómo se configura una resolución negativa ficta**, distinguiéndola de lo que es el **derecho de petición** y así, tenemos que, de antaño existió una vieja figura de derecho administrativo, denominada ***silencio administrativo***, que se traducía en que ante la presentación de una instancia o petición de un administrado, ante una autoridad, ésta tenía la obligación de contestar en breve término, habiéndose considerado que por breve término se entendería un año para obtener una respuesta y al haberse considerado que dicho término era una eminente exageración, se hicieron diversos estudios con la tendencia de acabar con esa vieja figura del silencio administrativo, evolucionándola hasta llegar no sólo a obligar a la autoridad a contestar en un plazo de tres meses, sino a justificar; esto es, a dar a conocer al gobernado los hechos y los fundamentos de derecho en los que descansaba la negativa, habiéndose dado con ello lugar a la creación y consagración en ley, de la institución jurídica denominada negativa ficta, misma que en la actualidad está regulada en el artículo 37 del Código Fiscal de la Federación.

Como se puede advertir, de la lectura que se haga a dicho numeral, resulta que en nuestros días, las autoridades fiscales están obligadas a resolver, en el plazo de tres meses, las instancias o peticiones que ante ellas se formulen, aconteciendo que transcurrido dicho plazo sin que se notifique la resolución correspondiente, el interesado podrá considerar que la autoridad le resolvió de manera negativa e interponer los medios de defensa procedentes, en cualquier tiempo posterior a dicho plazo, mientras no se dicte la resolución, o bien, esperar a que la misma se dicte, resultando pertinente invocar el siguiente precedente que a la letra dice:

*"**NEGATIVA FICTA. SE CONFIGURA SI LA AUTORIDAD NO NOTIFICA AL PROMOVENTE CON ANTERIORIDAD A LA PRESENTACION DE LA DEMANDA, LA RESOLUCION EXPRESA.** De conformidad con lo dispuesto por el artículo 92 del Código Fiscal de la Federación, la negativa ficta se configura cuando las instancias o peticiones que se formulen a las autoridades administrativas no sean resueltas en el término que la ley fija o, a falta de término establecido, en noventa días. De este precepto se deduce que aun cuando la autoridad haya emitido resolución sobre el recurso interpuesto por el*

particular, si dicha resolución no es notificada antes de que se promueva el juicio respectivo, se configura la negativa ficta en virtud de que esa resolución no fue conocida por el particular y, por lo tanto, no puede tenerse como resuelta la instancia o petición de acuerdo con el precepto citado."[41]

De trascendental importancia resulta denotar, que en Derecho Aduanero, específicamente en tratándose de la emisión de resoluciones en materia de Clasificación Arancelaria de mercancías, las autoridades aduaneras las deberán dictar en un plazo que por ningún motivo excederá de tres meses, contados a partir de la fecha de la recepción de la mercancía correspondiente.

De igual manera, resulta pertinente señalar, que en los artículos 22 y 24 de la Ley de Aguas Nacionales, también se contempla la institución jurídica que nos ocupa.

51. ¿CÓMO SE CONFIGURA UNA RESOLUCIÓN CONFIRMATIVA FICTA (PRESUNTA CONFIRMACIÓN DEL ACTO IMPUGNADO?

La confirmativa ficta se actualiza, cuando transcurrido el plazo de tres meses que la ley concede a la autoridad fiscal o administrativa para resolver los recursos administrativos interpuestos por un particular, aquélla no lo hace y por disposición de la propia ley, se entiende que ha emitido resolución en sentido adverso a los intereses del solicitante, ello en cuanto al fondo de lo planteado en el recurso.

Esto es, el silencio de la autoridad respecto a un recurso administrativo interpuesto por el particular, debe entenderse como una confirmación del acto recurrido, generándose así el derecho del interesado para impugnar la resolución confirmativa, mediante el juicio contencioso administrativo federal.

Ejemplos de confirmativa ficta:

Ley Federal de Procedimiento Administrativo

"Artículo 17.- Salvo que en otra disposición legal o administrativa de carácter general se establezca otro plazo, no podrá exceder de tres meses el tiempo para que la dependencia u organismo descentralizado resuelva lo que corresponda...

En el caso de que se recurra la negativa por falta de resolución, y ésta a su vez no se resuelva dentro del mismo término, se entenderá confirmada en sentido negativo."

"Artículo 94.- El recurrente podrá esperar la resolución expresa o

---

[41]. Tesis consultable en la revista editada por el Tribunal Fiscal de la Federación, correspondiente a la Segunda Época. Año IV. Número 28. Abril de 1982. Página 375.

impugnar en cualquier tiempo la presunta confirmación del acto impugnado."

Código Fiscal de la Federación

*"**Artículo 131.-** La autoridad deberá dictar resolución y notificarla en un término que no excederá de tres meses contados a partir de la fecha de interposición del recurso. El silencio de la autoridad significará que se ha confirmado el acto impugnado.*

El recurrente podrá decidir esperar la resolución expresa o impugnar en cualquier tiempo la presunta confirmación del acto impugnado."

52. ¿CÓMO SE CONFIGURA UNA RESOLUCIÓN POSITIVA FICTA?

Esta Institución Jurídica se configura, cuando habiéndose presentado una instancia o petición ante una autoridad fiscal o administrativa, la misma no sea resuelta dentro del plazo previsto por la ley o reglamento de que se trate, debiéndose entender ante dicho silencio, que lo solicitado ha sido aprobado en los términos peticionados.

Un ejemplo de esta figura jurídica lo encontramos en el artículo 69-B, párrafo tercero, del Código Fiscal de la Federación, donde expresamente se contempla lo siguiente:

*"Los contribuyentes podrán solicitar a través del buzón tributario, por única ocasión, una prórroga de cinco días al plazo previsto en el párrafo anterior, para aportar la documentación e información respectiva, siempre y cuando la solicitud de prórroga se efectúe dentro de dicho plazo. **La prórroga solicitada en estos términos se entenderá concedida sin necesidad de que exista pronunciamiento por parte de la autoridad y se comenzará a computar a partir del día siguiente al del vencimiento del plazo previsto en el párrafo anterior."***

(Énfasis añadido)

Otro ejemplo de esta figura jurídica, lo encontramos en el artículo 73, párrafo tercero, del Reglamento de la Ley Aduanera, donde textualmente se expresa lo siguiente:

"Transcurrido el plazo de un mes sin que la Autoridad Aduanera emita el dictamen técnico correspondiente, se tendrá por inscrita la Mercancía en el registro por lo que el solicitante podrá considerar que la clasificación arancelaria de su Mercancía es la correcta."

De igual manera, otro caso de Positiva Ficta, lo encontramos en el artículo 47 de la Ley de Caminos y Puentes de Autotransporte Federal, en el que en materia de permisos otorgados por la Secretaría de Infraestructura, Comunicaciones y Transportes, para prestar el servicio de autotransporte de pasajeros de y hacia los puertos marítimos y aeropuertos federales, contempla que la Secretaría recabará previamente la opinión de quien tenga a su cargo la administración portuaria, o del Aeropuerto de que se trate, opinión que deberá emitirse en un plazo no mayor de 30 días naturales, contado a partir de la fecha de recepción de la solicitud; en caso contrario, se entenderá que no tiene observaciones.

Asimismo, en el artículo 179 del Reglamento de la Ley del Seguro Social, en materia de Afiliación, Clasificación de Empresas, Recaudación y Fiscalización, se contempla la Positiva Ficta en comento.

Termino este punto señalando que, en materia de la Suspensión, en el artículo 87, último párrafo de la Ley Federal de Procedimiento Administrativo, de igual manera se regula la Positiva Ficta de trato.

53. ¿QUÉ ES EL DERECHO DE PETICIÓN?

De igual relevancia resulta puntualizar **qué es el derecho de petición**, para no confundirlo con la institución jurídica denominada resolución negativa ficta, referida con anterioridad.

Así las cosas, tenemos que el artículo 8o., de la Constitución Política de los Estados Unidos Mexicanos, dispone lo siguiente:

*"**Artículo 8o.** Los funcionarios y empleados públicos respetarán el ejercicio del derecho de petición, siempre que ésta se formule por escrito, de manera pacífica y respetuosa; pero en materia política sólo podrán hacer uso de ese derecho los ciudadanos de la República.*

A toda petición deberá recaer un acuerdo escrito de la autoridad a quien se haya dirigido, la cual tiene obligación de hacerlo conocer en breve término al peticionario."

Como podemos advertir, en este dispositivo se sigue utilizando la expresión breve término, sin aclarar cuantos días, semanas, o meses, conforman ese breve término, por lo que se hizo necesario que el Poder Judicial Federal hiciera pronunciamiento al respecto, para puntualizar que *breve término*, serán cuatro meses.

Se ilustra lo anterior, con el precedente que enseguida se transcribe:

"PETICIÓN. DERECHO DE. CONCEPTO DE BREVE TÉRMINO. La expresión "breve término", a que se refiere el artículo 8o. constitucional, que ordena que a cada petición debe recaer el acuerdo correspondiente, es aquél en que individualizado al caso concreto, sea el necesario para que la autoridad estudie y acuerde la petición respectiva sin que, desde luego, en ningún caso exceda de cuatro meses."[42]

---

[42]. Tesis consultable en el Semanario Judicial de la Federación, correspondiente al mes de

Una vez analizado el texto del artículo 8o. Constitucional, ahora procedan ustedes amables lectores a dar cuidadosa lectura al artículo 3, de la Ley Orgánica del Tribunal Federal de Justicia Administrativa, para tomar conocimiento de las hipótesis competenciales por materia en él reguladas.

Sentado lo anterior, en aras de no confundir el derecho de petición, con la resolución negativa ficta, se estima conveniente dejar sentada la siguiente regla:

Si el tema sobre el que verse la instancia o petición presentada ante una autoridad fiscal, versa sobre alguna de las hipótesis competenciales establecidas en el artículo 3 de la Ley Orgánica del Tribunal Federal de Justicia Administrativa, el silencio de la autoridad en los términos ya precisados; esto es, durante el plazo de tres meses, configurará una resolución negativa ficta.

Por el contrario, si la instancia o petición formulada ante una autoridad fiscal no versa sobre alguna de las cuestiones reguladas por el artículo 3 con anterioridad invocado, estaremos en presencia del derecho de petición contemplado en el artículo 8o. Constitucional.

Lo anterior se ilustra con el siguiente precedente:

"NEGATIVA FICTA Y DERECHO DE PETICIÓN. SU DIFERENCIA EN LAS SENTENCIAS DICTADAS POR EL TRIBUNAL FISCAL DE LA FEDERACIÓN. No toda petición o solicitud que se eleve a una autoridad fiscal y que ésta no conteste transcurrido el término de cuatro meses, constituye una negativa ficta, sino lo único que provocaría es que se viole en perjuicio del contribuyente que elevó tal petición o solicitud, el derecho de petición consagrado en el artículo 8o. constitucional, el cual es una institución diferente a la negativa ficta que establece el artículo 37 del Código Fiscal de la Federación. La omisión en que incurra la autoridad fiscal al no dar respuesta de manera expresa dentro del plazo de cuatro meses, a la instancia, recurso, consulta o petición que el particular le hubiese elevado, para que pueda configurar la negativa ficta, es necesario que se refiera y encuadre en alguno de los supuestos que establece el artículo 23 de la Ley Orgánica del Tribunal Fiscal de la Federación; esto es, la negativa ficta únicamente se configura respecto de las resoluciones que deba emitir la autoridad administrativa fiscal con motivo de la interposición de los recursos en los que se impugnasen cuestiones de su conocimiento o acerca de peticiones que se le formulen respecto de las resoluciones que hubiese formulado y que omita resolver o contestar dentro del plazo de cuatro meses. En cambio, el escrito petitorio que no guarde relación con alguna de las hipótesis del invocado artículo 23, aun cuando la autoridad demandada omita darle respuesta después de cuatro meses, en modo alguno constituye la resolución

negativa ficta, sino que provoca que se infrinja el derecho de petición, cuyo conocimiento es competencia exclusiva de los tribunales del Poder Judicial de la Federación."[43]

54. NORMAS SUSTANTIVAS Y NORMAS ADJETIVAS

Por Normas Sustantivas, vamos a entender, aquellas que se refieran a derechos y obligaciones; y

Por Normas Adjetivas, aquellas que se refieran a la forma, rito, pasos, o camino a seguir para obtener un resultado.

55. ¿QUÉ ES LA ECONOMÍA SUBTERRÁNEA O ECONOMÍA INFORMAL?

Por Economía Subterránea o Economía Informal, vamos a entender a todas aquellas personas que no contribuyen, verbigracia los agentes vendedores ambulantes.

56. ¿QUÉ ES EL REGISTRO FEDERAL DE CONTRIBUYENTES?

Por Registro Federal de Contribuyentes, vamos a entender, a ese gran padrón controlado por la Secretaría de Hacienda y Crédito Público, a través del Servicio de Administración Tributaria, donde están inscritas todas las personas que contribuyen; esto es, que sí pagan impuestos.

57. TIPOS DE DOMICILIO: CONVENCIONAL Y FISCAL

Por **domicilio convencional**, vamos a entender aquel que señalen las partes para oír y recibir notificaciones y que podrá encontrarse en cualquier parte del territorio nacional, salvo que dicho domicilio se encuentre dentro de la jurisdicción de la sala competente del Tribunal Federal de Justicia Administrativa, en cuyo caso el señalado para tal efecto deberá estar ubicado dentro de la circunscripción territorial de la Sala, (artículo 2, fracción XIV, de la Ley Federal de los Derechos del Contribuyente, **lo que es muy diferente al domicilio fiscal regulado por el artículo 10 del Código Fiscal de la Federación**).

58. DISPOSITIVOS LEGALES DEL CÓDIGO FISCAL DE LA FEDERACIÓN DE MAYOR CONSULTA POR PARTE DE LOS PROFESIONISTAS QUE EJERCEN LA MATERIA FISCAL

En estrecha relación con las consideraciones que vertimos al abordar el

---

[43] Tesis consultable en el Semanario Judicial de la Federación, correspondiente al mes de marzo de 1996, página 975

Dicha tesis es perfectamente válida en la actualidad, sólo que con las siguientes precisiones, como son, a saber, que donde habla del término de cuatro meses, se debe entender que son tres meses y que donde habla del artículo 23 de la ley Orgánica del Tribunal Fiscal de la Federación, se debe entender que se refiere al artículo 3 de la Ley Orgánica del Tribunal Federal de Justicia Administrativa.

estudio del artículo 31, fracción IV, de la Ley Suprema de la Unión, por regla general es en el artículo 1, de las distintas leyes fiscales federales donde, se establece quienes son los sujetos a los que se les aplicarán las mismas, resultando relevante denotar, que tal y como se advirtió al inicio de esta obra, en dichos cuerpos legislativos no se hace referencia a las obligaciones que corren a cargo de los mexicanos, sino que, como leyes secundarias que son, aluden **a las obligaciones que corren a cargo de las personas físicas y personas morales** que están obligadas a contribuir.

59. ELEMENTOS CONSTITUTIVOS DE TODA CONTRIBUCIÓN

Llegado este punto, en el que retomamos el mandato relativo a que, es obligación de las personas físicas y morales, contribuir al gasto público, provechoso resulta señalar que, para el autor, **los elementos de toda contribución** son los siguientes:

A) elementos cualitativos: 1. Objeto, 2. Hecho imponible, 3. Sujetos pasivos;

B) elementos cuantitativos: 1. Base, 2. Tasa o tarifa, 3. Cuota a pagar; y,

C) elemento temporal: 1. Época de pago.

Sin embargo, no se quiere perder de vista que para Sánchez Gómez, los elementos de las contribuciones son los siguientes:

"a) *El sujeto activo, es el acreedor de la obligación contributiva, el que tiene la obligación y la facultad de exigir el pago del tributo…*

b) *Sujeto pasivo, es la persona física y moral, mexicana o extranjera, que de acuerdo con la ley está obligada a pagar contribución cuando su situación jurídica concuerde con la hipótesis legal conducente a ese deber…*

c) *El objeto de las contribuciones, es la materia, actividad, o acto sobre la cual recae esa obligación, esto es, se trata de los hechos, operaciones, ingresos o riqueza generadora del tributo…*

d) *Base de la Contribución, que también se le llama en algunos casos unidad fiscal, es la cuantía de rentas, la cosa o el valor asignado a una riqueza sobre la cual se determina el tributo a cargo del sujeto pasivo o del responsable solidario, como puede ser: el monto de la renta percibida, el valor de una porción hereditaria, el número de litros producidos de alguna sustancia, las utilidades obtenidas conforme a la ley, el valor de los bienes muebles o inmuebles gravados, el porcentaje de kilogramos de insumos, artículos o bienes elaborados. Y ello debe corroborarse con los registros contables, notas de venta, facturas, avalúos practicados, con el valor comercial de los bienes, servicios o* *actos gravados. Si se trata del cobro de derechos la base puede ser el precio de los servicios prestados a los particulares, el valor de los bienes del dominio del Estado que sean la causa de los mismos o el costo del financiamiento de obras y servicios públicos si se trata de aportaciones de mejoras o de seguridad social.*

e) La cuota o tarifa de las contribuciones, es la unidad o medida de donde se parte para cobrar el tributo, llamado también tipo de gravamen cuando se expresa en un tanto por ciento, un tanto al millar, por salario mínimo general, una cantidad de dinero en concreto y que puede darse mediante las listas específicas o unidades para determinar el monto de la contribución partiendo de su base, la cual puede ser variable, diversificada, progresiva, fija, de derrama, en todos los casos debe buscarse el respeto a las garantías constitucionales de equidad y proporcionalidad.

f) El padrón o registro tributario, es la reunión de los datos oficiales que le sirven al fisco para determinar y controlar las obligaciones fiscales a cargo del sujeto pasivo y de los responsables solidarios, así como para concretizar el monto de la contribución generada en un período determinado…

g) Las exenciones de las contribuciones, se refieren a los casos que están liberados de la obligación tributaria las personas físicas y morales, por razones económicas, sociales, políticas y jurídicas, sobre todo para proteger su economía…

h) La forma y el período de pago. Para el primer supuesto es fundamental señalar que las contribuciones pueden pagarse en dinero o en especie siguiendo la legislación aplicable para cada caso y según el país de que se trate. El período de pago, es variable y diversificado, ya que no hay uniformidad para todas las contribuciones en estudio, por lo tanto es recomendable que los sujetos pasivos consulten cuidadosamente los ordenamientos legales observables para la federación, entidades federativas y municipios, para que el pago de los impuestos, derechos, aportaciones de seguridad social o de mejoras se haga en la fecha, plazo o período previsto en la ley respectiva, en tiempo y ante la oficina receptiva..."[44]

Sentadas así las cosas, de trascendental importancia resulta señalar, que dichos elementos necesariamente deberán estar consignados expresamente en la ley que le dé origen a una contribución, para que así no quede margen alguno para la arbitrariedad de las autoridades exactoras, ni para el cobro de impuestos imprevisibles o a título particular, de modo tal que a la autoridad no le quede otra cosa que aplicar las disposiciones generales de observancia obligatoria dictadas con anterioridad al caso concreto de cada

---

[44]. Sánchez Gómez Narciso. "Derecho Fiscal Mexicano". Editorial Porrúa. México. Año 2009. Páginas 249 a 252.

contribuyente y el sujeto pasivo de la relación tributaria pueda en todo momento, conocer la forma cierta de contribuir para los gastos públicos de la Federación, Ciudad de México, Estado o Municipio en que resida.

Este particular se ilustra con la siguiente tesis jurisprudencial:

"IMPUESTOS, ELEMENTOS ESENCIALES DE LOS. DEBEN ESTAR CONSIGNADOS EXPRESAMENTE EN LA LEY. Al disponer el artículo 31 constitucional, en su fracción IV, que son obligaciones de los mexicanos "contribuir para los gastos públicos, así de la Federación como del Estado y Municipio en que residan, de la manera proporcional y equitativa que dispongan las leyes", no sólo establece que para la validez constitucional de un tributo es necesario que, primero, que esté establecido por ley; sea proporcional y equitativo y, tercero, sea destinado al pago de los gastos públicos, sino que también exige que los elementos esenciales del mismo, como pueden ser el sujeto, objeto, base, tasa y época de pago, estén consignados de manera expresa en la ley, para que así no quede margen para la arbitrariedad de las autoridades exactoras, ni para el cobro de impuestos imprevisibles o a título particular, sino que a la autoridad no quede otra cosa que aplicar las disposiciones generales de observancia obligatoria dictadas con anterioridad al caso concreto de cada causante y el sujeto pasivo de la relación tributaria pueda en todo momento conocer la forma cierta de contribuir para los gastos públicos de la Federación, del Estado o Municipio en que resida."[45]

60. CLASIFICACIÓN DE LAS CONTRIBUCIONES

Por su parte, el artículo 2, del propio ordenamiento legal, nos da a conocer **cómo se clasifican las contribuciones**, definiéndolas de la manera siguiente:

"I. Impuestos son las contribuciones establecidas en ley que deben pagar las personas físicas y morales que se encuentran en la situación jurídica o de hecho prevista por la misma y que sean distintas de las señaladas en las fracciones II, III y IV de este artículo.

II. Aportaciones de seguridad social son las contribuciones establecidas en ley a cargo de personas que son sustituidas por el Estado en el cumplimiento de obligaciones fijadas por la ley en materia de seguridad social o a las personas que se beneficien en forma especial por servicios de seguridad social proporcionados por el mismo Estado.

III. Contribuciones de mejoras son las establecidas en Ley a cargo de las personas físicas y morales que se beneficien de manera directa por obras

---

[45] Tesis consultable en el Semanario Judicial de la Federación. Volumen 91-96. Primera Parte, página 172.

públicas.

IV.Derechos son las contribuciones establecidas en Ley por el uso o aprovechamiento de los bienes del dominio público de la Nación, así como por recibir servicios que presta el Estado en sus funciones de derecho público, excepto cuando se presten por organismos descentralizados u órganos desconcentrados cuando, en este último caso, se trate de contraprestaciones que no se encuentren previstas en la Ley Federal de Derechos. También son derechos las contribuciones a cargo de los organismos públicos descentralizados por prestar servicios exclusivos del Estado... "

61. DEFINICIÓN DE APROVECHAMIENTOS

Muy de la mano con la clasificación anterior, tenemos que **el artículo 3, del mismo Código, nos da a saber qué son los aprovechamientos**, consignando, en la parte que interesa, lo siguiente:

"Artículo 3. *Son aprovechamientos los ingresos que percibe el Estado por funciones de derecho público distintos de las contribuciones, de los ingresos derivados de financiamientos y de los que obtengan los organismos descentralizados y las empresas de participación estatal.*

.... *"*

62. DEFINICIÓN LEGAL DE CRÉDITO FISCAL

Por su parte, **el artículo 4 del mismo Código, como ya lo anticipamos al inicio de esta obra, nos define a los créditos fiscales, obsequiándonos el siguiente texto**:

"Artículo 4. *Son créditos fiscales los que tenga derecho a percibir el Estado o sus organismos descentralizados que provengan de contribuciones, de aprovechamientos o de sus accesorios, incluyendo los que deriven de responsabilidades que el Estado tenga derecho a exigir de sus servidores públicos o de los particulares, así como aquellos a los que las leyes les den ese carácter y el Estado tenga derecho a percibir por cuenta ajena."*

63. APLICACIÓN ESTRICTA DE LAS DISPOSICIONES DE DERECHO FISCAL. (NO EXISTE LA SUPLENCIA DE LA DEFICIENCIA EN LA EXPRESIÓN DE AGRAVIOS)

Ahora bien, como **las disposiciones de derecho fiscal son de aplicación estricta**, según lo contempla el artículo 5, del Código en mención, esto es, que en el caso de controversia, la resolución impugnada se debe apreciar tal y como aparezca probada ante la autoridad, amén de que **no existe la suplencia de la deficiencia en la expresión de agravios**, es muy recomendable que al formular agravios en una demanda de nulidad, nos ciñamos al texto de dicho numeral, teniendo además presente que de su texto se desprende que el Código Federal de Procedimientos Civiles es de aplicación supletoria al Código Fiscal de la Federación.

64. ¿CÓMO SE CAUSAN LAS CONTRIBUCIONES?

Ahora bien, en lo que concierne al establecimiento de las normas que se deben aplicar para resolver una situación concreta, es menester denotar que **las disposiciones aplicables serán aquellas que se encontraban vigentes al momento de la causación de la contribución de que se trate**, en el entendido de que les serán aplicables las normas sobre procedimiento que se expidan con posterioridad, como así lo contempla el artículo 6 del Código Fiscal de la Federación que se ha venido invocando.

65. CORRESPONDE A LOS CONTRIBUYENTES LA DETERMINACIÓN DE LAS CONTRIBUCIONES A SU CARGO

Por lo que hace a lo normado en el párrafo tercero de este numeral, resulta digno de comentario que **es a los contribuyentes a quienes nos corresponde declarar nuestra situación fiscal** y sólo para el caso de que la autoridad así lo decida, estará en condiciones de hacer uso de las facultades de comprobación que le concede el artículo 42 del propio Código Fiscal de la Federación.

66. ¿CUÁNDO ENTRA EN VIGOR UNA LEY, REFORMA, ADICIÓN O MODIFICACIÓN?

Dada la importancia que tiene establecer **cuándo entra en vigor una ley o bien, una reforma, adición o modificación** a ella practicada, resulta conveniente recordar que, en términos del artículo 7 del Código en cita, las leyes fiscales, sus reglamentos y las disposiciones administrativas de carácter general, entrarán en vigor en toda la República el día siguiente al de su publicación en el Diario Oficial de la Federación, salvo que en ellas se establezca una fecha posterior.

67. ¿QUÉ ES LA ABROGACIÓN Y DEROGACIÓN?

En el lenguaje jurídico-técnico se distingue la abrogación de la derogación. La primera (abrogación) se refiere a la privación total de los efectos de una ley; en cambio, la segunda (derogación) se refiere a la anulación parcial de los efectos de una ley.

Principios aplicables:

-La abrogación de una ley, genera la inaplicabilidad de los reglamentos que a dicha ley se encontraran vinculados. (por ser considerados accesorios de aquellas).

-El poder de abrogar o derogar una ley, radica en quien tuvo poder (facultad) de crearla.

-La jurisprudencia, en la que se declara la inconstitucionalidad no deroga la ley (por la eficacia limitada del caso concreto).

-Una ley derogada o abrogada no retoma su vigencia por el sólo hecho de que la norma posterior que la invalidó sea abrogada, derogada o declarada inconstitucional.

68. ¿CUÁLES SON LOS DÍAS HÁBILES?

Ya en páginas precedentes aludimos a la forma en la que se hace el cómputo de los plazos, **lo cual se realiza atendiendo tan solo a los días hábiles, que son todos los del año, excepción hecha de los señalados como festivos.**

69. HABILITACIÓN DE DÍAS INHÁBILES

Así las cosas, es bueno que comentemos que como la práctica de las diligencias que lleven a cabo las autoridades deberán efectuarse en días y horas hábiles, a ello obedece que en el último párrafo del artículo 12 del Código en cita, se mencione que **las autoridades fiscales podrán habilitar los días inhábiles, lo que deberá hacerse del conocimiento de los contribuyentes por oficio, resultando ilustrativo de este comentario, el siguiente precedente:**

> "*DÍAS INHÁBILES EN MATERIA FISCAL. EN EL MANDAMIENTO PARA HABILITARLOS, LA AUTORIDAD DEBE SEÑALAR TAMBIEN LAS HORAS INHÁBILES QUE HABILITA PARA LA PRÁCTICA DE DILIGENCIAS. El primer párrafo del artículo 13 del Código Fiscal de la Federación dispone que la práctica de diligencias por las autoridades tributarias fiscales, deberá efectuarse en días y horas hábiles, que son las comprendidas entre las siete treinta y las dieciocho horas, y que una diligencia de notificación iniciada en horas hábiles podrá concluirse en una hora inhábil sin afectar su validez. Ahora bien, el segundo párrafo del propio precepto establece que para la práctica de las visitas domiciliarias, del procedimiento administrativo de ejecución, de notificaciones y de embargos precautorios, las autoridades podrán habilitar días y horas inhábiles, siempre que la persona con quien se va a practicar la diligencia realice las actividades por las que deba pagar contribuciones en tales días u horas. Así, de la interpretación del comentado artículo se advierte que si bien la autoridad fiscal tiene la facultad de habilitar días inhábiles para la práctica de las indicadas actuaciones, lo cierto es que en el mandamiento correspondiente debe señalar también las horas inhábiles que habilita, pues de lo contrario su actuación se considerará violatoria de las garantías individuales de los contribuyentes.*"[46]

---

[46]. Tesis consultable en el Semanario Judicial de la Federación, correspondiente, al mes de febrero,

70. ¿CUÁLES SON LOS DÍAS Y HORAS HÁBILES EN MATERIA FISCAL?

"Artículo 13. La práctica de diligencias por las autoridades fiscales deberá efectuarse en días y horas hábiles, que son las comprendidas entre las 7:30 y las 18:00 horas. Una diligencia de notificación iniciada en horas hábiles podrá concluirse en hora inhábil sin afectar su validez. Tratándose de la verificación de bienes y de mercancías en transporte, se considerarán hábiles todos los días del año y las 24 horas del día.*

Las autoridades fiscales para la práctica de visitas domiciliarias, del procedimiento administrativo de ejecución, de notificaciones y de embargos precautorios, podrán habilitar los días y horas inhábiles, cuando la persona con quien se va a practicar la diligencia realice las actividades por las que deba pagar contribuciones en días u horas inhábiles. También se podrá continuar en días u horas inhábiles una diligencia iniciada en días y horas hábiles, cuando la continuación tenga por objeto el aseguramiento de contabilidad o de bienes del particular."

Por lo que respecta a este numeral, es oportuno comentar que la Primera Sala de la Suprema Corte de Justicia de la Nación, al resolver el amparo en revisión número 665/2012, en febrero del 2013, determinó que el mismo es inconstitucional por vulnerar el artículo 17 de nuestra Ley Suprema de la Unión, al limitar injustificadamente el horario de veinticuatro horas, con *el que deben contar los administrados, para presentar promociones o ejercer acciones de término, limitando así el debido acceso a la impartición de justicia.*

71. PORMENORES DEL USO DE LOS MEDIOS ELECTRÓNICOS EN MATERIA FISCAL

Ahora bien, como ya estamos inmersos en el mundo de los medios magnéticos y electrónicos, en el que todo se realizará evitando al máximo el uso del papel, les invito señores lectores, para que den cuidadosa revisión a los artículos 17-C al 17-K del Código Fiscal de la Federación en consulta, en los que se contemplan los **pormenores del uso de los medios electrónicos en la materia fiscal** que nos ocupa.

Ahora bien, por lo que hace a este punto, resulta digno de comentario y por lo mismo, de trascendental importancia, resaltar que en tratándose de la **restricción temporal del Uso del Certificado de Sello Digital para la Expedición de Comprobantes Fiscales Digitales por Internet**, el artículo 17-H Bis, del Código fiscal de la Federación, establece un **trámite intraprocesal** que no es susceptible de ser impugnado, vía juicio contencioso administrativo federal, en los términos siguientes:

*"**Artículo 17-H Bis**. Tratándose de certificados de sello digital para la expedición de comprobantes fiscales digitales por Internet, previo a que*

de 2010, página 2841.

se dejen sin efectos los referidos certificados, las autoridades fiscales podrán restringir temporalmente el uso de los mismos cuando:

. . . .

Los contribuyentes a quienes se les haya restringido temporalmente el uso del certificado de sello digital para la expedición de comprobantes fiscales digitales por Internet podrán presentar, en un plazo no mayor a cuarenta días hábiles, la solicitud de aclaración a través del procedimiento que, mediante reglas de carácter general, determine el Servicio de Administración Tributaria para subsanar las irregularidades detectadas, o bien, para desvirtuar las causas que motivaron la aplicación de tal medida, en el cual podrán aportar las pruebas que a su derecho convenga, a fin de que, al día siguiente al de la solicitud se restablezca el uso de dicho certificado. La autoridad fiscal deberá emitir la resolución sobre dicho procedimiento en un plazo máximo de diez días, contado a partir del día siguiente a aquél en que se reciba la solicitud correspondiente; hasta en tanto se emita la resolución correspondiente, la autoridad fiscal permitirá el uso del certificado de sello digital para la expedición de comprobantes fiscales digitales por Internet. La resolución a que se refiere este párrafo se dará a conocer al contribuyente a través del buzón tributario."

Consecuentemente, será necesario, que previamente se substancie y se resuelva dicho trámite intraprocesal, para que sea la resolución final que recaiga al mismo, la que tenga el carácter de impugnada en el juicio indicado.

Sobre este particular resulta aplicable la siguiente tesis jurisprudencial[47], sustentada por la Segunda Sala de la Suprema Corte de Justicia de la Nación, cuyo rubro y texto son los siguientes:

"SELLO DIGITAL. EL OFICIO EMITIDO CON FUNDAMENTO EN EL ARTÍCULO 17-H DEL CÓDIGO FISCAL DE LA FEDERACIÓN, A TRAVÉS DEL CUAL LA AUTORIDAD DEJA SIN EFECTOS EL CERTIFICADO CORRESPONDIENTE, NO CONSTITUYE UN ACTO DEFINITIVO PARA EFECTOS DEL JUICIO DE NULIDAD. Lo previsto en el último párrafo del precepto citado y en las disposiciones relacionadas con esa porción normativa de la Resolución Miscelánea Fiscal, en el sentido de que los contribuyentes a quienes se les haya dejado sin efectos el certificado de sello digital podrán llevar a cabo el procedimiento para subsanar las irregularidades detectadas, a fin de obtener un nuevo certificado, no corresponde a un recurso administrativo, ya que a través de lo ahí fijado sólo pueden subsanarse las irregularidades que motivaron la emisión del oficio por el cual se dejó

---

[47] Fuente: Gaceta del Semanario Judicial de la Federación, Libro 52, marzo de 2018, Tomo II, página 1433, Registro digital: 2016355, de la Segunda Sala, de la Décima Época, tesis: 2a./J. 2/2018 (10a.)

*sin efectos el certificado relativo, o bien, desvirtuar la causa que motivó su emisión, pero sin que sea posible cuestionar la totalidad de ese acto por cualquier vicio que pueda contener; por ende, lo ahí señalado en realidad corresponde a un procedimiento administrativo que comienza con ese oficio inicial -que no es la manifestación última de la voluntad administrativa- y concluye con una resolución. **En este sentido, el oficio es un acto intraprocedimental y, por tanto, no es susceptible de impugnación en forma autónoma mediante el juicio de nulidad ante el Tribunal Federal de Justicia Administrativa**, pues para acudir a esa instancia es necesario que previamente se haya sustanciado y resuelto el procedimiento establecido en el artículo 17-H del Código Fiscal de la Federación, y que esa resolución final sea impugnada en dicho medio de control de la legalidad de los actos administrativos, pues ese acto es el que se estima definitivo, al tratarse de la última resolución dictada en el procedimiento correspondiente."*

(Énfasis añadido)

72. ACTUALIZACIÓN DE LAS CONTRIBUCIONES

De especial importancia resulta tener presente, que el monto histórico de las contribuciones, así como el de los aprovechamientos y las devoluciones que deba llevar a cabo el Fisco Federal, deberán actualizarse por el mero transcurso del tiempo, aplicando un factor de actualización a las cantidades que se deban actualizar, resultando propicio aquí recordar, que la actualización en materia fiscal no es otra cosa, más que convertir el valor de pesos viejos a pesos nuevos, tomando en consideración para ello el I.N.P.C. (ÍNDICE NACIONAL DE PRECIOS AL CONSUMIDOR), siendo el artículo 17-A del Código en consulta el que nos refiere el procedimiento a seguir para obtener el factor de actualización mencionado.

73. REQUISITOS QUE DEBEN SATISFACER TODAS LAS PROMOCIONES QUE SE PRESENTEN ANTE LAS AUTORIDADES FISCALES

Continuando con el análisis de estas disposiciones selectas, ahora es conveniente mencionar, que es en el artículo 18 del Código Fiscal de la Federación, donde se contemplan los **requisitos que deben satisfacer todas las promociones que se presenten ante las autoridades fiscales**, sin perder de vista que todo se instrumenta por la vía digital, quedando únicamente liberados de ésta los sectores que el Código en examen ha eximido al respecto.

74. PRELACIÓN DE PAGOS

De igual manera, es muy importante tener presente que en términos de lo dispuesto por el artículo 20, octavo párrafo del Código Fiscal de la Federación, los pagos que se realicen al Fisco Federal, se aplicarán a los créditos más antiguos, siempre que se trate de la misma contribución, y antes del adeudo principal, a los accesorios en el siguiente orden:

a. Gastos de ejecución.

b. Recargos.

c. Multas.

d. La indemnización a que se refiere el séptimo párrafo del artículo 21 del propio Código.

75. DIFERENCIA ENTRE PAGO DE LO INDEBIDO Y SALDO A FAVOR

Por lo que hace al artículo 22 del Código en comento, bien vale la pena recordar que el **Pago de lo Indebido** se refiere a todas aquellas cantidades que el contribuyente hubiere enterado en exceso; esto es, en montos que el particular no adeudaba al Fisco Federal, pero que se dieron por haber pagado una cantidad mayor a la impuesta por la ley de la materia, mientras que, el **Saldo a Favor** es aquel que no deriva de un error de cálculo aritmético o de apreciación de los elementos que constituyen la obligación tributaria a cargo del contribuyente, sino que éste resulta de la aplicación de la mecánica establecida en la ley de la materia, como así lo ha sostenido la Primera Sala de la Suprema Corte de Justicia de la Nación, en la siguiente tesis:

"PAGO DE LO INDEBIDO Y SALDO A FAVOR. CONCEPTO Y DIFERENCIAS. De la lectura del artículo 22 del Código Fiscal de la Federación, se desprende que las autoridades fiscales devolverán a los contribuyentes las cantidades pagadas indebidamente y las que procedan conforme a las leyes fiscales, de tal forma que el derecho a la devolución que consagra dicho precepto, en concordancia con su sexto párrafo, puede derivar, ya sea de la existencia de un pago de lo indebido, o bien, de un saldo a favor. Ahora bien, el pago de lo indebido se refiere a todas aquellas cantidades que el contribuyente enteró en exceso, es decir, montos que el particular no adeudaba al Fisco Federal, pero que se dieron por haber pagado una cantidad mayor a la que le impone la ley de la materia. En cambio, el saldo a favor no deriva de un error de cálculo, aritmético o de apreciación de los elementos que constituyen la obligación tributaria a cargo del contribuyente, sino que éste resulta de la aplicación de la mecánica establecida en la ley de la materia."[48]

Ahora bien, por lo que hace al artículo 22 del Código Fiscal de la Federación vigente, en el que se regula la devolución de cantidades pagadas indebidamente, así como de las que procedan conforme a las leyes fiscales, lo que resulta digno de comentario es que específicamente, en lo referente a lo regulado por el párrafo sexto, en la parte en la que dispone que las autoridades fiscales, para verificar la procedencia de la devolución, podrán requerir al contribuyente, en un plazo no mayor de veinte días posteriores a la presentación de la solicitud de devolución, los datos, informes o documentos

---

[48]. Tesis consultable en el Semanario Judicial de la Federación, correspondiente, al mes de diciembre, de 2012, página 528.

adicionales que considere necesarios y que estén relacionados con la misma, lo que sucede en la práctica es que lejos de llevar a cabo dicho requerimiento, la autoridad sin motivo ni fundamento alguno, resuelve, en unos casos, que como la información Y/O documentación proporcionada por el solicitante resulta insuficiente, niega la devolución solicitada y en otros casos, tiene por desistido de la solicitud al contribuyente, lo cual es verdaderamente reprobable, pues si el contribuyente algo necesita, es precisamente contar con recursos frescos para continuar con su actividad y no que le obliguen a instaurar un juicio contencioso administrativo, para demostrar que lo resuelto por la autoridad es ilegal.

Otro comentario al respecto es, que ya en juicio al formular la autoridad su contestación, en aras de defender lo indefendible, arguye que el practicar el requerimiento no le es obligatorio puesto que el numeral en examen establece que para verificar la procedencia de la devolución, la autoridad **podrá** requerir al contribuyente, interpretando que el término podrá es potestativo y que por lo mismo está en su voluntad requerir o no, al solicitante, lo cual en opinión del autor es muy desafortunado ya que dicha disposición comprende una facultad reglada y no así una atribución discrecional.

Por la importancia que reviste, por lo ilustrativa que resulta y porque confirma lo que aquí se ha comentado, a continuación, se transcribe la siguiente tesis[49] que refleja una puntual sistematización del artículo 22 en comento:

"DEVOLUCIÓN DE CANTIDADES PAGADAS INDEBIDAMENTE O LAS QUE PROCEDAN CONFORME A LAS LEYES FISCALES. SISTEMATIZACIÓN DEL CONTENIDO DEL ARTÍCULO 22 DEL CÓDIGO FISCAL DE LA FEDERACIÓN QUE LA PREVÉ. De conformidad con el artículo 22 del Código Fiscal de la Federación, constituye un derecho de los contribuyentes solicitar la devolución de las cantidades pagadas indebidamente al fisco federal o las que procedan conforme a las leyes fiscales, y una obligación de la autoridad tributaria responder congruentemente la petición, en tres diferentes sentidos: acceder a la devolución (total o parcial), negarla y tener al interesado por desistido. Consecuentemente, el contenido del aludido precepto debe sistematizarse en los términos siguientes: 1. Recibida la solicitud, la autoridad debe analizar si cuenta o no con los elementos necesarios para responder el fondo, es decir, si tiene a su alcance toda la información y/o documentación que la respalde. 2. Corroborado lo anterior, dará respuesta de manera afirmativa o negativa o mixta. 3. Si de la revisión de los datos y soporte documental aportados deriva la imposibilidad para pronunciarse sobre el fondo, la autoridad está

---

49 Tesis XVI.1o.A.T.30 A (10a.); de la décima época, con registro 2005178; del Primer Tribunal Colegiado en Materias Administrativa y de Trabajo del Décimo Sexto Circuito, Fuente: Gaceta del Semanario Judicial de la Federación; Libro 1, Diciembre de 2013, Tomo II; Página: 1119.

obligada a requerir del interesado aquello que le permita definir si es o no procedente la devolución, a lo que deberá cumplir el contribuyente en un plazo de veinte días. 4. Ante ello pueden darse dos escenarios: a) que el solicitante sea omiso en atender el requerimiento, o b) que cumpla con lo pedido, aportando información y/o documentación. 5. En el primer supuesto, es claro que la sanción jurídica correspondiente consiste en tenerlo por desistido, ante su falta de interés. 6. En la segunda pueden generarse dos situaciones: a) que el cumplimiento sea total, o b) que se dé un cumplimiento parcial. 7. El cumplimiento total posibilita a la autoridad para atender la petición, pero a su vez la faculta y obliga a responderla, es decir, se ve conminada a decidir la procedencia o improcedencia de la devolución. 8. El cumplimiento parcial exige a la autoridad realizar un segundo requerimiento (diez días), donde especifique qué datos, información o documentación omitidos, le son indispensables para decidir el fondo. Hipótesis que se traduce en la facultad reglada de requerir por segunda ocasión al interesado, lo cual implica que una vez actualizado este supuesto, la autoridad no tiene la opción de decidir si ejerce o no dicha potestad, sino que debe, invariablemente, llevarla a cabo. 9. Materializado el segundo requerimiento, el solicitante puede cumplirlo o no. 10. El cumplimiento implica que la autoridad cuenta con toda la información y soporte relativo, que le permite responder la petición, por lo que es su obligación pronunciarse si procede o no la devolución. 11. Finalmente, el incumplimiento o cumplimiento deficiente, trae como sanción el desistimiento, cuyo pronunciamiento debe expresar las razones que lo justifiquen."

Culmina nuestro señalamiento de disposiciones selectas, con esta referencia al artículo 22-A del Código en examen, en cuya parte de interés, dispone lo siguiente:

*"**Artículo 22-A.** Cuando los contribuyentes presenten una solicitud de devolución de un saldo a favor o de un pago de lo indebido, y la devolución se efectúe fuera del plazo establecido en el artículo anterior, las autoridades fiscales pagarán intereses que se calcularán a partir del día siguiente al del vencimiento de dicho plazo conforme a la tasa prevista en los términos del artículo 21 de este Código que se aplicará sobre la devolución actualizada."*

76. ¿CUÁLES SON LAS FACULTADES DE GESTIÓN DE LAS AUTORIDADES FISCALES?

Son aquellas facultades de las autoridades fiscales dirigidas a la asistencia, control o vigilancia de la obligación de contribuir prevista en el numeral 31, fracción IV, de la Constitución Política de los Estados Unidos Mexicanos.

Dentro de las facultades de gestión tributaria se encuentran, entre otras, las previstas en los numerales 17-H Bis, 22, 41, 41-A y 69-B del Código

Fiscal de la Federación.

Respecto a la diferencia entre las facultades de comprobación y de gestión de las autoridades fiscales, la Segunda Sala de la Suprema Corte de Justicia de la Nación ha emitido la siguiente jurisprudencia[50]:

"FACULTADES DE COMPROBACIÓN Y DE GESTIÓN DE LAS AUTORIDADES FISCALES. ASPECTOS QUE LAS DISTINGUEN. Desde la perspectiva del derecho tributario administrativo, la autoridad fiscal, conforme al artículo 16, párrafos primero y décimo sexto, de la Constitución Política de los Estados Unidos Mexicanos puede ejercer facultades de gestión (asistencia, control o vigilancia) y de comprobación (inspección, verificación, determinación o liquidación) de la obligación de contribuir prevista en el numeral 31, fracción IV, del mismo Ordenamiento Supremo, concretizada en la legislación fiscal a través de la obligación tributaria. Así, dentro de las facultades de gestión tributaria se encuentran, entre otras, las previstas en los numerales 22, 41, 41-A y 41-B (este último vigente hasta el 31 de diciembre de 2019) del Código Fiscal de la Federación; en cambio, las facultades de comprobación de la autoridad fiscal se establecen en el artículo 42 del código citado y tienen como finalidad inspeccionar, verificar, determinar o liquidar las referidas obligaciones, facultades que encuentran en el mismo ordenamiento legal invocado una regulación y procedimiento propios que cumplir."

77. PROCEDIMIENTO ADMINISTRATIVO DE FISCALIZACIÓN

Por lo que toca a este tema, lo que se puede comentar es que el mismo da como para escribir un libro al respecto, sin embargo, en esta oportunidad sólo nos adentraremos al examen de los artículos más significativos que nos dejarán ver una clara panorámica de los **medios de comprobación con los que cuenta la autoridad fiscal, para cerciorarse si los contribuyentes, los responsables solidarios, los terceros con ellos relacionados, los asesores fiscales, las instituciones financieras; las fiduciarias, los fideicomitentes o los fideicomisarios, en el caso de los fideicomisos, y las partes contratantes o integrantes, en el caso de cualquier otra figura jurídica, cumplen o no con las disposiciones fiscales**.

78. MEDIOS DE COMPROBACIÓN CON LOS QUE CUENTA LA AUTORIDAD FISCAL

Así las cosas, tenemos que el artículo 42 del Código Fiscal de la Federación, regula como medios de comprobación:

La revisión de declaraciones, solicitudes o avisos; La revisión de

---

[50] Jurisprudencia 2a./J. 22/2020 (10a.), con registro digital 2021743, de la décima época, publicada en la Gaceta del Semanario Judicial de la Federación, libro 76, de marzo de 2020, tomo I, página 459.

gabinete, también conocida como revisión de escritorio; La visita domiciliaria a los contribuyentes, los responsables solidarios, los terceros con ellos relacionados, o los asesores fiscales, las instituciones financieras; las fiduciarias, los fideicomitentes o los fideicomisarios, en el caso de los fideicomisos, y las partes contratantes o integrantes, en el caso de cualquier otra figura jurídica, para revisar su contabilidad, bienes y mercancías; La revisión de dictámenes emitidos por Contador Público Registrado, sobre los estados financieros de los contribuyentes; La visita domiciliaria a los contribuyentes, a fin de verificar que cumplan con las siguientes obligaciones: a) Las relativas a la expedición de comprobantes fiscales digitales por internet y de presentación de solicitudes y avisos en materia del Registro Federal de Contribuyentes; b) Las relativas a la operación de máquinas, sistemas, registros electrónicos y de controles volumétricos, que estén obligados a llevar conforme lo establecen las disposiciones fiscales; c) La consistente en que los envases o recipientes que contengan bebidas alcohólicas cuenten con el marbete o precinto correspondiente o, en su caso, que los envases que contenían dichas bebidas hayan sido destruidos; d)La relativa a que las cajetillas de cigarros para su venta en México, contengan impreso el código de seguridad o, en su caso, que éste sea auténtico; e) La de contar con la documentación o comprobantes que acrediten la legal propiedad, posesión, estancia, tenencia o importación de las mercancías de procedencia extranjera, debiéndola exhibir a la autoridad durante la visita; y f) Las inherentes y derivadas de autorizaciones. concesiones, padrones, registros o patentes establecidos en la Ley Aduanera, su Reglamento y las Reglas Generales de Comercio Exterior que emita el Servicio de Administración Tributaria; La práctica de avalúos y verificación de bienes; Recabar informes de funcionarios; y practicar visitas domiciliarias a los contribuyentes, a fin de verificar el número de operaciones que deban ser registradas como ingresos y, en su caso, el valor de los actos o actividades, el monto de cada una de ellas, así como la fecha y hora en que se realizaron, durante el período de tiempo que dure la verificación.

Es muy importante denotar que las autoridades fiscales podrán ejercer estas facultades, conjunta, indistinta o sucesivamente, entendiéndose que se inician con el primer acto que se notifique al contribuyente.

De igual manera trascendente resulta subrayar que, como lo prevé el párrafo quinto, del artículo 42 en estudio, las autoridades fiscales que estén ejerciendo alguna de las facultades previstas en las fracciones II, III y IX, del propio numeral, y detecten hechos u omisiones que puedan entrañar un incumplimiento en el pago de contribuciones, deberán informar por medio de buzón tributario al contribuyente, a su representante legal, y en el caso de las personas morales a sus órganos de dirección, por conducto de aquél, en un plazo de al menos diez días hábiles previos al del levantamiento de la última acta parcial, del oficio de observaciones o de la resolución definitiva en el caso de revisiones electrónicas, el derecho que tiene para acudir a las oficinas que estén llevando a cabo el procedimiento de que se trate, para conocer los hechos y omisiones que hayan detectado.

Por lo que hace a este último párrafo, lo que resulta digno de comentario, es que en la práctica, se les pasa a los notificadores notificar, en tratándose de personas morales, a sus órganos de dirección y con ello dan al traste con todo lo actuado, pues incurren en un vicio procedimental que conlleva, a la declaratoria de nulidad de la resolución impugnada, para el efecto de que se reponga el procedimiento administrativo de fiscalización y si esto llegara a ocurrir una vez transcurrido el plazo para concluir la visita, es claro que estaríamos en presencia de la caducidad especial regulada por el artículo 46, párrafo cuarto, del Código Fiscal de la Federación.

Este comentario obedece a que en la práctica, ante el planteamiento en la demanda del concepto de anulación correspondiente, en el que se hace valer el vicio en la notificación relativo, la autoridad al contestar, tratando de defender lo indefendible, arguye que la notificación fue correcta puesto que se notificó al representante legal, pero no repara en que en el acta de notificación correspondiente, no obstante que esté dirigida al representante legal de una persona moral, para nada se alude a los órganos de dirección correspondientes, lo que en opinión del autor es violatorio de lo exigido por el numeral en comento, dado que en él con toda nitidez se preceptúa que se deberá informar por medio de buzón tributario al contribuyente, a su representante legal, y en el caso de las personas morales a sus órganos de dirección, por conducto de aquél, de lo que se colige que al usar el legislador, la conjunción copulativa " y " **y en el caso de las personas morales a sus órganos de dirección, por conducto de aquél**, indefectiblemente para que la actuación de los visitadores sea legal, deberá notificarse, "informarse" a los órganos de dirección, el oficio de observaciones o de la resolución definitiva en el caso de revisiones electrónicas, el derecho que tienen para acudir a las oficinas que estén llevando a cabo el procedimiento de que se trate, para conocer los hechos y omisiones que hayan detectado.

Este derecho de acudir a las oficinas de la autoridad, para conocer los hechos u omisiones que se hubieren detectado, no es otra cosa más que la integración de un **Comité de Autocorrección**, en el que intervienen: el Administrador Desconcentrado de Auditoría Fiscal correspondiente, los auditores que participaron en la práctica de la visita domiciliaria; esto es, en la auditoría, y el contribuyente y sus asesores, contables y jurídicos, en el que la autoridad le presenta al contribuyente los resultados alcanzados, soportados por las actuaciones correspondientes, invitando a éste para que se autocorrija por lo que hace a los resultados que acepte, presentando una declaración complementaria, procediéndose, en el caso de aceptación total, al cierre de la auditoría, o en su defecto, de no aceptar, se prosigue con el levantamiento de la última Acta Parcial y una vez transcurridos por lo menos los veinte días, (o de quince días más, cuando se trate de la revisión de más de un ejercicio), que se brindan al contribuyente para la aportación de pruebas tendientes a desvirtuar los hechos asentados en dicha acta, se procederá al levantamiento del Acta Final de Visita y una vez transcurridos seis meses posteriores al levantamiento de ésta, se formulará la liquidación de impuestos a que haya lugar.

79. LA VISITA DOMICILIARIA

Ahora bien, **de todos estos medios de comprobación, el que consideramos de mayor importancia es la visita domiciliaria**, prevista en la fracción III, del artículo 42 del Código Fiscal de la Federación, porque a diferencia de los restantes, excepción hecha de las visitas reguladas por las fracciones V y X, del propio numeral, se llevan a cabo en el domicilio de la autoridad, mientras que la visita domiciliaria como su nombre lo dice, se realiza en el domicilio fiscal del contribuyente, lo que representa la intrusión de la autoridad al propio domicilio y por lo mismo en seguida nos ocuparemos de ella.

80. NOTIFICACIÓN Y ENTREGA DE LA ORDEN DE VISITA DOMICILIARIA

Sentadas así las cosas, en primer lugar señalaremos que **para la notificación y entrega de la orden de visita domiciliaria correspondiente, se deberá observar la formalidad prevista en el artículo 137 del Código Fiscal de la Federación para la práctica de una notificación personal**; esto es, que los visitadores se deberán constituir en el domicilio señalado en la orden y una vez habiéndose cerciorado de que están en el lugar correcto, requerirán a la persona que en ese momento se encuentre, la presencia de la persona a quien está dirigida la orden; y si no está, la de su representante legal; si se trata de una persona moral, se requerirá la presencia de sus órganos de dirección, por conducto del representante legal, y si aconteciere que ninguno de ellos estuviere, **se dejará un citatorio para hora fija del día hábil siguiente**.

81. FORMALIDAD QUE SE DEBE OBSERVAR, CONSISTENTE EN QUE PARA EL CASO DE QUE SE DEJE CITATORIO, SE SEÑALE EN EL MISMO QUE LA CITA ES PARA LA ENTREGA DE LA ORDEN DE VISITA DOMICILIARIA

Es muy importante denotar que en el citatorio de referencia se deberá especificar que la cita es para llevar a cabo una visita domiciliaria, **(ver artículo 44, fracción II, del Código de referencia), en el entendido de que de no atender el citatorio, la visita se entenderá con la persona que en ese momento se encuentre en el lugar visitado, y aquí abrimos un paréntesis para decir**, que con esta obligada instrumentación se pierde el factor sorpresa que debiera caracterizar a este tipo de diligencias para conocer la situación fiscal real del visitado, sugiriéndose de nuestra parte que se modifique esta regulación para que al igual que se autoriza en tratándose de las fracciones V y X, del artículo 42, del propio ordenamiento legal, la visita domiciliaria se entienda a la primera búsqueda, con el sujeto que se busca, su representante legal, con el encargado o con quien en ese momento se encuentre en el domicilio visitado.

82. IDENTIFICACIÓN DE LOS VISITADORES

Otro aspecto que debe considerarse, partiendo de la base de que se está actuando frente al sujeto pasivo visitado, o ante su representante legal, el cual estará debidamente acreditado, puesto que se le deberá requerir que se identifique y en su caso que acredite su personalidad con el documento notarial correspondiente para tener la certeza de que se está ante la persona legalmente autorizada, **al iniciar la visita, los visitadores se deberán identificar pormenorizadamente ante la persona con quien se entienda la diligencia** y aquí abrimos un espacio para señalar que el carácter de visitador sólo lo adquieren quienes se constituyan materialmente en el domicilio visitado y no así por el simple hecho de que con ese carácter se les hubiere señalado en la orden de visita correspondiente, resaltándose de nuestra parte que por identificación pormenorizada vamos a entender, que por lo menos se cumpla con los requisitos que contempla la siguiente tesis jurisprudencial por contradicción, sustentada por la Segunda Sala de la Suprema Corte de Justicia de la Nación, que preconiza lo siguiente:

> *"VISITAS DOMICILIARIAS. REQUISITOS PARA LA IDENTIFICACIÓN DE LOS INSPECTORES QUE LAS PRACTICAN. Para satisfacer con plenitud el requisito legal de identificación en las visitas domiciliarias, es necesario que en las actas de auditoría se asienten todos los datos necesarios que permitan una plena seguridad de que el visitado se encuentra ante personas que efectivamente representan a la Secretaría de Hacienda y Crédito Público y que por tal motivo pueden introducirse a su domicilio, por lo que es menester se asiente la fecha de las credenciales y el nombre de quien las expide para precisar su vigencia y tener la seguridad de que esas personas efectivamente prestan sus servicios en la Secretaría, además de todos los datos relativos a la personalidad de los visitadores y su representación, tomando también en cuenta que mediante la identificación mencionada, se deben dar a conocer al visitado cuestiones relacionadas con esa personalidad, para protegerlo en sus garantías individuales, ya que de esas prácticas de inspección o visita, pueden derivar posibles afectaciones a sus intereses jurídicos."[51]*

De igual manera, ilustra el tema en cuestión, la siguiente tesis sustentada por el Pleno de la Sala Superior del actual Tribunal Federal de Justicia Administrativa:

> *"IDENTIFICACIÓN DE LOS VISITADORES. CASO EN EL QUE RESULTA INFUNDADO EL CONCEPTO DE ANULACIÓN RESPECTO A LA ILEGALIDAD EN SU CIRCUNSTANCIACIÓN. Si el actor argumentó como concepto de anulación que la circunstanciación de la identificación de los visitadores es ilegal, el mismo argumento se considera infundado si en el acto correspondiente se asientan los*

---

[51]. Tesis consultable en el Semanario Judicial de la Federación, VI. Primera Parte. Julio a diciembre de 1990. Página 135.

siguientes datos: a) fecha de la credencial identificatoria para determinar su vigencia; b) nombre de la dependencia que expide la credencial identificatoria, así como del funcionario titular de la propia dependencia que expida la credencial identificatoria; c) personalidad del visitador actuante, entendiéndose que tal requisito se satisface cuando se expresa el cargo con el que actúa en la visita; d) representación del visitador actuante, entendiéndose por tal la cita de la dependencia a la cual está adscrito. Si la totalidad de estos requisitos se encuentra en la circunstanciación del acta, la misma está legitimada, y, por lo contrario, el concepto de anulación resulta fundado si se omite total o parcialmente tales datos y, al estar viciado el procedimiento, conlleva a la anulabilidad del acto combatido en el juicio fiscal."[52]

83. DESIGNACIÓN DE DOS TESTIGOS DE ASISTENCIA

Una vez superada la cuestión relativa a la identificación, el personal actuante, (entiéndase, los visitadores), **deberán requerir al visitado para que designe dos testigos, bajo el entendido de que si éstos no son designados o los que habiendo sido designados como tales, no aceptaren servir como testigos, los visitadores los designarán**, debiendo hacer constar tal circunstancia en el acta de inicio que al efecto se levante para que de esa manera dicha circunstancia no invalide los resultados de la visita.

Es importante comentar que por distintas circunstancias, los testigos pueden ser sustituidos en cualquier tiempo, razón por la que el personal actuante deberá tener buen cuidado de asentar lo conducente en el acta correspondiente, a fin de que no se invaliden los resultados de la visita.

Un caso que se da con relativa frecuencia, es el consistente en que ante la negativa del visitado de designar los testigos, como por disposición de ley el derecho de hacerlo recae en los visitadores, éstos proceden a nombrar como tales a compañeros de trabajo, lo que en principio se pudiera considerar ilegal por el visitado, puesto que se trata de personas que trabajan para la propia Secretaría y muy concretamente para el Servicio de Administración Tributaria; pero en realidad lo que sucede es que si las personas designadas para fungir como testigos, no obstante ser empleados del SAT, no fueron designados como visitadores en la orden de visita domiciliaria correspondiente, no habrá ilegalidad alguna puesto que como los testigos se concretan a dar testimonio de lo que vieron en el desarrollo de la diligencia sin poder parcializar los hechos a favor de la autoridad, dado que de otra suerte el sujeto pasivo visitado protestaría en cuanto se asentaran hechos que no correspondieran a la realidad, lógico es que no firmaría el acta o en su defecto lo haría, pero señalando antes de firmar, las anomalías registradas por el personal actuante, de ahí que, se insiste, de entrada no es ilegal la designación hecha en los términos narrados en esta parte.

---

[52]. Tesis consultable en la revista editada por el Tribunal Fiscal de la Federación, correspondiente a la Tercera Época. Año VII. Número 81. Septiembre de 1994. Página 7.

84. LEVANTAMIENTO DE ACTAS

Bueno y ya que hablamos del **levantamiento de actas**, resulta conveniente mencionar que el acta que se levanta con motivo del inicio del procedimiento administrativo de fiscalización, que arranca con la entrega de la orden de visita domiciliaria con estricta observancia de las formalidades con anterioridad referidas, recibe el nombre de ACTA PARCIAL NÚMERO UNO.

Y aquí cabe preguntar, ¿CUÁNTAS ACTAS PARCIALES SON LAS QUE PUEDEN LEVANTAR LOS VISITADORES?

A lo que contestaremos, que se podrán levantar tantas actas parciales como sean necesarias para hacer constar los hechos de los que tomen conocimiento los visitadores, las que se enumerarán en orden progresivo; esto es, ACTA PARCIAL NÚMERO UNO, ACTA PARCIAL NÚMERO DOS, etc., resultando muy importante resaltar que **llegado el momento de levantar la última acta parcial, los visitadores expresamente harán del conocimiento del visitado dicha circunstancia, haciéndole saber que esa es la última acta parcial que se levanta y que a partir del día siguiente a dicho levantamiento, cuenta con veinte días hábiles para aportar pruebas tendientes a desvirtuar los hechos asentados en las actas parciales precedentes, pudiendo optar por autocorregir su situación fiscal**; en el entendido de que transcurrido dicho plazo, los visitadores quedarán en condiciones de levantar el **ACTA FINAL DE VISITA DOMICILIARIA CORRESPONDIENTE**, siendo además provechoso señalar que cuando se trate de más de un ejercicio revisado, el plazo se ampliará por quince días más, siempre que el contribuyente presente aviso dentro del plazo inicial de veinte días.

Como se puede observar, entre el levantamiento de la última acta parcial y el levantamiento del acta final de visita domiciliaria deberán transcurrir por lo menos veinte días.

Nótese que esta oportunidad es única y exclusivamente para aportar pruebas y no así para formular argumentaciones jurídicas.

De igual manera, adviértase que las actas parciales forman parte integrante del acta final aunque no se consigne así expresamente.

Es muy importante que tengamos presente, que si bien es cierto que los visitadores pueden levantar actas complementarias, también lo es que una vez levantada el acta final, ya no se podrán levantar actas complementarias sin que exista una nueva orden de visita.

Singular relevancia tiene denotar, que al igual que al inicio de la visita domiciliaria, para el cierre de la misma se deberá observar la formalidad prevista en el artículo 137 del Código Fiscal de la Federación, para la práctica de una notificación personal; esto es, que si en el cierre del acta final de visita no estuviere presente el visitado, o su representante legal, **se dejará un** citatorio para hora fija del día hábil siguiente, con el apercibimiento que de no estar presente, el acta se levantará con quien se encuentre en el lugar visitado en ese momento, instante éste en el que cualquiera de los visitadores que hubiere intervenido en la visita, el visitado o la persona con quien se entienda la diligencia y los testigos, firmarán el acta de la que se dejará copia al visitado. En esta hipótesis, si el visitado, la persona con quien se entendió la diligencia o los testigos no comparecen a firmar el acta, se negaren a firmarla, o el visitado o la persona con quien se entendió la diligencia, se niega a aceptar copia del acta, dicha circunstancia se asentará en la propia acta, sin que esto afecte la validez y valor probatorio de la misma.

85. LA FE DE ERRATAS.

La fe de erratas en una disposición legal consiste en la corrección de errores cometidos en su publicación oficial; por tanto, no puede tener el alcance de modificar el texto originalmente aprobado por el órgano emisor. Esto, pues sólo se constriñe a la mera divulgación de las correcciones de algunos errores de estilo o redacción contenidos en los propios preceptos que se enmiendan.

De esa suerte, la fe de erratas no amerita el señalamiento de una entrada en vigor distinta de la que corresponde al ordenamiento que corrige, pues la errata cobró vigencia en la misma fecha que lo hizo el propio reglamento.

Al respecto, el Pleno de la Suprema Corte de Justicia de la Nación, y el Cuarto Tribunal Colegiado de Circuito del Centro Auxiliar de la Tercera Región, con residencia en Guadalajara, Jalisco, han sustentado la jurisprudencia P./J. 30/2013 (9a.) y la tesis aislada (III Región) 4o.50 A (10a.)[53], cuyos rubros y textos son del siguiente tenor literal:

"CONTROVERSIA CONSTITUCIONAL. ANÁLISIS DE LA NORMA IMPUGNADA CUANDO CON POSTERIORIDAD SE CORRIGE A TRAVÉS DE UNA FE DE ERRATAS. La fe de erratas en una disposición legal consiste en la corrección de errores cometidos en su publicación oficial, la cual tiene una presunción de validez de que efectivamente se subsanen errores tipográficos o incluso de coincidencia con la voluntad real del órgano legislativo. En este sentido, cuando en una controversia constitucional se impugne una norma que posteriormente fue corregida mediante alguna fe de erratas, el Tribunal en Pleno de la Suprema Corte de Justicia de la Nación deberá analizar la norma a la luz del texto corregido, ya que el original se ha sustituido con la corrección realizada. Además, para no dejar sin defensas a la parte actora -toda vez que los conceptos de invalidez los planteó en relación con la primera norma publicada-, deberá identificar la cuestión efectivamente planteada para, en todo caso, suplir la deficiencia de la queja y atender a los conceptos de invalidez."

---

[53] Publicadas en el Semanario Judicial de la Federación y su Gaceta en el libro XXII, julio de 2013, tomo 1; y, libro 12, noviembre de 2014, tomo IV, respectivamente.

"FE DE ERRATAS. CUANDO TIENE POR OBJETO LA CORRECCIÓN DE PRECEPTOS CONTENIDOS EN UN REGLAMENTO EMITIDO POR EL TITULAR DEL PODER EJECUTIVO, NO AMERITA EL SEÑALAMIENTO DE UNA FECHA DE ENTRADA EN VIGOR DISTINTA DE LA DE AQUÉL (LEGISLACIÓN DEL ESTADO DE JALISCO). Tratándose de disposiciones de observancia general, como son las contenidas en un reglamento emitido por el titular del Poder Ejecutivo del Estado de Jalisco, la posterior publicación de una fe de erratas en el Periódico Oficial local no puede tener el alcance de modificar el texto originalmente aprobado por el órgano emisor, antes bien, se constriñe a la mera divulgación de las correcciones de algunos errores de estilo o redacción contenidos en los propios preceptos que se enmiendan. En estas condiciones, la fe de erratas no debe considerarse aisladamente e independiente del reglamento, sino como un complemento de éste que lo subsana y, consecuentemente, participa del mismo fundamento legal del que proviene. Por tanto, no amerita el señalamiento de una entrada en vigor distinta de la que corresponde al ordenamiento que corrige, pues la errata cobró vigencia en la misma fecha que lo hizo el propio reglamento."*

Singular relevancia tiene mencionar, que los visitadores antes del cierre de un acta, cuando advierten que en la redacción de la misma cometieron errores; de dedo o mecanográficos, ortográficos o numéricos, suelen salvar dichos errores haciendo el testado correspondiente bajo el rubro "FE DE ERRATAS".

Entonces, cuando en el cierre de un acta ya sea parcial, complementaria o final se consigne:

FE DE ERRATAS

ACTA COMPLEMENTARIA A LA PARCIAL DE INICIO, FOLIO 008345621, EN EL ESPACIO RESERVADO PARA LA FIRMA DE LOS TESTIGOS....................................

DICE: GREGORIO FERNÁNDEZ SOLIS.

DEBE DECIR: GERARDO IRABIEN COLMENARES.

PREGUNTA: *¿En este caso estamos en presencia del testado de un error?*

RESPUESTA: *Por supuesto que no, pues en tal caso lo que tenemos frente a nosotros no es el testado de un error, sino que, de lo que en realidad se trata, es de la pretensión de los visitadores de querer sustituir un elemento sustancial del acta misma, como lo es un testigo, lo que resulta abiertamente ilegal, resultando ilustrativas sobre este particular, las siguientes tesis que a la letra dicen:*

"ACTAS DE VISITA PRINCIPALES. POR MEDIO DE UNA FE DE ERRATAS FORMULADA EN UN ACTA COMPLEMENTARIA, NO PUEDEN VALIDAMENTE SUPRIMIRSE ELEMENTOS ESENCIALES CONSIGNADOS EN AQUELLAS. Es aceptable que por medio de una "fe de erratas" se corrijan errores, pero tal procedimiento no puede tener ninguna eficacia jurídica cuando es utilizado en un acta complementaria, en la que, empleando los vocablos "no vale", se pretende eliminar un elemento substancial de la diligencia, consignado en el acta final y principal, como lo es la circunstancia de que un visitador se presentó y se identificó. La admisión de este método seguido por las autoridades, implicaría violación, en contra de los particulares, de los requisitos previstos en la fracción VI del artículo 84 del Código Fiscal de la Federación, en su texto vigente hasta el 31 de diciembre de 1977."[54]*

"VISITADOR. EN UNA FE DE ERRATAS NO PUEDE SUPRIMIRSE EL NOMBRE DE QUIEN ADQUIRIO EL CARACTER DE VISITADOR. Si al levantamiento de un acta final de visita uno de los auditores designados en la orden respectiva comparece a su levantamiento adquiriendo el carácter de visitador, al cierre de la misma debe firmar el acta de conformidad con la Jurisprudencia No. 2 del Tribunal Fiscal de la Federación y artículo 84 fracción VI del Código Fiscal de la Federación vigente hasta el 31 de diciembre de 1977, sin que sea válido que en la "fe de erratas" del acta en cuestión se quiera suprimir el nombre de la persona que adquirió el carácter de visitador, ya que la fe de erratas sirve para corregir errores mecanográficos de una letra, palabra, número, signo ortográfico, etc., pero no para cambiar o modificar hechos o circunstancias fundamentales como suprimir el nombre de uno de los visitadores."[55]*

"SUSTITUCIÓN DE UN TESTIGO. NO PUEDE HACERSE EN LA FE DE ERRATAS DE UN ACTA DE AUDITORÍA. Si en una visita domiciliaria el visitado nombró como testigo a una persona y, al levantarse el acta final de auditoría, se sustituye por otra persona en una fe de erratas de la misma acta, se viola el artículo 84, fracción III, del Código Fiscal de la Federación, pues la fe de erratas sirve para enmendar errores mecanográficos o de ortografía, mas no para sustituir a un testigo, sobre todo cuando en el acta final de auditoría se puede hacer constar la negativa para firmar dicha acta o la ausencia del testigo nombrado por la visitada, sin que esto invalide el acta."[56]*

---

[54]. Tesis consultable en la revista editada por el Tribunal Fiscal de la Federación, correspondiente a la Segunda Época. diciembre de 1981. Página 780.

[55]. Tesis consultable en la revista editada por el Tribunal Fiscal de la Federación, correspondiente a la Segunda Época. Año V. Número 50. Febrero de 1984. Página 696.

[56]. Tesis consultable en la revista editada por el Tribunal Fiscal de la Federación, correspondiente a la Segunda Época. Año número 41. Mayo de 1983. Página 791.

86. SUPUESTO EN EL QUE LA AUTORIDAD FISCAL PODRÁ, DE OFICIO, POR UNA SOLA VEZ, REPONER EL PROCEDIMIENTO A PARTIR DE LA VIOLACIÓN FORMAL COMETIDA

No está por demás mencionar, que cuando de la revisión de las actas de visita y demás documentación vinculada a éstas, se observe que el procedimiento no se ajustó a las normas aplicables, que pudieran afectar la legalidad de la determinación del crédito fiscal, **la autoridad podrá de oficio, por una sola vez, reponer el procedimiento, a partir de la violación formal cometida**.

Llegado a este punto, de trascendental importancia resulta mencionar que una vez concluida la visita en el domicilio fiscal, para que la autoridad pueda iniciar otra a la misma persona, se requerirá de una nueva orden de visita.

87. PRINCIPIO "NON BIS IN IDEM"

Ahora bien, seguramente, en estricto respeto al principio general de derecho que dispone, *NON BIS IN IDEM*, (NO DOS VECES POR LO MISMO), es importante denotar que mediante Decreto por el que se Reforman, Adicionan y Derogan diversas disposiciones del Código Fiscal de la Federación, publicado en el Diario Oficial de la Federación el 9 de diciembre de 2013, para entrar en vigor el 1o. de enero de 2014, se derogó el párrafo segundo del artículo 46 del Código en cita, en el que se disponía lo siguiente:

"**Artículo 46.** La visita en el domicilio fiscal se desarrollará conforme a las siguientes reglas:

VIII.

....

.........................*Concluida la visita en el domicilio fiscal, para iniciar otra a la misma persona, se requerirá nueva orden. **En el caso de que las facultades de comprobación se refieran a las mismas contribuciones, aprovechamientos y períodos, sólo se podrá efectuar la nueva revisión cuando se comprueben hechos diferentes a los ya revisados. La comprobación de hechos diferentes deberá estar sustentada en información, datos o documentos de terceros**, en la revisión de conceptos específicos que no se hayan revisado con anterioridad, en los datos aportados por los particulares en las declaraciones complementarias que se presenten o en la documentación aportada por los contribuyentes en los medios de defensa que promuevan y que no hubiera sido exhibida ante las autoridades fiscales durante el ejercicio de las facultades de comprobación previstas en las disposiciones fiscales; a menos que en este último supuesto la autoridad no haya objetado de falso el documento en el medio de defensa correspondiente, pudiendo haberlo hecho o bien, cuando habiéndolo objetado, el incidente respectivo haya sido declarado improcedente*".

(Énfasis añadido)

Este acontecimiento que pudiera generar alegría en los contribuyentes, no es más que un ardid del legislador, puesto que tristemente en los párrafos segundo y tercero del artículo 53-C, del Código Fiscal de la Federación, se estableció lo siguiente:

*"**Artículo 53-C.**- Con relación a las facultades de comprobación previstas en el artículo 42, fracciones II, III y IX de este Código, las autoridades fiscales podrán revisar uno o más rubros o conceptos específicos, correspondientes a una o más contribuciones o aprovechamientos, que no se hayan revisado anteriormente, sin más limitación que lo que dispone el artículo 67 de este Código.*

Cuando se comprueben hechos diferentes la autoridad fiscal podrá volver a revisar los mismos rubros o conceptos específicos de una contribución o aprovechamiento por el mismo periodo y en caso, determinar contribuciones o aprovechamientos omitidos que deriven de dichos hechos.

La comprobación de hechos diferentes deberá estar sustentada en información, datos o documentos de terceros; en los datos aportados por los particulares en las declaraciones complementarias que se presenten, o en la de documentación aportada por los contribuyentes en los medios de defensa que promuevan y que no hubieran sido exhibidas ante las autoridades fiscales durante el ejercicio de las facultades de comprobación prevista en las disposiciones fiscales a menos que en este último supuesto la autoridad no haya objetado de falso el documento en el medio de defensa correspondiente pudiendo haberlo hecho o bien, cuando habiéndolo objetado, el incidente respectivo haya sido declarado improcedente."

Como se puede advertir, la autoridad fiscal, autorizada por la ley, sigue violando el principio NON BIS IN IDEM, dado que puede volver a revisar a la misma persona, los mismos rubros o conceptos específicos de una contribución o aprovechamiento por el mismo período y en su caso determinar contribuciones o aprovechamientos omitidos cuando deriven de hechos diferentes, lo que es muy criticable, dado la autoridad durante el procedimiento de fiscalización, estuvo en condiciones de obtener información de terceros, llevando a cabo compulsas, o bien recabando información de la Comisión Nacional Bancaria y de Valores, que vendrían a ser los terceros a que hace referencia el artículo en mención.

Como si lo anterior fuera poco, también es bastante criticable que en el artículo 19, de la Ley Federal de los Derechos del Contribuyente, publicada en el Diario Oficial de la Federación del 23 de julio de 2005, se contemple la facultad de la autoridad de llevar a cabo nuevas revisiones a la misma persona, con base en los mismos hechos en una revisión, resultando aquí pertinente señalar, que si en el artículo primero de la referida ley se contempla que la misma tiene por objeto regular los derechos y garantías básicos de los contribuyentes en sus relaciones con las autoridades fiscales, en la modesta opinión del autor, resulta francamente incomprensible que la facultad revisora aludida se contemple en la ley referida, puesto que ni se trata de un derecho ni mucho menos de una garantía básica de un contribuyente, pues es claro que un contribuyente podrá pretender cualquier cosa pero nunca que se le revise dos veces por la misma contribución y por el mismo ejercicio.

88. PLAZO PARA CONCLUIR LA VISITA

Es muy importante tener presente que, las autoridades fiscales deberán concluir la visita que se desarrolle en el domicilio fiscal de los contribuyentes o la revisión de la contabilidad de los mismos que se efectúe en las oficinas de las propias autoridades, dentro de un plazo máximo de doce meses, contado a partir de que se notifique a los contribuyentes el inicio de las facultades de comprobación, salvo las excepciones que se mencionan en las literales A. y B. del artículo 46-A del propio Código Fiscal, así como en los casos en que se suspendan los plazos para concluir las visitas domiciliarias o las revisiones de gabinete, previstas en los párrafos segundo y tercero de este último numeral.

89. CONSECUENCIA DE QUE LOS VISITADORES VALOREN LAS PRUEBAS EXHIBIDAS DURANTE LA VISITA DOMICILIARIA

Es común que al levantarse la última acta parcial o el acta final en una visita domiciliaria, los visitadores que las levantan valoren las pruebas exhibidas por el contribuyente revisado, sin embargo, el artículo 46 del Código Fiscal de la Federación (vigente hasta el 31 de diciembre de 2020), no establecía como facultad de los visitadores valorar las pruebas que el contribuyente ofreciera durante la práctica de una visita domiciliaria y menos aún para determinar la situación fiscal del contribuyente, si la valoración de dichos documentos realizada indebidamente por los visitadores, fue utilizada en la resolución determinante.

No obstante lo anterior, el artículo 46 del Código Fiscal de la Federación, fue reformado mediante Decreto publicado en el Diario Oficial de la Federación el ocho de diciembre de dos mil veinte, Decreto cuya vigencia inició a partir del 1 de enero de 2021, estableciendo la facultad expresa que tienen los visitadores para valorar la información y documentación proporcionada en el desarrollo de la visita.

Así las cosas, a manera de ejemplo y con el ánimo de ilustrar lo que aquí se está denotando, a continuación se transcribe una parte de la versión pública de una sentencia emitida por la Sala Regional del Caribe y Auxiliar del Tribunal Federal de Justicia Administrativa, donde se entra al estudio y resolución de un caso en materia de valoración de pruebas por parte de los visitadores:

*"Cancún, Municipio de Benito Juárez, Quintana Roo, a nueve de octubre de dos mil veintitrés. Estando debidamente integrada la Sala Regional del Caribe y Auxiliar del Tribunal Federal de Justicia Administrativa, por los Magistrados **MANUEL CARAPIA ORTIZ**, titular de la Primera*

Ponencia, y además con el carácter de Presidente de la Sala; **ALBERTO ROMO GARCÍA**, *titular de la Tercera Ponencia de la Sala Regional del Caribe y Auxiliar, en virtud del Acuerdo G/JGA/90/2019 —artículos primero y tercero—, aprobado por la Junta de Gobierno y Administración del Tribunal Federal de Justicia Administrativa en sesión de cinco de diciembre de dos mil diecinueve, mismo acuerdo que se encuentra publicado en la página web institucional de este órgano jurisdiccional; y,* **JAIME ROMO GARCÍA**, *titular de la Segunda Ponencia de esta Sala, como Ponente del presente asunto; ante la presencia del Licenciado* **JHONNY ALEXANDER LÓPEZ RAMÍREZ**, *Secretario de Acuerdos, quien actúa y da fe; con fundamento en los artículos 49 y 50 de la Ley Federal de Procedimiento Contencioso Administrativo, 29, 31 y 36, fracción VIII, de la precitada ley orgánica, se procede a dictar sentencia en el juicio al rubro citado, en los siguientes términos:*

RESULTANDOS

1. *Por escrito presentado en la Oficialía de Partes de la Sala Regional del Caribe y Auxiliar, el catorce de abril de dos mil veintitrés, ******* ******* *********, en representación de ********* ****** ******** ******* ** ******* ********, demandó la nulidad de:* **a)** *la resolución contenida en el oficio ************, de veinticuatro de febrero de dos mil veintitrés, emitida por la Administración Desconcentrada Jurídica de Quintana Roo "2", de la Administración General Jurídica, del Servicio de Administración Tributaria, por medio de la cual se confirmó la resolución contenida en el oficio ************, de dos de septiembre de dos mil veintiuno, emitido por la Administración Desconcentrada de Auditoría Fiscal de Quintana Roo "2", del mismo órgano desconcentrado, y;* **b)** *la resolución recurrida. En dicho ocurso relató los hechos que motivaron la demanda, expuso los conceptos de impugnación de su parte y ofreció las pruebas que estimó pertinentes.*

2. *Mediante acuerdo de dieciocho de abril de dos mil veintitrés, se admitió a trámite la demanda [en la vía ordinaria], en contra de la resolución anteriormente precisada y se ordenó emplazar a la enjuiciada y al tercero interesado.*

3. *A través del oficio*****************, presentado en la Oficialía de Partes de esta Sala el dieciséis de junio de dos mil veintitrés, la autoridad enjuiciada compareció a juicio dando contestación a la demanda de nulidad, vertiendo los argumentos y ofreciendo las pruebas que estimó conducentes.*

4. *Mediante acuerdo de veintiuno de junio de dos mil veintitrés, el Magistrado Instructor tuvo por contestada la demanda, en los términos en que fue planteada y se otorgó a las partes el plazo legal para formular alegatos.*

5. *Mediante oficio **********, presentado en esta Sala el once de julio de dos mil veintitrés, la autoridad demandada presentó sus alegatos, mismos que se tuvieron por formulados a través del acuerdo del doce* *del mismo mes y año.*

6. Mediante escrito presentado en esta Sala el cuatro de agosto de dos mil veintitrés, la parte actora presentó sus alegatos, mismos que se tuvieron por formulados a través del acuerdo del ocho del mismo mes y año.

7. Verificada la debida integración del expediente al rubro citado, se declaró cerrada la instrucción del juicio; en consecuencia, se procede a resolverlo conforme a los siguientes:

C O N S I D E R A N D O S

PRIMERO. Esta Sala Regional del Caribe y Auxiliar del Tribunal Federal de Justicia Administrativa es competente para resolver la presente controversia; en razón de la materia, de conformidad a lo establecido en el artículo 3, fracciones II y XIII, de la Ley Orgánica del Tribunal Federal de Justicia Administrativa; y, por razón de territorio, conforme a los artículos 29, 30 y 34 de la Ley en cita, en relación con los artículos 48, fracción XX, y 49, fracción XX, 51, fracción I, inciso g), del Reglamento Interior de este Tribunal.

SEGUNDO. La existencia del acto impugnado se encuentra debidamente acreditada en autos, con la exhibición que de su impresión con firma electrónica avanzada con certificado vigente realiza la parte actora; documental que hace prueba plena para esta juzgadora, de acuerdo con lo establecido en los artículos 129, 202, 207 y 217 del Código Federal de Procedimientos Civiles, de aplicación supletoria en esta materia, 46, fracción I, de la Ley Federal de Procedimiento Contencioso Administrativo y 17-D del Código Fiscal de la Federación.

*TERCERO. Con fundamento en el artículo 50, segundo párrafo, de la Ley Federal de Procedimiento Contencioso Administrativo, esta Juzgadora procede al estudio del quinto concepto de impugnación, en donde **la parte actora** argumenta, medularmente, que los visitadores realizaron una valoración y análisis de la documentación e información proporcionada por la actora durante el desarrollo de la visita domiciliaria, sin poseer facultades para ello.*

Esto es, se excedieron de sus facultades, realizando actos para los que no son competentes, pues solo les compete hacer constar los hechos u omisiones que observen durante la visita domiciliaria, y dentro de sus atribuciones, los visitadores no cuentan con facultades para valorar y analizar la información proporcionada por el contribuyente visitado.

*En relación a lo anterior, **la autoridad demandada** al formular su oficio de contestación a la demanda, calificó de infundados los argumentos de la actora, aduciendo que ni en la última acta parcial, ni en el acta final, existe valoración alguna por parte de los visitadores actuantes.*

Agrega que las actuaciones durante el desarrollo de la visita domiciliaria se ajustaron a las disposiciones legales que la contemplan; de igual forma, señala que los visitadores que levantaron la última acta parcial y el acta final, ajustaron su actuar a lo que establece el artículo 46, fracciones I y IV, del Código Fiscal de la Federación, pues únicamente se limitaron a establecer y circunstanciar los hechos que se suscitaron en la visita, es decir solo se constriñeron en realizar actividades para los cuales están facultados sin excederse de sus funciones, ya que en ningún momento valoraron documentos aportados por el contribuyente.

Una vez analizados los argumentos de las partes en relación con el contenido de la última acta parcial controvertida, esta Sala determina que son fundados los argumentos de la actora, en atención a las siguientes consideraciones:

Los artículos 16 de la Constitución Política de los Estados Unidos Mexicanos y 38, fracción IV, del Código Fiscal de la Federación, establecen la garantía y requisito de fundamentación, el cual lleva implícita la idea de exactitud y precisión en la cita de las normas legales que establecen las facultades para emitir el acto de molestia de que se trate, lo anterior con la finalidad de otorgar certeza y seguridad jurídica al particular frente a los actos de las autoridades que afecten su interés jurídico y, por tanto, asegurar la prerrogativa de su defensa, ante un acto que no cumpla con los requisitos legales necesarios.

En este sentido, la autoridad está obligada a citar en el acto administrativo que emita, el carácter con que lo suscribe y la disposición legal específica que lo faculta para dictar dicho acto.

En efecto, resulta necesario que, en el acto de autoridad, se señalen con exactitud y precisión las disposiciones legales específicas que otorguen al ente administrativo, la atribución ejercida en menoscabo del gobernado, pues sólo de esta forma se privilegia la protección de su esfera jurídica contra actos arbitrarios de la autoridad.

*Resulta aplicable, la **jurisprudencia** 2a./J. 115/2005, emitida por la Segunda Sala de la Suprema Corte de Justicia de la Nación –con motivo de la contradicción de tesis 114/2005-SS, entre las sustentadas por el Segundo Tribunal Colegiado en Materia de Trabajo del Tercer Circuito, el Tercer Tribunal Colegiado del Vigésimo Tercer Circuito y el Primer Tribunal Colegiado en Materia Administrativa del Tercer Circuito–, que aparece publicada en el Semanario Judicial de la Federación y su Gaceta de la novena época, tomo XXII, septiembre de dos mil cinco, página 310; que prescribe:*

*"**COMPETENCIA DE LAS AUTORIDADES ADMINISTRATIVAS. EL MANDAMIENTO ESCRITO QUE CONTIENE EL ACTO DE MOLESTIA A PARTICULARES DEBE FUNDARSE EN EL PRECEPTO LEGAL QUE LES OTORGUE LA ATRIBUCIÓN EJERCIDA, CITANDO EL APARTADO, FRACCIÓN, INCISO O SUBINCISO, Y EN CASO DE QUE NO LOS CONTENGA, SI SE TRATA DE UNA NORMA COMPLEJA, HABRÁ DE TRANSCRIBIRSE LA PARTE CORRESPONDIENTE.-** De lo dispuesto en la tesis de jurisprudencia*

P./J. 10/94 del Tribunal en Pleno de la Suprema Corte de Justicia de la Nación, publicada en la Gaceta del Semanario Judicial de la Federación Número 77, mayo de 1994, página 12, con el rubro: "COMPETENCIA. SU FUNDAMENTACIÓN ES REQUISITO ESENCIAL DEL ACTO DE AUTORIDAD.", así como de las consideraciones en las cuales se sustentó dicho criterio, se advierte que la garantía de fundamentación consagrada en el artículo 16 de la Constitución Política de los Estados Unidos Mexicanos, lleva implícita la idea de exactitud y precisión en la cita de las normas legales que facultan a la autoridad administrativa para emitir el acto de molestia de que se trate, al atender al valor jurídicamente protegido por la exigencia constitucional, que es la posibilidad de otorgar certeza y seguridad jurídica al particular frente a los actos de las autoridades que afecten o lesionen su interés jurídico y, por tanto, asegurar la prerrogativa de su defensa ante un acto que no cumpla con los requisitos legales necesarios. En congruencia con lo anterior, se concluye que es un requisito esencial y una obligación de la autoridad fundar en el acto de molestia su competencia, pues sólo puede hacer lo que la ley le permite, de ahí que la validez del acto dependerá de que haya sido realizado por la autoridad facultada legalmente para ello dentro de su respectivo ámbito de competencia, regido específicamente por una o varias normas que lo autoricen; por tanto, para considerar que se cumple con la garantía de fundamentación establecida en el artículo 16 de la Constitución Federal, es necesario que la autoridad precise exhaustivamente su competencia por razón de materia, grado o territorio, con base en la ley, reglamento, decreto o acuerdo que le otorgue la atribución ejercida, citando en su caso el apartado, fracción, inciso o subinciso; sin embargo, en caso de que el ordenamiento legal no los contenga, si se trata de una norma compleja, habrá de transcribirse la parte correspondiente, con la única finalidad de especificar con claridad, certeza y precisión las facultades que le corresponden, pues considerar lo contrario significaría que el gobernado tiene la carga de averiguar en el cúmulo de normas legales que señale la autoridad en el documento que contiene el acto de molestia, si tiene competencia por grado, materia y territorio para actuar en la forma en que lo hace, dejándolo en estado de indefensión, pues ignoraría cuál de todas las normas legales que integran el texto normativo es la específicamente aplicable a la actuación del órgano del que emana, por razón de materia, grado y territorio."

De la ejecutoria que dio lugar a la jurisprudencia transcrita, se advierte que la Segunda Sala de la Suprema Corte de Justicia de la Nación, estableció que "para estimar cumplida la garantía de fundamentación prevista en el numeral 16 de la Constitución Política de los Estados Unidos Mexicanos, no es dable ninguna clase de ambigüedad, ya que su finalidad consiste, en una exacta individualización del acto de autoridad de acuerdo a la hipótesis jurídica en que se ubique el gobernado con relación a las facultades de la autoridad, por razones de seguridad jurídica".

Precisado lo anterior, es necesario realizar el análisis del artículo 46, fracción IV, del Código Fiscal de la Federación, vigente en la fecha de emisión de la última acta parcial [siete de octubre de dos mil diecinueve], mismo que dispone lo siguiente:

*"**Artículo 46**. La visita en el domicilio fiscal se desarrollará conforme a las siguientes reglas:*

[...]

***IV.** Con las mismas formalidades a que se refieren las fracciones anteriores, se podrán levantar actas parciales o complementarias en las que se hagan constar hechos, omisiones o circunstancias de carácter concreto, de los que se tenga conocimiento en el desarrollo de una visita. Una vez levantada el acta final, no se podrán levantar actas complementarias sin que exista una nueva orden de visita.*

Cuando en el desarrollo de una visita las autoridades fiscales conozcan hechos u omisiones que puedan entrañar incumplimiento de las disposiciones fiscales, los consignarán en forma circunstanciada en actas parciales. También se consignarán en dichas actas los hechos u omisiones que se conozcan de terceros. En la última acta parcial que al efecto se levante se hará mención expresa de tal circunstancia y entre ésta y el acta final, deberán transcurrir, cuando menos veinte días, durante los cuales el contribuyente podrá presentar los documentos, libros o registros que desvirtúen los hechos u omisiones, así como optar por corregir su situación fiscal. Cuando se trate de más de un ejercicio revisado o fracción de éste, se ampliará el plazo por quince días más, siempre que el contribuyente presente aviso dentro del plazo inicial de veinte días.

Se tendrán por consentidos los hechos consignados en las actas a que se refiere el párrafo anterior, si antes del cierre del acta final el contribuyente no presenta los documentos, libros o registros de referencia o no señale el lugar en que se encuentren, siempre que éste sea el domicilio fiscal o el lugar autorizado para llevar su contabilidad o no prueba que éstos se encuentran en poder de una autoridad.

Tratándose de visitas relacionadas con el ejercicio de las facultades a que se refieren los artículos 179 y 180 de la Ley del Impuesto sobre la Renta, deberán transcurrir cuando menos dos meses entre la fecha de la última acta parcial y el acta final. Este plazo podrá ampliarse por una sola vez por un plazo de un mes a solicitud del contribuyente.

Dentro de un plazo no mayor de quince días hábiles contados a partir de la fecha de la última acta parcial, exclusivamente en los casos a que se refiere el párrafo anterior, el contribuyente podrá designar un máximo de dos representantes, con el fin de tener acceso a la información confidencial proporcionada u obtenida de terceros independientes respecto de operaciones comparables que afecte la posición competitiva de dichos terceros. La designación de representantes deberá hacerse por escrito y presentarse ante la autoridad fiscal competente. Se tendrá por consentida la información confidencial proporcionada u obtenida de terceros independientes, si el contribuyente omite designar, dentro del plazo conferido, a los citados representantes. Los contribuyentes personas físicas podrán tener acceso directo a la información confidencial a que se refiere este párrafo.

Presentada en tiempo y forma la designación de representantes por el contribuyente a que se refiere esta fracción, los representantes autorizados tendrán acceso a la información confidencial proporcionada por terceros desde ese momento y hasta los cuarenta y cinco días hábiles posteriores a la fecha de notificación de la resolución en la que se determine la situación fiscal del contribuyente que los designó. Los representantes autorizados podrán ser sustituidos por única vez por el contribuyente, debiendo éste hacer del conocimiento de la autoridad fiscal la revocación y sustitución respectivas, en la misma fecha en que se haga la revocación y sustitución. La autoridad fiscal deberá levantar acta circunstanciada en la que haga constar la naturaleza y características de la información y documentación consultadas por él o por sus representantes designados, por cada ocasión en que esto ocurra. El contribuyente o sus representantes no podrán sustraer o fotocopiar información alguna, debiéndose limitar a la toma de notas y apuntes.

El contribuyente y los representantes designados en los términos de esta fracción serán responsables hasta por un plazo de cinco años contados a partir de la fecha en que se tuvo acceso a la información confidencial o a partir de la fecha de presentación del escrito de designación, respectivamente, de la divulgación, uso personal o indebido, para cualquier propósito, de la información confidencial a la que tuvieron acceso, por cualquier medio, con motivo del ejercicio de las facultades de comprobación ejercidas por las autoridades fiscales. El contribuyente será responsable solidario por los perjuicios que genere la divulgación, uso personal o indebido de la información, que hagan los representantes a los que se refiere este párrafo.

La revocación de la designación de representante autorizado para acceder a información confidencial proporcionada por terceros no libera al representante ni al contribuyente de la responsabilidad solidaria en que puedan incurrir por la divulgación, uso personal o indebido, que hagan de dicha información confidencial."

(Texto remarcado)

Conforme al numeral invocado, esta Sala advierte que si durante el desarrollo de la visita domiciliaria, las autoridades fiscales conocían hechos u omisiones que pudieran entrañar incumplimiento de las disposiciones fiscales, los consignaban en forma circunstanciada en actas parciales, y en la última acta parcial que al efecto se levantara, se haría mención expresa de tal circunstancia.

*Así, conforme a la norma vigente en ese momento, los visitadores estaban facultados para consignar en la última acta parcial y en el acta final, los hechos u omisiones que pudieran entrañar incumplimiento de las disposiciones fiscales, **sin que para ello pudieran valorar o analizar la documentación e información exhibida por la contribuyente visitada,** y por ende, estaban impedidos para determinar el rechazo o improcedencia de las deducciones y el impuesto acreditable, relacionado con las erogaciones por las distintas operaciones comerciales consignadas en la contabilidad del contribuyente visitado, relacionado con los ingresos, deducciones y acreditamientos declarados en el periodo revisado.*

En este punto es conveniente hacer un paréntesis, para puntualizar que no pasa por alto para esta Juzgadora, que el citado artículo 46 del Código Fiscal de la Federación, fue reformado mediante decreto publicado en el Diario Oficial de la Federación el ocho de diciembre de dos mil veinte, decreto cuya vigencia inició a partir del uno de enero de dos mil veintiuno.

A través de la reforma aludida, se adicionó un párrafo al artículo en cita, que actualmente dispone:

"Artículo 46.- (...)

Los visitadores tendrán la facultad para realizar la valoración de los documentos o informes obtenidos de terceros en el desarrollo de la visita, así como de los documentos, libros o registros que presente el contribuyente dentro de los plazos establecidos en el párrafo anterior para desvirtuar los hechos u omisiones mencionados en la última acta parcial. La valoración comprenderá la idoneidad y alcance de los documentos, libros, registros o informes de referencia, como resultado del análisis, la revisión, la comparación, la evaluación o la apreciación, realizadas en lo individual o en su conjunto, con el objeto de desvirtuar o no los citados hechos u omisiones.

...”

Sin embargo, como ya se dijo previamente, dicha reforma inició vigencia hasta el uno de enero de dos mil veintiuno; esto es, en fecha posterior al levantamiento de la última acta parcial, pues ésta se levantó el siete de octubre de dos mil diecinueve.

En consecuencia, aun cuando en la actualidad los visitadores puedan tener la facultad para valorar en el desarrollo de la visita, los documentos, libros o registro, dicha facultad no se preveía en la norma que sirvió de fundamento a la autoridad demandada y que se encontraba vigente en aquel momento.

Lo anterior no sólo refuerza la determinación relativa a que, para que un visitador pueda realizar una valoración de la información o documentación aportada en la visita domiciliaria, requiere estar investido de una facultad o potestad para ello, tan es así, que el legislador la ha otorgado expresamente con motivo de la reforma aludida; sino que establece un parámetro para determinar a partir de cuándo, en la línea temporal de los actos de autoridad, los visitadores ya contaban con dicha facultad.

Señalamiento que resulta importante precisar, en el caso concreto, por virtud de la repercusión y transcendencia que tendrá en el resultado final del fallo; sin embargo, ello se retomará y abordará detalladamente más adelante.

Una vez hecha la precisión anterior, se continúa con el estudio del argumento de la actora, tomando en consideración que la norma vigente al momento del levantamiento de la última acta parcial, no otorgaba facultades a los visitadores actuantes, para valorar o analizar la documentación e información exhibida por la contribuyente visitada

En ese contexto, del análisis a la última acta parcial levantada el <u>siete de octubre de dos mil diecinueve</u>, misma que obra a folios 95 a 173 del expediente administrativo del que deriva la resolución determinante recurrida [exhibido por la demandada al contestar la demanda], y que se valora en términos de los artículos 14, fracción V y 46, fracción I, de la Ley Federal de Procedimiento Contencioso Administrativo; se advierte que los visitadores adscritos a la Administración Desconcentrada de Auditoría Fiscal de Quintana Roo "2", con sede en Quintana Roo, de la Administración General de Auditoría Fiscal Federal del Servicio de Administración Tributaria, precisaron, entre otras cosas, lo siguiente:

Folio 119 del expediente administrativo:

(…)

Foja 120 del expediente administrativo:

(…)

Foja 123 del expediente administrativo:

(…)

Foja 123 reverso del expediente administrativo:

(…)

Foja 128 del expediente administrativo:

(…)

Foja 128 reverso del expediente administrativo:

(…)

Foja 137 del expediente administrativo:

(…)

Foja 141 del expediente administrativo:

(...)

Foja 157 del expediente administrativo:

(...)

Foja 170 del expediente administrativo:

(...)

De lo antes inserto [a manera ejemplificativa] se advierte que los visitadores adscritos a la Administración Desconcentrada de Auditoría Fiscal de Quintana Roo "2", al diligenciar la última acta parcial, <u>concluyeron</u> de la revisión de la información y documentación comprobatoria exhibida y proporcionada en el desarrollo de la visita, entre otras cosas, lo siguiente:

▪   *Que la contribuyente revisada declaró deducciones improcedentes en cantidad de $99,742,671.00.*

▪   *Que los contratos exhibidos por la actora que amparan las operaciones con sus proveedores no hacen prueba plena para acreditar los servicios contratados.*

▪   *Que la contribuyente revisada no aportó pruebas documentales con las que se compruebe la realización de sus operaciones con sus proveedores.*

▪   *Que al no comprobar la realización de sus operaciones con sus proveedores, las erogaciones de la actora no podrían corresponder a ninguna deducción de las señaladas en la Ley del Impuesto sobre la Renta vigente en dos mil quince.*

▪   *Que la contribuyente revisada declaró un Impuesto al Valor Agregado acreditable improcedente en cantidad de $290,676.00, por el ejercicio revisado.*

De lo antes precisado se acredita que los visitadores adscritos a la Administración Desconcentrada de Auditoría Fiscal de Quintana Roo "2", con sede en Quintana Roo, en la última acta parcial de siete de octubre de dos mil diecinueve; concluyó que la hoy accionante, una vez analizada la documentación e información proporcionada durante la visita domiciliaria, había incurrido en las irregularidades antes detalladas.

Lo cual trascendió al sentido de la resolución impugnada, porque como lo señala la parte actora, el análisis y la determinación efectuada indebidamente por los visitadores, fue utilizada por la autoridad emisora al momento de emitir la liquidación, como se advierte de la confronta entre la última acta parcial y la propia resolución determinante.

Al respecto, el artículo 46 del Código Fiscal de la Federación [vigente al momento de la última acta parcial], no establecía que los visitadores tuvieran dentro de sus atribuciones, la de valorar los documentos y pruebas que el contribuyente exhibía en una visita domiciliaria y antes del cierre del acta final, pese a que la visita domiciliaria como tal sea parte del proceso de fiscalización, en virtud de que únicamente estaban autorizados para ejercer facultades de comprobación a través de la revisión de documentos contables o sistemas de almacenamiento de datos donde conste la contabilidad del visitado; para requerir la exhibición de papeles o documentos relativos; para verificar bienes y mercancías localizados en el domicilio de la visita y levantar las actas donde se asienten los hechos u omisiones observadas, pero de ningún modo podían valorar pruebas que el contribuyente exhibiera durante la visita con la finalidad de desvirtuar irregularidades detectadas.

Sin embargo, es necesario precisar el alcance de la atribución que se confería a los visitadores al levantar actas parciales dentro de una visita domiciliaria, para lo cual, este Juzgador estima que de toda visita domiciliaria se levantara un acta en la que se harán constar en forma circunstanciada los hechos u omisiones que hubieran conocido los visitadores; lo que hará prueba de la existencia de tales hechos, omisiones e irregularidades encontradas.

*Ahora bien, cabe retomar que, sobre este punto, en la **jurisprudencia** 2a./J. 1/2015 (10a.), derivada de la contradicción de tesis número 268/2014, emitida por la Segunda Sala de la Suprema Corte de Justicia de la Nación, se estudió el artículo 46, del Código Fiscal de la Federación, motivo suficiente para allegarnos del contenido de la ejecutoria que dio origen al criterio jurisprudencial en comento:*

"QUINTO. El tópico a resolver es determinar si en la práctica de una visita domiciliaria, los visitadores están facultados para valorar los documentos y pruebas que exhiba la contribuyente para desvirtuar hechos u omisiones detectadas.

Previo al estudio respectivo, importa enfatizar que las visitas domiciliarias tienen como finalidad verificar el cumplimiento de las obligaciones fiscales y derivan de una orden escrita que en lo general debe contener el señalamiento de la autoridad que la emite; lugar y fecha de emisión; estar fundada, motivada y expresar la resolución, objeto o propósito de que se trate; ostentar la firma del funcionario competente y, en su caso, el nombre o nombres de las personas a las que vaya dirigida o los datos suficientes que permitan su identificación; el lugar o lugares donde va a efectuarse la visita, y el nombre de la persona o personas que deban efectuar la visita.

Por su parte, los visitados, sus representantes, o la persona con quien se entienda la visita en el domicilio fiscal, están obligados en términos generales, a permitir a los visitadores designados por las autoridades fiscales el acceso al lugar o lugares objeto de la visita; mantener a su disposición la contabilidad y demás papeles que acrediten el cumplimiento de las disposiciones fiscales, los que podrán ser fotocopiados para que previo cotejo con sus originales se certifiquen y sean anexados a las actas finales o parciales que levanten con motivo de la visita; permitir la verificación de bienes y mercancías, así como de los documentos, discos, cintas o cualquier otro medio procesable de almacenamiento de datos que tenga el contribuyente en los lugares visitados, equipo de cómputo.

Empero, en términos de lo previsto en el artículo 46 del Código Fiscal de la Federación no se establece que los visitadores tengan dentro de sus atribuciones, la de valorar los documentos y pruebas que el contribuyente exhibe en una visita domiciliaria para desvirtuar los hechos u omisiones asentados en las actas parciales y antes del cierre del acta final, pese a que la visita domiciliaria como tal sea parte del proceso de fiscalización, en virtud de que únicamente están autorizados para ejercer facultades de comprobación a través de la revisión de documentos contables o sistemas de almacenamiento de datos donde conste la contabilidad del visitado; para requerir la exhibición de papeles o documentos relativos; para verificar bienes y mercancías localizados en el domicilio de la visita y levantar las actas donde se asienten los hechos u omisiones observadas, pero de ningún modo pueden valorar pruebas que el contribuyente exhiba durante la visita con la finalidad de desvirtuar irregularidades detectadas.

Se explica, en el Código Fiscal de la Federación se aprecian diversas funciones de los visitadores como son: dejar citatorio en el lugar donde deba practicarse la diligencia; asegurar bienes o mercancías cuando adviertan la existencia de bienes o mercancías de importación, tenencia, producción, explotación, captura o transporte no manifestada a las autoridades fiscales; asegurar contabilidad cuando adviertan maniobras para impedir el inicio o desarrollo de la visita; designar testigos en caso de que no lo haga la persona con quien se entienda la diligencia, haciendo constar esta situación en el acta que levanten; obtener copia certificada de la contabilidad del particular levantando acta parcial; y, terminar la visita en el domicilio del visitado o en las oficinas de las autoridades fiscales donde levantarán acta final (artículo 44 del Código Fiscal de la Federación).

Asimismo, del análisis del artículo 46 del Código Fiscal de la Federación reproducido en el considerando precedente se aprecia que (...)

De lo anterior, se colige que los visitadores no tienen dentro de sus atribuciones valorar documentos, libros o registros que el contribuyente exhiba durante la visita para desvirtuar hechos u omisiones detectadas, pues únicamente están facultados, como ya se señaló, a levantar actas circunstanciadas en la que hagan constar [a naturaleza y características de la información y documentación recibida, pues se reitera, las fracciones I y IV del artículo 46 del Código Fiscal de la Federación son claras, al establecer solamente, que de toda visita en el domicilio fiscal se levantará acta en la que se harán constar en forma circunstanciada los hechos u omisiones que se hubieren conocido; que los visitadores podrán levantar actas parciales o complementarias en las que hagan constar hechos, omisiones o circunstancias de carácter concreto del visitado o de terceros, de los que se tenga conocimiento en el desarrollo de una visita; que en la última acta parcial que al efecto se levante se hará mención expresa de tal circunstancia y, entre ésta y el acta final, el contribuyente puede presentar los documentos, libros o registros que desvirtúen los hechos u omisiones, así como optar por corregir su situación fiscal, pero en ninguna porción normativa se establece que los visitadores puedan valorarlos, por la sencilla razón de que dentro de sus funciones sólo está hacer constar en actas circunstanciadas lo que tienen a la vista y revisan, pero es una autoridad fiscal distinta la encargada de analizar todo lo que se levanta en un acta circunstanciada y calificar si da lugar o no a determinar un crédito fiscal, en virtud de que los visitadores son sólo autoridades auxiliares de las Administraciones Locales de Auditoría Fiscal.

En este sentido, no resultaría procedente considerar que los visitadores pueden valorar los documentos, libros o registros que exhiba el particular en una visita domiciliaria, pues ese proceder está sujeto a la evaluación final de la autoridad fiscal competente. La facultad fiscalizadora no funciona de este modo, ya que cada autoridad tiene sus tareas bien delimitadas y los visitadores no pueden evaluar documentos y decidir la situación contable de la contribuyente o las consecuencias fiscales de ésta.

En otras palabras, los visitadores sólo levantan actas circunstanciadas donde hacen constar hechos u omisiones, pero no pueden valorar documentos o pruebas exhibidos durante la visita, pues no les compete determinar la situación fiscal del visitado pese a que lo asentado por ellos pueda derivar en la imposición de un crédito fiscal, dado que no son los visitadores los que emiten resoluciones, debido a que ni el Código Fiscal de la Federación ni el Reglamento Interior del Servicio de Administración Tributaria los faculta para esos fines, tan es así que, el propio artículo 46 del Código Fiscal de la Federación evidencia que la tarea de los visitadores al levantar las actas de visita y recabar documentación está sujeta a las normas aplicables y, en caso de apreciar su ilegalidad, puede dar origen a la reposición del procedimiento sin perjuicio de la responsabilidad en que pueda incurrir el servidor público que motivó la violación; particularidad que evidencia que a ellos no les compete valoración alguna, pues la revisión de los documentos, libros o papeles que presente el contribuyente, sólo es para hacer constar su exhibición en las actas circunstanciadas, pero no para emitir una calificación respecto a la situación fiscal del particular, pues son las Administraciones Locales de Auditoría Fiscal o la Administración General de Auditoría Fiscal Federal las que determinan los impuestos y sus accesorios que resulten a cargo de los contribuyentes, responsables solidarios y demás obligados, y las que determinan los derechos, contribuciones de mejoras, aprovechamientos y sus accesorios que deriven del ejercicio de las facultades de comprobación.

Apoya esta consideración, por su contenido, la siguiente jurisprudencia:

"Novena Época

"Registro: 200591

"Instancia: Segunda Sala

"Jurisprudencia

"Fuente: Semanario Judicial de la Federación y su Gaceta

"Tomo: III, junio de 1996

"Materia: administrativa

"Tesis: 2a.1J. 24/96

"Página: 316

"VISITA DOMICILIARIA. LAS REFORMAS A LOS ARTÍCULOS 46, FRACCIÓN I, ÚLTIMO PÁRRAFO Y 54, DEL CÓDIGO FISCAL DE LA FEDERACIÓN, VIGENTES A PARTIR DEL UNO DE ENERO DE MIL NOVECIENTOS NOVENTA, NO MODIFICARON LA NATURALEZA JURÍDICA DEL ACTA FINAL EN LA QUE LOS AUDITORES DETERMINAN PRESUNTAS CONSECUENCIAS LEGALES DE LOS HECHOS U OMISIONES QUE HUBIEREN CONOCIDO EN EL TRANSCURSO DE AQUELLA, COMO ES LA DE NO SER UN ACTO DEFINITIVO QUE PUEDA IMPUGNARSE MEDIANTE EL JUICIO DE NULIDAD ANTE EL TRIBUNAL FISCAL DE LA FEDERACIÓN. (--.)"

Recapitulando, existe la obligación de los visitadores de detallar todas las pruebas exhibidas y aludir a los argumentos expuestos durante la visita domiciliaria que intenten desvirtuar irregularidades detectadas en las actas; sin embargo, eso no implica que estén facultados para valorar y hacer un pronunciamiento final, pues su tarea es únicamente reflejar en dichas actas los hechos u omisiones de los que conozcan durante la práctica de la visita, es decir, no les compete evaluar en el acta final ni en las parciales, las pruebas y documentos aportados por el contribuyente para desvirtuar hechos consignados en la última acta parcial circunstanciando el resultado de esa valoración, porque el artículo 46 del Código Fiscal de la Federación no les da tal atribución, ya que las actas son documentos donde se hacen constar hechos u omisiones detectadas por la autoridad inspectora durante el desarrollo de una visita, cuyo contenido ilustra y contribuye a la toma de la última decisión por parte de la autoridad facultada para determinar créditos fiscales; por tanto, es innegable que las actas elaboradas por los visitadores como auxiliares de las autoridades fiscales, pueden motivar la resolución que impone un crédito fiscal, pero no constituyen la determinación de éste.

Es aplicable la siguiente jurisprudencia:

"Novena Época

"Registro: 184549 "Instancia: Segunda Sala

"Jurisprudencia

"Fuente: Semanario Judicial de la Federación y su Gaceta

"Tomo XVII, abril de 2003

"Materia: administrativa

"Tesis: 2a./J. 24/2003 "Página: 147

"ACTAS DE VISITA DOMICILIARIA. SON IMPUGNABLES, POR REGLA GENERAL, A TRAVÉS DEL JUICIO DE AMPARO INDIRECTO, HASTA QUE SE PRODUZCA LA RESOLUCIÓN FINAL EN EL PROCEDIMIENTO ADMINISTRATIVO. (...)"

En mérito de lo hasta aquí expuesto, debe prevalecer con carácter de jurisprudencia, la tesis que sustenta la Segunda Sala, en los siguientes términos:

..."

De lo anterior, se desprende que la Segunda Sala de la Suprema Corte de Justicia de la Nación concluyó lo siguiente:

I.- Determinó que de conformidad con lo previsto en el artículo 46 del Código Fiscal de la Federación, no se establece que los visitadores tengan dentro de sus atribuciones, la de valorar los documentos y pruebas que el contribuyente exhibe en una visita domiciliaria para desvirtuar los hechos u omisiones asentados en las actas parciales y antes del cierre del acta final, en virtud de que únicamente están autorizados para ejercer facultades de comprobación a través de la revisión de elementos donde conste la contabilidad del visitado; para requerir la exhibición de papeles o documentos relativos; para verificar bienes y mercancías localizados en el domicilio de la visita y levantar las actas donde se asienten los hechos u omisiones observadas, <u>pero de ningún modo pueden valorar pruebas que el contribuyente exhiba durante la visita con la finalidad de desvirtuar irregularidades detectadas</u>.

II.- Que los visitadores no tienen dentro de sus atribuciones, la de valorar documentos, libros o registros que el contribuyente exhiba durante la visita para desvirtuar hechos u omisiones detectadas, <u>al únicamente estar facultados para levantar actas circunstanciadas en las que hagan constar la naturaleza y características de la información y documentación recibida, pues únicamente existe la obligación de los visitadores de detallar todas las pruebas exhibidas y aludir a los argumentos expuestos durante la visita domiciliaria que intenten desvirtuar irregularidades detectadas en las actas;</u> pues es una autoridad fiscal distinta la encargada de analizar todo lo que se levanta en un acta circunstanciada y calificar si da lugar o no a determinar un crédito fiscal, ya que dichos visitadores, son sólo autoridades auxiliares de las Administraciones Locales de Auditoría Fiscal.

III.- Que no resulta procedente considerar que los visitadores puedan valorar los documentos, libros o registros que exhiba el particular en una visita domiciliaria, pues ello está sujeto a la evaluación final de la autoridad fiscal competente; siendo que cada autoridad tiene delimitadas sus tareas y consecuentemente, los visitadores no pueden evaluar documentos y decidir la situación contable o las consecuencias fiscales del contribuyente visitado.

IV.- *Que los visitadores no pueden valorar documentos o pruebas exhibidos durante la visita, pues no les compete determinar la situación fiscal del visitado; no obstante, lo asentado por ellos, pueda derivar en la imposición de un crédito fiscal, pues los visitadores no son los que emiten resoluciones determinantes, siendo que ni el Código Fiscal de la Federación ni el Reglamento Interior del Servicio de Administración Tributaria los faculta para dichos fines determinantes.*

V.- *Que la revisión de los documentos, libros o papeles que presente el contribuyente visitado, que prevé el artículo 46 del Código Fiscal de la Federación sólo es para hacer constar su exhibición en las actas circunstanciadas, pero no para emitir una <u>calificación</u> respecto a la situación fiscal del particular, pues son las Administraciones Locales de Auditoría Fiscal o la Administración General de Auditoría Fiscal Federal las que determinan los impuestos y sus accesorios que resulten a cargo de los contribuyentes, responsables solidarios y demás obligados, y las que determinan los derechos, contribuciones de mejoras, aprovechamientos y sus accesorios que deriven del ejercicio de las facultades de comprobación.*

Las anteriores consideraciones tomadas por la Segunda Sala de la Suprema Corte de Justicia de la Nación, dieron lugar a la jurisprudencia 2a./J. 1/2015 (10a.) cuyos rubro y contenido, son los siguientes:

"VISITA DOMICILIARIA. LOS DOCUMENTOS, LIBROS O REGISTROS, QUE COMO PRUEBA EXHIBA EL CONTRIBUYENTE PARA DESVIRTUAR IRREGULARIDADES, NO PUEDEN SER VALORADOS POR LOS VISITADORES, PUES SÓLO LES COMPETE DETALLARLOS Y HACER CONSTAR HECHOS U OMISIONES EN LAS ACTAS CIRCUNSTANCIADAS. *El artículo 46 del Código Fiscal de la Federación no establece, como facultad de los visitadores, valorar las pruebas que el contribuyente ofrezca durante la práctica de una visita domiciliaria con la finalidad de desvirtuar irregularidades detectadas en la última acta parcial, pues sólo les compete hacer constar su exhibición, levantando el acta circunstanciada donde se asiente la existencia de los documentos aportados por el contribuyente, ya que como auxiliares de las autoridades fiscales sólo están facultados para asentar los hechos u omisiones que observen durante la visita, pero dentro de sus atribuciones no se encuentra la de determinar créditos fiscales, a través de la valoración de los documentos, libros o registros que como prueba exhiba el particular."*

Bajo ese contexto, se tiene que si bien el criterio jurisprudencial analizado, establece cuáles eran las atribuciones de los visitadores en el levantamiento de las actas parciales, incluyendo la última acta parcial y acta final, esto es: levantar actas circunstanciadas en las que hagan constar la naturaleza y características de la información y documentación recibida, pues únicamente existía la obligación de los visitadores de detallar todas las pruebas exhibidas y aludir a los argumentos expuestos durante la visita domiciliaria que intentaran desvirtuar irregularidades detectadas en las actas.

Establece también cuáles eran las prohibiciones de los visitadores al levantar las referidas actas parciales, incluyendo la última acta parcial y acta final: esto es, no podían valorar los documentos, libros o registros que exhibiera el particular en una visita domiciliaria, pues ello estaba sujeto a la evaluación final de la autoridad fiscal competente; siendo que cada autoridad tiene delimitadas sus tareas y consecuentemente, los visitadores no podían evaluar documentos y decidir la situación contable o las consecuencias fiscales del contribuyente visitado.

Y por último, resuelve el asunto propuesto en la contradicción de tesis, al definir como criterio jurisprudencial que los visitadores no tenían dentro de sus atribuciones, la de valorar documentos, libros o registros que el contribuyente exhibiera durante la visita para desvirtuar irregularidades detectadas en la última acta parcial, y dentro de sus atribuciones no se encontraba la de determinar créditos fiscales (o definir su situación fiscal), a través de la valoración de los documentos, libros o registros que como prueba exhibiera el particular.

De lo anterior, esta Juzgadora colige que aunque la Segunda Sala de la Suprema Corte de Justicia de la Nación estableció jurisprudencia en relación a los límites de actuación de los visitadores para valorar pruebas y documentos exhibidos para desvirtuar irregularidades que se den a conocer en la última acta parcial, atendiendo al principio doctrinal de identidad de razón, esa limitación aplica para el levantamiento de cualquier acta parcial dentro del desarrollo de la visita domiciliaria, en la inteligencia de que el artículo 46 del Código Fiscal de la Federación, regula todo el procedimiento fiscalizador y no únicamente el levantamiento de la última acta parcial y acta final.

Luego, desde el levantamiento del acta parcial de inicio, hasta el acta final, el visitador estaba obligado a levantar actas circunstanciadas en las que hiciera constar la naturaleza y características de la información y documentación recibida, pues únicamente existía la obligación de los visitadores de detallar todas las pruebas exhibidas y aludir a los argumentos expuestos durante la visita domiciliaria que intentaran desvirtuar irregularidades detectadas en las actas, y tenía prohibido en cada una de ellas de valorar los documentos, libros o registros que exhiba el particular en una visita domiciliaria, pues ello estaba sujeto a la evaluación final de la autoridad fiscal competente; consecuentemente, los visitadores no podían evaluar documentos y decidir la situación contable o las consecuencias fiscales del contribuyente visitado.

Asimismo, debe destacarse que el criterio jurisprudencial se encuentra encaminado completamente a lo relativo al artículo 46 del Código Fiscal de la Federación, por lo que la Segunda Sala de la Suprema Corte de

Justicia de la Nación, fue categórica en señalar que los visitadores no podían valorar aquellas pruebas exhibidas por los contribuyentes para desvirtuar los hechos u omisiones asentados en las actas parciales y antes del cierre del acta final.

En este sentido, no resultaría procedente considerar que los visitadores podían valorar los documentos, libros o registros que exhibiera el particular en una visita domiciliaria, pues ese proceder estaría sujeto a la evaluación final de la autoridad fiscal competente. La facultad fiscalizadora no funciona de este modo, ya que cada autoridad tiene sus tareas bien delimitadas y los visitadores no podían evaluar documentos y decidir la situación contable de la contribuyente o las consecuencias fiscales de ésta.

En otras palabras, los visitadores sólo levantaban actas circunstanciadas donde hacían constar hechos u omisiones, pero no podían valorar documentos o pruebas exhibidos durante la visita, pues no les competía determinar la situación fiscal del visitado pese a que lo asentado por ellos pudiera derivar en la imposición de un crédito fiscal, dado que no eran los visitadores los que emitían resoluciones, debido a que ni el Código Fiscal de la Federación ni el Reglamento Interior del Servicio de Administración Tributaria los facultaba para esos fines, tan es así que el propio artículo 46 del Código Fiscal de la Federación, evidencia que la tarea de los visitadores al levantar las actas de visita y recabar documentación está sujeta a las normas aplicables y, en caso de apreciar su ilegalidad, puede dar origen a la reposición del procedimiento sin perjuicio de la responsabilidad en que pueda incurrir el servidor público que motivó la violación.

La particularidad anterior evidencia que, en ese momento, a los visitadores no les competía valoración alguna, pues la revisión de los documentos, libros o papeles que presente el contribuyente, sólo era para hacer constar su exhibición en las actas circunstanciadas, pero no para emitir una calificación respecto a la situación fiscal del particular, pues era el Administrador Desconcentrado de Auditoría Fiscal de Quintana Roo "2" [quien ejerció la facultad de comprobación] el que determinaría los impuestos y sus accesorios que resultaran a cargo de los contribuyentes, responsables solidarios y demás obligados, y la que determinaría los derechos, contribuciones de mejoras, aprovechamientos y sus accesorios que derivaran del ejercicio de las facultades de comprobación.

Es decir, existía la obligación de los visitadores de detallar todas las pruebas exhibidas y aludir a los argumentos expuestos durante la visita domiciliaria que intentaran desvirtuar irregularidades detectadas en las actas; sin embargo, eso no implicaba que estuvieran facultados para valorar y hacer un pronunciamiento final, pues su tarea era únicamente reflejar en dichas actas los hechos u omisiones de los que conociera durante la práctica de la visita.

Entonces, no les competía evaluar en la última acta parcial, las pruebas y documentos aportados por la contribuyente durante la visita domiciliaria, así como para desvirtuar hechos consignados, porque el artículo 46 del Código Fiscal de la Federación, vigente en ese momento, no les daba tal atribución, ya que las actas eran documentos donde se hacían constar hechos u omisiones detectadas por la autoridad inspectora durante el desarrollo de una visita, cuyo contenido ilustraba y contribuía a la toma de la última decisión por parte de la autoridad facultada para determinar créditos fiscales; por tanto, es innegable que las actas elaboradas por los visitadores como auxiliares de las autoridades fiscales, podían motivar la resolución que imponía un crédito fiscal, pero no constituía la determinación de éste.

En tales consideraciones, resulta ilegal el actuar de los visitadores adscritos a la Administración Desconcentrada de Auditoría Fiscal de Quintana Roo "2", al momento de levantar la última acta parcial, toda vez que el artículo 46 del Código Fiscal de la Federación no establecía, en ese momento, como facultad de los visitadores, valorar las pruebas que el contribuyente ofreciera durante la práctica de una visita domiciliaria con la finalidad de desvirtuar irregularidades detectadas en la última acta parcial, pues sólo les competía hacer constar su exhibición, levantando el acta circunstanciada donde se asentara la existencia de los documentos aportados por el contribuyente, ya que como auxiliares de las autoridades fiscales sólo estaban facultados para asentar los hechos u omisiones que observaran durante la visita, pero dentro de sus atribuciones no se encontraba la de valorar los documentos, libros o registros que como prueba exhibiera el contribuyente.

En esta tesitura, si el visitador adscrito a la Administración Desconcentrada de Auditoría Fiscal de Quintana Roo "2", determinó todos los puntos previamente detallados [derivado del análisis que realizó a las diversas pruebas aportadas por el contribuyente durante el procedimiento de fiscalización], es evidente que realizó una valoración, para lo cual no estaba facultado, de ahí que su actuar haya sido contrario a derecho.

No es óbice a lo anterior, lo señalado por la enjuiciada al contestar la demanda, respecto de que los visitadores únicamente hicieron constar hechos y omisiones de los documentos que tuvo a la vista durante el procedimiento.

Ello es así, pues del análisis que se ha realizado a la última acta parcial de siete de octubre de dos mil diecinueve, se advierte que los visitadores <u>no se limitaron a relacionar los documentos objeto de revisión, o mencionar hechos u omisiones, sino que valoraron los documentos exhibidos por la hoy demandante y determinaron su situación fiscal</u>, sin tener competencia para ello, toda vez que el artículo 46 del Código Fiscal de la Federación, no establece como facultad de los visitadores valorar las pruebas que el contribuyente ofrezca durante la práctica de una visita domiciliaria y menos aún para determinar la situación fiscal del contribuyente, si la valoración de dichos documentos realizada *indebidamente por la visitadora, fue utilizada en la resolución determinante.*

En efecto, en la referida última acta parcial, los visitadores valoraron las pruebas aportadas por la contribuyente revisada, entre las que se encontraban los contratos de prestación de servicios de las operaciones con sus proveedores, de los cuales se analizaron sus cláusulas y se concluyó que los mismos no hacían prueba plena para acreditar la prestación de los servicios contratados.

En tal virtud, la obligación prevista en el artículo 46 del Código Fiscal de la Federación, permite colegir que la obligación impuesta a los visitadores por tal dispositivo, es parte de las etapas del procedimiento de fiscalización que la citada autoridad debe cumplir a efecto de que el citado procedimiento se desarrolle legalmente, por lo que de no observarse, la autoridad fiscal estará incurriendo en una violación de procedimiento que trasciende a las defensas del contribuyente y al sentido de la liquidación de que se trate, pues la autoridad reprodujo en la resolución determinante, lo asentado por los visitadores en la última acta parcial.

Por tal razón, la última acta parcial de mérito es ilegal, y todo lo actuado con posterioridad se encuentra viciado de origen, incluyendo el acta final y la resolución determinante recurrida; pues no puede reconocerse la legalidad de estas últimas al estar sustentadas en una última acta parcial que se levantó en contravención de las disposiciones legales aplicables, sin respetar los principios de legalidad y seguridad jurídica, ello conforme a lo previsto en los artículos 16 Constitucional, 38, fracción IV y 46 del Código Fiscal de la Federación.

De ahí la ilegalidad de la última acta parcial de siete de octubre de dos mil diecinueve, sujeta a estudio y que tomó en consideración la autoridad demandada para emitir la resolución determinante, lo cual actualiza las causales de ilegalidad previstas en el artículo 51, fracciones I y III, de la Ley Federal de Procedimiento Contencioso Administrativo.

Se dice que se actualiza la causal de ilegalidad prevista en el artículo 51, fracción I, de la Ley Federal de Procedimiento Contencioso Administrativo, porque dicha porción normativa dispone que se declarara que una resolución administrativa es ilegal, cuando se demuestre la incompetencia del funcionario que la haya dictado, ordenado o tramitado el procedimiento del que derive; y en el caso concreto, los funcionarios que tramitaron el procedimiento son los visitadores que levantaron la última acta parcial de siete de octubre de dos mil diecinueve, quienes resultaban incompetentes, en ese momento, para valorar la información y documentación aportada durante la visita domiciliaria.

Ahora, también se actualiza la causal de ilegalidad prevista en el artículo 51, fracción III, de la Ley Federal de Procedimiento Contencioso Administrativo, relativa a vicios del procedimiento, siempre que afecten las defensa del particular y trasciendan al sentido de la resolución impugnada, porque el vicio de incompetencia se encontró en el levantamiento de la última acta parcial, esto es, dentro del procedimiento; aunado a que afectó las defensas del particular (pues una autoridad incompetente valoró la información aportada en la visita domiciliaria) y transcendió al sentido de la resolución (en razón de que la valoración realizada en la última acta parcial de siete de octubre de dos mil diecinueve, sirvió de fundamento a la determinación del crédito fiscal).

*En atención a lo antes razonado en el presente considerando, procede declarar la nulidad de la resolución determinante recurrida, y, en vía de consecuencia, de la impugnada (resolución recaída al recurso de revocación), en términos de lo dispuesto en los artículos 50, cuarto párrafo, y 52, fracción IV, de la referida ley, para el efecto de que la autoridad fiscalizadora reponga el procedimiento fiscalizador del cual deriva la resolución determinante recurrida, en donde siguiendo los lineamientos contenidos en el presente fallo, los visitadores, al levantar la última acta parcial y actas subsecuentes, se abstengan de valorar las pruebas que el contribuyente ofrezca durante la práctica de una visita domiciliaria y menos aún para determinar la situación fiscal del contribuyente, de acuerdo a lo razonado en este considerando y emita la resolución determinante que en derecho corresponda; lo cual se deberá cumplir **dentro del plazo máximo de cuatro meses**, contados a partir de que el presente fallo quede firme, conforme a lo dispuesto en el artículo 52, segundo párrafo, y 53 del mismo ordenamiento legal.*

*Es exactamente aplicable la **jurisprudencia** IX-J-SS-33, dictada por el Pleno Jurisdiccional de la Sala Superior del Tribunal Federal de Justicia Administrativa, al resolver la contracción de sentencias número 1959/20-12-01-4-OT/YOTROS2/1978/21-PL-10-01, visible en la Revista de ese mismo órgano, novena época, año II, número 13, enero de dos mil veintitrés, página 7; que textualmente cita:*

*"**VISITA DOMICILIARIA. LA VALORACIÓN QUE HACE EL VISITADOR EN LA ÚLTIMA ACTA PARCIAL O EN EL ACTA FINAL DE LAS PRUEBAS QUE OFRECE EL CONTRIBUYENTE PARA DESVIRTUAR LAS IRREGULARIDADES DETECTADAS, CONSTITUYE UN VICIO DE PROCEDIMIENTO QUE TRASCIENDE AL SENTIDO DEL CRÉDITO FISCAL; POR LO QUE SE DEBE DECLARAR SU NULIDAD PARA EFECTOS.-** De conformidad con la jurisprudencia 2a./J. 1/2015 (10a.), emitida por la Segunda Sala de la Suprema Corte de Justicia de la Nación, el artículo 46 del Código Fiscal de la Federación no establece, como facultad de los visitadores, la posibilidad de valorar las pruebas que el contribuyente ofrezca durante la práctica de una visita domiciliaria con la finalidad de desvirtuar irregularidades detectadas, sino únicamente la de hacer constar su exhibición, levantando el acta circunstanciada donde se asiente la existencia de los documentos aportados. En ese contexto, cuando el visitador, excediendo las facultades que le confiere el artículo en comento, valora las pruebas exhibidas para desvirtuar las*

irregularidades detectadas en la visita domiciliaria, y su actuación trasciende a la resolución determinante del crédito fiscal, se actualiza la causal de nulidad prevista en la fracción III del artículo 51 de la Ley Federal de Procedimiento Contencioso Administrativo, al tratarse de un vicio del procedimiento que afecta las defensas del particular y trasciende al sentido de la resolución impugnada, lo que genera la nulidad de la resolución administrativa impugnada para efectos, y no lisa y llana, de conformidad con lo dispuesto en la fracción IV del artículo 52 de dicha Ley."

En este contexto, es de trascendental importancia puntualizar dos circunstancias a tener en consideración en el caso concreto.

La primera, atinente a que la autoridad fiscalizadora no puede ser conminada a realizar lo antes precisado a través del procedimiento de cumplimiento de sentencia, ni impedírsele que lo haga en virtud de que la resolución determinante fue emitida con motivo del ejercicio de sus facultades discrecionales; empero, si decide hacerlo, lo podrá realizar siempre que no hayan caducado sus facultades y se lleve a cabo dentro del plazo antes referido, puesto que de no reponer el procedimiento y emitir la resolución liquidatoria en el plazo aludido precluirá su facultad respectiva.

Lo anterior se estima así, en observancia a lo determinado por la Segunda Sala de la Suprema Corte de Justicia de la Nación, al resolver la contradicción de tesis 210/2014, de la cual dio origen a la **jurisprudencia** 2a./J. 133/2014 (10a.), emitida por la Segunda Sala de la Suprema Corte de Justicia de la Nación, publicada en febrero de dos mil quince, en el Semanario Judicial de la Federación, décima época, con registro 2008559, que es del contenido siguiente:

"NULIDAD DE RESOLUCIONES O ACTOS DERIVADOS DEL EJERCICIO DE FACULTADES DISCRECIONALES. LA DECRETADA POR VICIOS DE FORMA DEBE SER PARA EFECTOS. De lo dispuesto en los artículos 51, 52 y 57 de la Ley Federal de Procedimiento Contencioso Administrativo, derivan las causas que dan lugar a la ilegalidad de la resolución impugnada, así como el tipo de nulidad que origina cada una de ellas y los actos que la autoridad debe realizar en cumplimiento de la sentencia anulatoria. En este marco se observa que cuando la resolución o acto materia del juicio deriva de un procedimiento oficioso iniciado con motivo del ejercicio de facultades discrecionales y se decrete su ilegalidad por vicios de forma, no puede decretarse su nulidad lisa y llana, ni simple o discrecional, sino que ésta debe ser para efectos, los cuales se traducen en que la autoridad determine dictar una nueva resolución o bien, decida no hacerlo, en el entendido de que si decide actuar deberá sujetarse al plazo de cuatro meses con los que cuenta para cumplir con el fallo y a subsanar los vicios formales de que adolecía el acto declarado nulo, en los términos expresamente señalados en la sentencia que se cumplimente."

La segunda, sujeta a que la autoridad determine reponer el *procedimiento declarado nulo, pero relacionada con la causal de nulidad que se determinó actualizada en el presente juicio.*

Para mayor claridad, se retoma lo señalado en párrafos anteriores, relativo a que el artículo 46 del Código Fiscal de la Federación, que se analiza en el presente fallo, fue reformado mediante decreto publicado en el Diario Oficial de la Federación el ocho de diciembre de dos mil veinte, decreto cuya vigencia inició a partir del <u>uno de enero de dos mil veintiuno</u>.

*La reforma aludida se refiere, expresamente, a la **<u>facultad</u>** <u>que tienen los visitadores para valorar la información y documentación proporcionada en el desarrollo de la visita</u>, a partir del inicio de vigencia de dicha reforma; facultad que no existía conforme al texto de la norma vigente en el momento de la emisión de la última acta parcial controvertida, como ya quedó previamente establecido.*

Entonces, a juicio de esta juzgadora, esta porción normativa no tiene la naturaleza de una norma procedimental, pues es enteramente sustantiva, al prever expresamente una <u>facultad</u> para la autoridad actuante, en el caso concreto, para los visitadores, a efecto de que puedan realizar una valoración de la información y documentación proporcionada durante el desarrollo de la visita domiciliaria.

Precisado lo anterior, es dable precisar que el artículo 6 del Código Fiscal de la Federación, dispone que las contribuciones se determinan conforme a las disposiciones vigentes en el momento de su causación, pero le serán aplicables las normas de procedimiento que se expidan con posterioridad.

Es por ello que se precisa, el artículo 46, tercer párrafo, del Código Fiscal de la Federación, vigente a partir del uno de enero de dos mil veintiuno, no constituye una norma de carácter procedimental, de tal manera que, con fundamento en ella, la autoridad demandada pueda reponer el procedimiento aquí anulado, levantando una última acta parcial en la que nuevamente el visitador actuante, realice una valoración de la información y documentación aportada durante la visita domiciliaria, so pretexto de que, actualmente goza de dichas facultades.

En primer término, porque no puede retrotraerse la vigencia de una norma de competencia, a una fecha en la que efectivamente la autoridad no gozaba de la misma, en este caso los visitadores, bajo la oportunidad que otorga la reposición de un procedimiento; en segundo término, porque evidentemente se constituiría una repetición del acto declarado nulo.

*En conclusión, la norma reformada y vigente actualmente, únicamente puede servir de sustento a las facultades de comprobación iniciadas a partir del **uno de enero de dos mil veintiuno**, no así a las iniciadas y/o concluidas con anterioridad, como en el caso sucede, ni siquiera sobre la base de una reposición del procedimiento.*

Precisado lo anterior, se instruye a la autoridad demandada que, en caso de decidir reponer el procedimiento declarado nulo, atienda a los lineamientos aquí detallados, esto es, al momento de levantar nuevamente la última acta parcial, el visitador se abstenga de realizar la valoración de la información y documentación aportada durante la visita domiciliaria, lo que constituye la causal de ilegalidad que sustenta el presente fallo.

Lo anterior, con fundamento en el artículo 52, fracción IV, primer párrafo, de la Ley Federal de Procedimiento Contencioso Administrativo, que establece que el Tribunal podrá indicar los términos conforme a los cuales la autoridad deberá dictar su resolución."

No pasa desapercibido para el autor, la existencia de la jurisprudencia PC.XXX. J/32 A (10a.)[57], sustentada por el Pleno del Trigésimo Circuito, de rubro y texto siguiente:

"VISITA DOMICILIARIA. CUANDO EN LA ÚLTIMA ACTA PARCIAL O EN LA FINAL, EL VISITADOR VALORA LOS DOCUMENTOS, LIBROS O REGISTROS QUE EXHIBA EL CONTRIBUYENTE COMO PRUEBA PARA DESVIRTUAR IRREGULARIDADES, SE CONFIGURA UNA INFRACCIÓN A LAS REGLAS DEL PROCEDIMIENTO DE FISCALIZACIÓN QUE, AL TRASCENDER A LA RESOLUCIÓN DETERMINANTE DEL CRÉDITO FISCAL, GENERA LA NULIDAD DE ÉSTA PARA EFECTOS. De conformidad con la jurisprudencia 2a./J. 1/2015 (10a.), emitida por la Segunda Sala de la Suprema Corte de Justicia de la Nación, el artículo 46 del Código Fiscal de la Federación no establece, como facultad de los visitadores, valorar las pruebas que el contribuyente ofrezca durante la práctica de una visita domiciliaria con la finalidad de desvirtuar irregularidades detectadas, pues sólo les atañe hacer constar su exhibición, levantando el acta circunstanciada donde se asiente la existencia de los documentos aportados por el contribuyente. Por tanto, cuando en contravención a lo anterior, excediendo las facultades que para la práctica de la visita le confiere el artículo en comento, el visitador valora las pruebas exhibidas, e incluso emite conclusiones derivadas de tal valoración, y su actuación trasciende a la resolución determinante del crédito fiscal, por haber hecho suya tal valoración la autoridad exactora, se actualiza la causa de nulidad prevista en la fracción III del artículo 51 de la Ley Federal de Procedimiento Contencioso Administrativo, al tratarse de un vicio del procedimiento que afecta las defensas del particular y trasciende al sentido de la resolución impugnada, lo que de conformidad con lo dispuesto en la fracción IV del artículo 52 de este último ordenamiento legal, genera la nulidad de la resolución administrativa impugnada para

---

[57] Fuente: Jurisprudencia con registro digital 2022622, de la décima época, publicada en la Gaceta del Semanario Judicial de la Federación, libro 82, de enero de 2021, tomo II, página 1221

efectos, y no lisa y llana."

Sin embargo, no se comparte el criterio recién transcrito, ya que, en opinión del autor, el penúltimo párrafo del actual artículo 46 del Código Fiscal de la Federación, no tiene la naturaleza de una norma procedimental, pues es enteramente sustantiva, al prever expresamente una facultad para la autoridad actuante, en el caso concreto, para los visitadores, a efecto de que puedan realizar una valoración de la información y documentación proporcionada durante el desarrollo de la visita domiciliaria.

90. CONSECUENCIA DE QUE LAS AUTORIDADES FISCALES NO LEVANTEN EL ACTA FINAL DE VISITA O NO NOTIFIQUEN EL OFICIO DE OBSERVACIONES, O EN SU CASO, EL DE LA CONCLUSIÓN DE LA REVISIÓN, DENTRO DE LOS PLAZOS LEGALES

Cuando las autoridades no levanten el acta final de visita, o no notifiquen el oficio de observaciones, o en su caso, el de la conclusión de la revisión dentro de los plazos mencionados, ésta se entenderá concluida en esa fecha, quedando sin efectos la orden y las actuaciones que de ella derivaron durante dicha visita o revisión.

Por lo que hace a la **conclusión anticipada de la visita**, tenemos que las autoridades fiscales deberán concluir anticipadamente las visitas en los domicilios fiscales que hayan ordenado, cuando el visitado se encuentre obligado a dictaminar sus estados financieros por contador público autorizado o cuando el contribuyente haya ejercido la opción a que se refiere el párrafo quinto del artículo 32-A del propio Código; esto es, cuando dentro de los plazos que las disposiciones legales establecen para la presentación de la declaración del ejercicio del Impuesto sobre la Renta, los contribuyentes opten por hacer dictaminar sus estados financieros.

Culminamos este apartado comentando que **las autoridades fiscales que al practicar visitas a los contribuyentes o al ejercer fuera de una visita domiciliaria, las facultades de comprobación** a que se refiere el artículo 48 del Código invocado, conozcan de hechos u omisiones que entrañen incumplimiento de las disposiciones fiscales, **determinarán las contribuciones omitidas mediante notificación que se realizará personalmente con el contribuyente, dentro de un plazo máximo de seis meses, contado a partir de la fecha en que se levante el acta final de la visita o, tratándose de la revisión de la contabilidad de los contribuyentes que se efectúe en las oficinas de las autoridades fiscales, a partir de la fecha en que concluyan los plazos a que se refieren las fracciones VI y VII, del artículo 48 del Código en mención.**

Ahora bien, **cuando las autoridades no emitan la resolución correspondiente dentro del plazo mencionado, quedará sin efectos la orden y las actuaciones que se derivaron durante la visita o revisión de que se trate.**

91. CONSECUENCIA DE QUE LA AUTORIDAD FISCAL NO DE A CONOCER A LOS CONTRIBUYENTES, EN LAS RESOLUCIONES QUE EMITA, LOS PLAZOS EN LOS QUE LAS MISMAS PUEDAN SER IMPUGNADAS, EL MEDIO DE DEFENSA PROCEDENTE Y EL ÓRGANO ANTE EL CUAL DEBE FORMULARSE

De particular interés resulta saber, que en la resolución mencionada, la autoridad tiene la obligación de señalar los plazos en los que la misma puede ser impugnada a través del recurso administrativo o bien mediante el juicio contencioso administrativo federal, so pena de que de no hacerlo, el contribuyente contará con el doble del plazo legalmente establecido.

Similar disposición se contiene en el artículo 23 de la Ley Federal de los Derechos del Contribuyente donde se contempla lo siguiente:

*"**Artículo 23.** Los contribuyentes tendrán a su alcance los recursos y medios de defensa que procedan, en los términos de las disposiciones legales respectivas, contra los actos dictados por las autoridades fiscales, así como a que en la notificación de dichos actos se indique el recurso o medio de defensa procedente, el plazo para su interposición y el órgano ante el que debe formularse. **Cuando en la resolución administrativa se omita el señalamiento de referencia, los contribuyentes contarán con el doble del plazo que establecen las disposiciones legales para interponer el recurso administrativo o el juicio contencioso administrativo".***

(Énfasis añadido)

Aquí lo que podemos comentar es que, en comparación con el Código invocado, en esta última disposición se considera, la obligación a cargo de la autoridad fiscal de señalar, además del medio de defensa y el plazo para interponerlo, que la autoridad también debe señalar el órgano ante el cual se harán valer los medios de impugnación procedentes, aspecto este último que no regula el Código Fiscal de la Federación.

92. DETERMINACIÓN Y NOTIFICACIÓN DE LAS CONTRIBUCIONES OMITIDAS

Es muy importante señalar, que en términos de lo dispuesto por el artículo 50 del Código en comento, las autoridades fiscales que al practicar visitas a los contribuyentes o al ejercer las facultades de comprobación a que se refiere el artículo 48 del propio Código, conozcan de hechos u omisiones que entrañen incumplimiento de las disposiciones fiscales, **determinarán las contribuciones omitidas mediante resolución que se notificará personalmente al contribuyente o por medio del buzón tributario, dentro de un plazo máximo de seis meses contado a partir de la fecha en que se levante el acta final de la visita o, tratándose de la revisión de la contabilidad de los contribuyentes que se efectúe en las oficinas de las autoridades fiscales, a partir de la fecha en que se concluyan los plazos** a que se refieren las fracciones VI y VII del artículo 48 del mismo Código, so pena que de no hacerlo quedará sin efectos la orden y las actuaciones que se derivaron durante la visita o revisión de que se trate.

93. CADUCIDAD Y PRESCRIPCIÓN

Por lo que hace a las figuras jurídicas denominadas, caducidad y prescripción, reguladas respectivamente por los artículos 67 y 146 del Código Fiscal de la Federación en vigor, tan solo les vamos a compartir una regla para que nunca confundan la prescripción con la caducidad y es la siguiente:

94. REGLA PARA NO CONFUNDIR LA CADUCIDAD CON LA PRESCRIPCIÓN

Caducan las facultades de la autoridad, para determinar las contribuciones o aprovechamientos omitidos y sus accesorios, así como para imponer sanciones por infracciones a las disposiciones fiscales.

Prescriben, los créditos; esto es, que para hablar de prescripción es necesario que exista un crédito determinado, ya que de no ser así no podemos hablar de prescripción.

Ahora bien, sobre esta última Institución Jurídica resulta de trascendental importancia tener en cuenta lo siguiente:

Si el demandante plantea la extinción del crédito por prescripción, será necesario analizar lo dispuesto por el Artículo 146 del Código Fiscal de la Federación, el cual en lo conducente, dispone:

*"**Artículo 146.** El crédito fiscal se extingue por prescripción en el término de cinco años.*

El término de la prescripción se inicia a partir de la fecha en que el pago pudo ser legalmente exigido y se podrá oponer como excepción en los recursos administrativos o a través del juicio contencioso administrativo. El término para que se consuma la prescripción se interrumpe con cada gestión de cobro que el acreedor notifique o haga saber al deudor o por el reconocimiento expreso o tácito de éste respecto de la existencia del crédito. Se considera gestión de cobro cualquier actuación de la autoridad dentro del procedimiento administrativo de ejecución, siempre que se haga del conocimiento del deudor.

Cuando se suspenda el procedimiento administrativo de ejecución en los términos del artículo 144 de este Código, también se suspenderá el plazo de la prescripción.

Asimismo, se suspenderá el plazo a que se refiere este artículo cuando el contribuyente hubiera desocupado su domicilio fiscal sin haber presentado el aviso de cambio correspondiente o cuando hubiere señalado de manera in- correcta su domicilio fiscal...

La declaratoria de prescripción de los créditos fiscales podrá realizarse de oficio por la autoridad recaudadora o a petición del contribuyente."

Así las cosas, como se puede advertir, la reproducción que antecede, deja muy en claro que el artículo 146 del Código Fiscal de la Federación dispone que los créditos fiscales se extinguen por prescripción en el término de cinco años; que dicho término se inicia a partir de la fecha en que el pago pudo ser legalmente exigido, interrumpiéndose con cada gestión de cobro que el acreedor notifique o haga saber al deudor o por el reconocimiento expreso o tácito de éste respecto de la existencia del crédito, considerándose gestión de cobro, cualquier actuación de la autoridad dentro del procedimiento administrativo de ejecución, siempre que se haga del conocimiento del deudor, estableciendo dicho numeral que cuando se suspenda el procedimiento administrativo de ejecución en los términos del artículo 144 del Código Fiscal de la Federación, también se suspenderá el plazo de la prescripción.

En relación con lo anterior, cabe señalar que sobre el tema de la suspensión del procedimiento administrativo de ejecución, la Segunda Sala de la Suprema Corte de Justicia de la Nación, ha sostenido el criterio de que la prescripción extintiva de la facultad de cobro, no opera mientras esté en suspenso dicha facultad, por haberse otorgado la garantía correspondiente, con entera independencia de que se tramite un recurso ante la autoridad que fincó el crédito.

Así se recoge en la Jurisprudencia por Contradicción de tesis 2a./J.1, sustentada por la Segunda Sala de la Suprema Corte de Justicia de la Nación, que a la letra dice:

"CRÉDITO FISCAL, PRESCRIPCIÓN INOPERANTE DE LA FACULTAD DE COBRO MIENTRAS ESTE EN SUSPENSO POR HABERSE GARANTIZADO EL. No corre el término de prescripción de la facultad del Fisco para efectuar el cobro del crédito a partir de la orden de suspensión del cobro por haberse otorgado la garantía correspondiente en el recurso interpuesto por el deudor ante la autoridad que fincó el crédito fiscal o ante su superior. De acuerdo con la disposición del antiguo artículo 32 del Código Fiscal de la Federación derogada y que ahora contempla el artículo 146, el crédito fiscal se extingue por prescripción en el término de cinco años, y se inicia a partir de la fecha en que pudo ser legalmente exigido, que constituye una sanción en contra de la autoridad por su inactividad relativa a la facultad económico-coactiva. La figura procesal opera cuando la autoridad tiene expedita su jurisdicción para llevar a cabo el ejercicio de la facultad mencionada, si no lo hace, la abstención revela apatía o abandono del cobro. Ahora bien, si la facultad económico-coactiva se encuentra en suspenso por haberse decretado así y se otorga la garantía correspondiente en un recurso interpuesto por el deudor, en este caso no existe la conducta abstinente de la autoridad que diera lugar a la extinción

de sus facultades de cobro, aun cuando el recurso correspondiente se interponga y trámite ante la propia autoridad que fincó el crédito o ante otra superior, porque, siendo cierto que a ellas incumbe dictar una resolución y que la morosidad en que pudieran incurrir para emitirla no es imputable al deudor, tal tesitura no trasciende como factor eficiente para dejar insubsistente la suspensión que impide el ejercicio de cobro, máxime si es dicho deudor quien gestiona el recurso y obtiene suspender ese ejercicio, lo que significa que voluntariamente contribuyó a crear esta situación."[58]

Como se puede advertir, el lineamiento dado por Nuestro Máximo Tribunal en la jurisprudencia acabada de transcribir, lleva a establecer que la interposición del juicio contencioso administrativo federal, no lleva indefectiblemente a la interrupción del término de la prescripción que contempla el artículo 146 del Código Fiscal de la Federación, pues la eficacia de esa interrupción está supeditada a que el deudor haya exhibido la garantía del interés fiscal.

Es decir, la circunstancia de que el citado medio de defensa se encuentre subjúdice no necesariamente impide a la autoridad exigir el pago o ejercitar el cobro, pues es la suspensión de la ejecución establecida en el propio medio de impugnación, independientemente de que sea decretada en el procedimiento contencioso, lo que impide continuar el cobro; y la circunstancia de que no se resuelva dicho medio de defensa, sólo en forma indirecta afecta la situación, pero no se contrae en forma directa al procedimiento de cobranza.

Dicho en otras palabras, la falta de resolución oportuna del juicio contencioso no influye directamente en el cobro de un crédito fiscal siempre y cuando no esté suspendido, pues mientras esta suspensión subsista, la autoridad fiscal no puede continuar el cobro. En consecuencia, si no existe tal medida precautoria, la autoridad se encuentra en aptitud de ejercer sus facultades de cobro.

95. BREVES CONSIDERACIONES SOBRE EL ARTÍCULO 69-B, DEL CÓDIGO FISCAL DE LA FEDERACIÓN

Por lo que respecta al artículo 69-B, del Código Fiscal de la Federación, lo que resulta de interés comentar, es precisar ¿A QUIÉN ESTÁ DIRIGIDO LO PRECEPTUADO EN DICHO NUMERAL ?

1.-¿A LAS EMPRESAS QUE FACTURAN OPERACIONES SIMULADAS (EFOS)?

2.-¿A LAS EMPRESAS QUE DEDUCEN OPERACIONES SIMULADAS; ? (EDOS) ; O

---

[58]. Tesis consultable en el Semanario Judicial de la Federación, correspondiente al período enero-junio de 1988, página 257.

3.- ¿A AMBAS ?

A fin de contestar lo anterior, debe tenerse presente, el texto íntegro del artículo 69-B del Código Fiscal de la Federación, mismo que es del tenor siguiente:

*"**Artículo 69-B.**- Cuando la autoridad fiscal detecte que un contribuyente ha estado emitiendo comprobantes sin contar con los activos, personal, infraestructura o capacidad material, directa o indirectamente, para prestar los servicios o producir, comercializar o entregar los bienes que amparan tales comprobantes, o bien, que dichos contribuyentes se encuentren no localizados, se presumirá la inexistencia de las operaciones amparadas en tales comprobantes.*

En este supuesto, procederá a notificar a los contribuyentes que se encuentren en dicha situación a través de su buzón tributario, de la página de Internet del Servicio de Administración Tributaria, así como mediante publicación en el Diario Oficial de la Federación, con el objeto de que aquellos contribuyentes puedan manifestar ante la autoridad fiscal lo que a su derecho convenga y aportar la documentación e información que consideren pertinentes para desvirtuar los hechos que llevaron a la autoridad a notificarlos. Para ello, los contribuyentes interesados contarán con un plazo de quince días contados a partir de la última de las notificaciones que se hayan efectuado.

Los contribuyentes podrán solicitar a través del buzón tributario, por única ocasión, una prórroga de cinco días al plazo previsto en el párrafo anterior, para aportar la documentación e información respectiva, siempre y cuando la solicitud de prórroga se efectúe dentro de dicho plazo. La prórroga solicitada en estos términos se entenderá concedida sin necesidad de que exista pronunciamiento por parte de la autoridad y se comenzará a computar a partir del día siguiente al del vencimiento del plazo previsto en el párrafo anterior.

Transcurrido el plazo para aportar la documentación e información y, en su caso, el de la prórroga, la autoridad, en un plazo que no excederá de cincuenta días, valorará las pruebas y defensas que se hayan hecho valer y notificará su resolución a los contribuyentes respectivos a través del buzón tributario. Dentro de los primeros veinte días de este plazo, la autoridad podrá requerir documentación e información adicional al contribuyente, misma que deberá proporcionarse dentro del plazo de diez días posteriores al en que surta efectos la notificación del requerimiento por buzón tributario. En este caso, el referido plazo de cincuenta días se suspenderá a partir de que surta efectos la notificación del requerimiento y se reanudará el día siguiente al en que venza el referido plazo de diez días. Asimismo, se publicará un listado en el Diario Oficial de la Federación y en la página de Internet del Servicio de Administración Tributaria, de los contribuyentes que no hayan desvirtuado los hechos que se les imputan y, por tanto, se encuentran definitivamente en la situación a que se refiere el primer párrafo de este artículo. En ningún caso se publicará este listado antes de los treinta días posteriores a la notificación de la resolución.

Los efectos de la publicación de este listado serán considerar, con efectos generales, que las operaciones contenidas en los comprobantes fiscales expedidos por el contribuyente en cuestión no producen ni produjeron efecto fiscal alguno.

La autoridad fiscal también publicará en el Diario Oficial de la Federación y en la página de Internet del Servicio de Administración Tributaria, trimestralmente, un listado de aquellos contribuyentes que logren desvirtuar los hechos que se les imputan, así como de aquellos que obtuvieron resolución o sentencia firmes que hayan dejado sin efectos la resolución a que se refiere el cuarto párrafo de este artículo, derivado de los medios de defensa presentados por el contribuyente.

Si la autoridad no notifica la resolución correspondiente, dentro del plazo de cincuenta días, quedará sin efectos la presunción respecto de los comprobantes fiscales observados, que dio origen al procedimiento.

Las personas físicas o morales que hayan dado cualquier efecto fiscal a los comprobantes fiscales expedidos por un contribuyente incluido en el listado a que se refiere el párrafo cuarto de este artículo, contarán con treinta días siguientes al de la citada publicación para acreditar ante la propia autoridad, que efectivamente adquirieron los bienes o recibieron los servicios que amparan los citados comprobantes fiscales, o bien procederán en el mismo plazo a corregir su situación fiscal, mediante la declaración o declaraciones complementarias que correspondan, mismas que deberán presentar en términos de este Código.

En caso de que la autoridad fiscal, en uso de sus facultades de comprobación, detecte que una persona física o moral no acreditó la efectiva prestación del servicio o adquisición de los bienes, o no corrigió su situación fiscal, en los términos que prevé el párrafo anterior, determinará el o los créditos fiscales que correspondan. Asimismo, las operaciones amparadas en los comprobantes fiscales antes señalados se considerarán como actos o contratos simulados para efecto de los delitos previstos en este Código.

Para los efectos de este artículo, también se presumirá la inexistencia de las operaciones amparadas en los comprobantes fiscales, cuando la autoridad fiscal detecte que un contribuyente ha estado emitiendo comprobantes que soportan operaciones realizadas por otro contribuyente, durante el periodo en el cual a este último se le hayan dejado sin efectos o le haya sido restringido temporalmente el uso de los certificados de sello digital en términos de lo dispuesto por los artículos

17-H y 17-H Bis de este Código, sin que haya subsanado las irregularidades detectadas por la autoridad fiscal, o bien emitiendo comprobantes que soportan operaciones realizadas con los activos, personal, infraestructura o capacidad material de dicha persona."

De la reproducción anterior, en lo que al caso interesa, se observa que en dicho precepto se prevé la existencia de dos procedimientos:

El **primero** de ellos, se dirige al emisor de los comprobantes fiscales (Cuando la autoridad fiscal detecte que un contribuyente ha estado emitiendo comprobantes sin contar con los activos, personal, infraestructura o capacidad material, directa o indirectamente, para prestar los servicios o producir, comercializar o entregar los bienes que amparan tales comprobantes, o bien, que dichos contribuyentes se encuentren no localizados, se presumirá la inexistencia de las operaciones amparadas en tales comprobantes) y el procedimiento iniciará desde el momento en que se haga saber al contribuyente que se encuentra en el supuesto de presunción de operaciones inexistentes, hasta que se notifique la resolución definitiva donde se determinará si dicho contribuyente desvirtuó o no la presunción de la inexistencia de las operaciones; y

El **segundo** de esos procedimientos, está dirigido a los contribuyentes (receptores) (En caso de que la autoridad fiscal, en uso de sus facultades de comprobación, detecte que una persona física o moral no acreditó la efectiva prestación del servicio o adquisición de los bienes, o no corrigió su situación fiscal, en los términos que prevé el párrafo primero, del artículo 69-B del Código en mención, determinará el o los créditos fiscales que correspondan. Asimismo, las operaciones amparadas en los comprobantes fiscales antes señalados se considerarán como actos o contratos simulados para efecto de los delitos previstos en dicho Código.). Por tanto, los contribuyentes que dieron efectos fiscales a los comprobantes fiscales emitidos (noveno párrafo del artículo 69-B del Código Fiscal de la Federación), contarán con un plazo de treinta días siguientes a la publicación a que se refiere el tercer párrafo del artículo 69-B en cita, para acreditar ante la propia autoridad que efectivamente adquirieron los bienes o recibieron los bienes o servicios que amparan los citados comprobantes fiscales, o bien, en el mismo plazo corregir su situación fiscal, mediante la presentación de la declaración o declaraciones complementarias que correspondan.

Como se puede advertir, en numeral en examen le está hablando, o bien está dirigido tanto a las, EMPRESAS QUE FACTURAN OPERACIONES SIMULADAS, (EFOS) como a LAS EMPRESAS QUE DEDUCEN OPERACIONES SIMULADAS; (EDOS), contemplando en cada caso, el procedimiento que les resulta aplicable.

96. PRESENTACIÓN DE UN CASO PRÁCTICO EN MATERIA DEL PROCEDIMIENTO DE PRESUNCIÓN DE INEXISTENCIA DE OPERACIONES PREVISTO EN EL ARTÍCULO 69-B DEL CÓDIGO FISCAL DE LA FEDERACIÓN

En relación con lo antes explicado, a manera de ejemplo, se transcribe una parte de la versión pública de una sentencia emitida por la Sala Regional del Caribe y Auxiliar del Tribunal Federal de Justicia Administrativa, donde se analiza el artículo 69-B del Código Fiscal de la Federación, aplicado en contra de un EDOS:

"...

*Cancún, Municipio de Benito Juárez, Quintana Roo, a veintiuno de septiembre de dos mil veintitrés. Actuando en el expediente electrónico jurisdiccional integrado en el Sistema de Justicia en Línea Versión 2.0, la Sala Regional del Caribe y Auxiliar del Tribunal Federal de Justicia Administrativa, integrada por los Magistrados **MANUEL CARAPIA ORTIZ**, titular de la Primera Ponencia, y además con el carácter de Presidente de esta Sala; **ALBERTO ROMO GARCÍA**, Titular de la Tercera Ponencia de la Sala Regional del Caribe y Auxiliar, en virtud del Acuerdo G/JGA/90/2019 —artículos primero y tercero—, aprobado por la Junta de Gobierno y Administración del Tribunal Federal de Justicia Administrativa en sesión de cinco de diciembre de dos mil diecinueve, mismo acuerdo que se encuentra publicado en la página web institucional de este órgano jurisdiccional; y, **JAIME ROMO GARCÍA**, titular de la Segunda Ponencia, así como Ponente del presente asunto; ante la presencia del Licenciado **JHONNY ALEXANDER LÓPEZ RAMÍREZ**, Secretario de Acuerdos, quien actúa y da fe; con fundamento en los artículos 49, 50 y 58-A de la Ley Federal de Procedimiento Contencioso Administrativo, 29, 30, 31, 34 y 36, fracciones VIII y X, de la Ley Orgánica del Tribunal Federal de Justicia Administrativa, se procede a dictar sentencia en el **juicio en línea** al rubro citado, en los siguientes términos:*

R E S U L T A N D O S

1. Por escrito recibido a través del Sistema de Justicia en Línea Versión 2.0, el nueve de septiembre de dos mil veintidós, dirigido a esta Sala, ***** ********* *** *********, apoderada de ****** ********* **** ******** ******* ** ******* ********, demandó la nulidad de la resolución contenida en el oficio ************, de cuatro de julio de dos mil veintidós, emitida por el Subadministrador Desconcentrado de Auditoría Fiscal "5", de la Administración Desconcentrada de Auditoría Fiscal de Quintana Roo "2", del Servicio de Administración Tributaria, mediante el cual se concluyó que la actora no acreditó que recibió la prestación de los servicios que amparan los comprobantes fiscales expedidos por ***** ************* **&** ******** ** ************* ******* ** ******* ******* y se le invitó a que corrigiera su situación fiscal, en términos de lo dispuesto en el artículo 69-B del Código Fiscal de la Federación. En dicho ocurso relató los hechos que motivaron la demanda, expuso los conceptos de *impugnación de su parte y ofreció las pruebas que estimó pertinentes.*

2. *Mediante acuerdo de catorce de septiembre de dos mil veintidós, se admitió a trámite la demanda en la vía ordinaria en contra de la resolución detallada en el resultando que antecede y se ordenó emplazar a la enjuiciada.*

3. *Por oficio ***********, recibido a través del Sistema de Justicia en Línea Versión 2.0, el dieciocho de noviembre de dos mil veintidós, el Subadministrador de la Administración Desconcentrada Jurídica de Quintana Roo "2", en representación del Secretario de Hacienda y Crédito Público y de la autoridad demandada, formuló oportunamente su contestación a la demanda, en la que controvirtió los argumentos de la actora y ofreció las pruebas que estimó pertinentes.*

4. *Por auto de veinticuatro de noviembre de dos mil veintidós, se tuvo por contestada la demanda en términos del oficio precisado en el resultando anterior y se otorgó a las partes el término para formular alegatos.*

5. *Verificada la debida integración del expediente al rubro citado, se declaró cerrada la instrucción del mismo; en consecuencia, se procede a resolverlo conforme a los siguientes:*

C O N S I D E R A N D O S

PRIMERO. *Esta Sala es competente para conocer y resolver el presente asunto; por razón de materia, porque la resolución impugnada se adecúa a lo dispuesto por el artículo 3, fracción V, de la Ley Orgánica del Tribunal Federal de Justicia Administrativa; y, por razón de territorio, conforme con lo establecido en los artículos 29, 30 y 34 de la Ley Orgánica del Tribunal Federal de Justicia Administrativa, en relación con los diversos numerales 13 de la Ley Federal de Procedimiento Contencioso Administrativo, 48, fracción XX, 49, fracción XX, y 51, fracción I, inciso g), del Reglamento Interior de este Tribunal, así como en los puntos primero y segundo del Acuerdo E/JGA/60/2020 por el que se da a conocer la autorización para la operación del Sistema de Justicia en Línea Versión 2, en diversas Salas Regionales del Tribunal Federal de Justicia Administrativa, publicado en el Diario Oficial de la Federación el dieciséis de diciembre de dos mil veinte.*

SEGUNDO. *La existencia de la resolución impugnada, se encuentra debidamente acreditada en autos, con la exhibición que de su reproducción con firma electrónica avanzada con certificado vigente realiza la parte actora y por su reconocimiento por parte de la autoridad demandada; documental que hace prueba plena para esta juzgadora, de acuerdo con lo establecido en los artículos 129, 202 y 217 del Código Federal de Procedimientos Civiles, de aplicación supletoria en esta materia, 46, fracción I, y 58-K de la Ley Federal de Procedimiento Contencioso Administrativo, en relación con el numeral 17-D del Código Fiscal de la Federación.*

TERCERO. Con fundamento en los dispuesto en el artículo 50 de la Ley Federal de Procedimiento Contencioso Administrativo, se procede al análisis y resolución del <u>segundo concepto de impugnación del escrito de demanda</u>, donde la parte actora, en esencia, señala lo siguiente:

▪Que es procedente la declaratoria de nulidad de la resolución impugnada, en virtud de que se actualiza la causal de anulación prevista en la fracción IV del artículo 51 de la Ley Federal de Procedimiento Contencioso Administrativo, al violarse el contenido de lo previsto en los artículos 38, fracción IV, del Código Fiscal de la Federación y los derechos humanos consagrados en los artículos 1, 14 y 16 Constitucionales.

▪Que de la resolución impugnada se desprende que la actora desconoce cuál de los elementos que establece el artículo 69-B del Código Fiscal de la Federación es el que fue considerado por las autoridades fiscales para arribar a la conclusión de que se trata de operaciones inexistentes.

▪Que la actora se encuentra en estado de indefensión, al desconocer cuál de las hipótesis previstas en el artículo 69-B del Código Fiscal de la Federación, fue considerada o tomada en cuenta por las autoridades fiscales para arribar que se trata de operaciones inexistentes o si se actualizaron todas las hipótesis referidas o simplemente no encontró al emisor por cualquier circunstancia, de tal manera, que como se advierte en el acto que se combate, el mismo carece del mínimo respeto a la garantía de fundamentación y motivación.

*▪Que el único documento que conoce la actora es el oficio *************, publicado en el Diario Oficial de la Federación el siete de julio de dos mil veinte, mediante el cual se comunicó el listado de los contribuyentes que se encuentran en forma definitiva en la situación a que se refiere el primer párrafo del artículo 69-B del Código Fiscal de la Federación, entre los que aparece publicada la persona moral ***** *************** **&** ******** ** **************** ******** ** ******* ********* con quien la actora tuvo operaciones en el año dos mil catorce, sin que en dicho oficio contenga de forma alguna la hipótesis que fue considerada o tomada en cuenta por las autoridades fiscales para arribar que se trata de operaciones inexistentes o si se actualizaron todas las hipótesis del artículo 69-B, situación que es ilegal.*

*▪Que se le debió dar a conocer con exactitud la razón por la cual la autoridad consideró que los comprobantes expedidos por ***** *************** **&** ******** ** **************** ******** ** ******* ********* se tratan operaciones inexistentes, pues tampoco se le dio a conocer el ejercicio fiscal observado, datos que son indispensables para que la actora tenga todos los elementos para ejercer lo que a su derecho convenga y que ante dicha omisión, debe actuar a ciegas sin conocer el fundamento y motivo legal de la autoridad, en transgresión al artículo 38, fracción IV, del Código Fiscal de la Federación.*

▪*Que desconoce si se trata del rechazo de un solo comprobante durante algún periodo (el cual no es identificado) o de varios comprobantes, o si todos los comprobantes son rechazados por las mismas razones o algunos por otras hipótesis referidas dentro del artículo 69-B del Código Fiscal de la Federación, situación que denota el estado de inseguridad jurídica a la que se le somete.*

▪*Que al no existir una notificación que le indique el inicio del procedimiento y la causa o causas tomadas en cuenta por las autoridades, trasgreden al mismo tiempo, "la oportunidad de ofrecer y desahogar las pruebas en que se finque la defensa", ya que al carecer del contenido de las causas, periodos y circunstancias que tomaron en cuenta las autoridades para calificar de inexistente una o varias facturas, se viola el contenido de la oportunidad de ofrecer pruebas en defensa en tanto el contribuyente afectado debe adivinar o suponer cómo y en qué términos defenderse.*

▪*Que es evidente la violación a los derechos humanos contenidos en las garantías tuteladas en los artículos 1, 14 y 16 Constitucionales, en tanto, se advierte claramente que no existe la notificación del inicio de un procedimiento y sus consecuencias a la actora; tampoco la oportunidad de ofrecer y desahogar pruebas en defensa, ya que no existe la citada notificación ni se le brinda al particular, las características debidamente fundadas y motivadas de por qué las autoridades fiscales estiman se trata de una operación inexistente y cuál de las hipótesis o cuáles de éstas son las que consideraron para estimar que se trata de una operación de esta naturaleza.*

▪*Que no puede desconocerse la obligatoriedad que tienen las autoridades administrativas de interpretar y aplicar las normas jurídicas en cuanto al principio de progresividad tutelado constitucionalmente, ya que éste implica que dichas autoridades deben en el ámbito de su competencia, incrementar el grado de tutela en la promoción, respeto, protección y garantía de los derechos humanos y también les impide, en virtud de su expresión de no regresividad, adoptar medidas que sin plena justificación constitucional disminuyan el nivel de la protección a los derechos humanos de quienes se someten al orden jurídico del Estado mexicano, como lo es, la falta de notificación de un procedimiento en forma personal, como lo establece el artículo 134, fracción I, del Código Fiscal de la Federación; el que exista una debida fundamentación y motivación del acto expresando concretamente a cuál o cuáles de las hipótesis jurídicas se refiere que están contempladas en el artículo 69-B del Código Fiscal de la Federación, el plazo para la oportuna recepción de documentación y argumentos de orden legal y la emisión de una resolución que haya tomado en cuenta la oportunidad de defensa descrita.*

▪*Que si bien es cierto que el artículo 69-B del Código Fiscal de la Federación, prevé que se tendrá un plazo de treinta días una vez que el emisor del comprobante haya sido declarado como el que sus operaciones son inexistentes, esto también conlleva una violación a las garantías de debido proceso y fundamentación y motivación legales exigidas constitucionalmente, en tanto, la actora no tiene el acto jurídico por el cual fue declarado de esta forma a quien le expidió el comprobante.*

▪ *Que al receptor de los comprobantes calificados como operaciones inexistentes, se le priva del derecho legítimo de defensa, al no habérsele notificado el inicio del procedimiento conforme al artículo 134 del Código Fiscal de la Federación, cuando al emisor sí se le notifica personalmente y se le brinda la oportunidad de defensa, sabiendo desde luego, los fundamentos y motivos del actuar de la autoridad.*

▪ *Que la posición de las autoridades fiscales, de señalar que si un contribuyente que expide comprobantes que ellas han tildado de operaciones inexistentes, se traduce para el receptor de dichos comprobantes como violaciones a sus derechos como los son el derecho al debido proceso, la garantía de audiencia, fundamentación y motivación del acto, como otra flagrante violación al constituirse dicha intención en una pena trascendental, prohibida por el artículo 22 constitucional, en tanto, cualquier receptor del comprobante es "sancionado" con quitarle los efectos fiscales de deducción y acreditamiento.*

*Por su parte, <u>al contestar la demanda</u>, **la representación jurídica de la demandada**, sostiene que son inoperantes e infundados los argumentos de la actora, debido a:*

▪ *Que la actora carece interés jurídico para cuestionar el procedimiento establecido en los primeros cuatro párrafos del artículo 69-B del Código Fiscal de la Federación seguido en contra de ***** ************** **&** ******** ** **************** ******** ** ******* ********, ya que únicamente tiene interés jurídico para acreditar la efectiva adquisición de los bienes o servicios contratados con dicho proveedor, o bien, corregir su situación fiscal conforme al quinto párrafo de dicho numeral.*

▪ *Que los oficios *********** de diecisiete de abril de dos mil dieciocho y *********** de diecinueve de junio de dos mil veinte están directamente vinculados.*

Una vez analizados los argumentos de las partes en relación con los elementos de prueba que obran en autos, los magistrados integrantes de esta Sala determinan que los argumentos de la actora son <u>infundados</u>, por las razones que se exponen a continuación.

En principio, es necesario realizar un análisis a lo dispuesto en el artículo 69-B del Código Fiscal de la Federación, vigente en octubre de dos mil dieciocho [mes en el que se emitió el oficio de resolución definitiva conforme al cuarto párrafo de dicho artículo, contenido en el listado global definitivo publicado en el Diario Oficial de la Federación el siete de julio de dos mil veinte]:

(...)

Del precepto legal transcrito, se advierte que cuando la autoridad fiscal detecte que un contribuyente ha estado emitiendo comprobantes sin contar con los activos, personal, infraestructura o capacidad material, directa o indirectamente, para prestar los servicios o producir, comercializar o entregar los bienes que amparan tales comprobantes, o bien, que dichos contribuyentes se encuentren no localizados, se presumirá la inexistencia de las operaciones amparadas en tales comprobantes.

En dicho supuesto, la autoridad fiscal procederá a notificar a los contribuyentes a través de su buzón tributario, de la página de Internet del Servicio de Administración Tributaria, así como mediante publicación en el Diario Oficial de la Federación, con el objeto de que puedan manifestar lo que a su derecho convenga y aportar la documentación e información que consideren pertinentes para desvirtuar los hechos que llevaron a la autoridad a notificarlos.

Para ello, los contribuyentes interesados contarán con un plazo de quince días contados a partir de la última de las notificaciones que se hayan efectuado. Una vez transcurrido el plazo para aportar la documentación e información y, en su caso, el de la prórroga, la autoridad, en un plazo que no excederá de cincuenta días, valorará las pruebas y defensas que se hayan hecho valer y notificará su resolución a los contribuyentes respectivos a través del buzón tributario.

Asimismo, se publicará un listado en el Diario Oficial de la Federación y en la página de Internet del Servicio de Administración Tributaria, de los contribuyentes que no hayan desvirtuado los hechos que se les imputan y, por tanto, se encuentran definitivamente en la situación a que se refiere el primer párrafo del artículo 69-B del Código Fiscal de la Federación.

Los efectos de la publicación de este listado serán considerar, con efectos generales, que las operaciones contenidas en los comprobantes fiscales expedidos por el contribuyente en cuestión no producen ni produjeron efecto fiscal alguno.

Finalmente, se advierte que las personas físicas o morales que hayan dado cualquier efecto fiscal a los comprobantes fiscales expedidos por un contribuyente incluido en el listado anteriormente precisado, contarán con treinta días siguientes al de la citada publicación para acreditar ante la propia autoridad, que efectivamente adquirieron los bienes o recibieron los servicios que amparan los citados comprobantes fiscales, o bien procederán en el mismo plazo a corregir su situación fiscal, mediante la declaración o declaraciones complementarias que correspondan, mismas que deberán presentar en términos del Código Fiscal de la Federación.

De tal guisa, es evidente que el artículo 69-B del Código Fiscal de la Federación, **prevé dos procedimientos administrativos distintos,** *pues el primero de ellos, va dirigido a los contribuyentes que la autoridad detectó que expiden comprobantes fiscales que amparan operaciones inexistentes, que de manera individual, les haya notificado de manera definitiva tal situación, mientras que el segundo va encaminado a los terceros que hayan celebrado operaciones con los citados contribuyentes, quienes podrán acudir ante la autoridad fiscal correspondiente a acreditar la materialidad de las operaciones que hubieren celebrado con los mismos.*

Sirve de apoyo a lo anterior, el **precedente** *IX-P-1aS-87, sustentado por la Primera Sección de la Sala Superior del Tribunal Federal de Justicia Administrativa, publicado en la revista que edita dicho Tribunal, de la novena época, año II, número 13, de enero de dos mil veintitrés, página 465, cuyos rubro y texto señalan lo siguiente:*

*"**ARTÍCULO 69-B DEL CÓDIGO FISCAL DE LA FEDERACIÓN. CONTIENE DOS PROCEDIMIENTOS ADMINISTRATIVOS.**- El artículo 69-B del Código Fiscal de la Federación, establece dos procedimientos administrativos, a saber: A) Determinación de que un contribuyente está emitiendo comprobantes fiscales que amparan operaciones inexistentes y B) Para las personas que hayan dado cualquier efecto fiscal a dichos comprobantes fiscales. Respecto al primer procedimiento, este se integra de cinco etapas; Primera etapa (Detección), cuando la autoridad detecta que el contribuyente ha estado emitiendo comprobantes fiscales, sin contar con los activos, personal, infraestructura o capacidad material, directa o indirectamente, para prestar los servicios o producir, comercializar o entregar los bienes que amparan tales comprobantes, o bien, que dichos contribuyentes se encuentren no localizados; por tanto, presumirá la inexistencia de las operaciones amparadas en tales comprobantes fiscales; segunda etapa (Notificación de presunción), la autoridad procederá a notificar a los contribuyentes que se encuentren en el supuesto anterior, a través de su buzón tributario; en la página de Internet del Servicio de Administración Tributaria y mediante la publicación en el Diario Oficial de la Federación, en la inteligencia de que la notificación mediante la publicación en la página de internet y en el Diario Oficial en comento, deberá realizarla hasta que conste la primera gestión de notificación a través del buzón tributario; Tercera etapa (Probatoria), una vez notificado al contribuyente de la etapa anterior, este contará con un plazo de quince días, contados a partir de la última de las notificaciones que se haya efectuado, para manifestar lo que a su derecho convenga y aportar la documentación e información que consideren pertinentes; Cuarta etapa (Resolución definitiva), fenecido el plazo referido en la etapa anterior, la autoridad se encuentra obligada, para que en un plazo que no excederá de cinco días, para valorar las pruebas y defensas que le hayan hecho valer y Quinta etapa (Notificación de la resolución definitiva), la autoridad deberá notificar su resolución al contribuyente, a través del buzón tributario. El segundo*

procedimiento, se conforma de tres etapas, Primera etapa (Publicación de listado), aquellos contribuyentes que no hayan desvirtuado los hechos que le fueron imputados y por ello, se encuentren definitivamente en la situación de que expiden comprobantes fiscales respecto de operaciones inexistentes, la autoridad publicará un listado en el Diario Oficial de la Federación y en la página de internet del Servicio de Administración Tributaria de esos contribuyentes, precisando que dicha publicación de listado, no podrá ser antes de los treinta días posteriores a la notificación de la resolución; Segunda etapa (Probatoria o corrección fiscal), aquellas personas físicas o morales que hayan dado cualquier efecto fiscal a los comprobantes fiscales expedidos por un contribuyente incluido en el listado a que se ha venido haciendo mención, tendrá el plazo de treinta días siguientes al de la citada publicación, para acreditar ante la autoridad, que efectivamente adquirieron los bienes o recibieron los servicios que amparan los citados comprobantes fiscales o bien procederán a corregir su situación fiscal; Tercera etapa (Determinación), cuando la autoridad fiscal, detecte que una persona física o moral no acreditó la efectiva prestación del servicio o adquisición de los bienes, o que no corrigió su situación fiscal, determinará el crédito fiscal correspondiente. Por tanto, el referido precepto legal, prevé dos procedimientos, el primero va dirigido a los contribuyentes que la autoridad detectó que expiden comprobantes fiscales que amparan operaciones inexistentes, que de manera individual, les haya notificado de manera definitiva tal situación, y el segundo procedimiento va encaminado para que los terceros que hayan celebrado operaciones con estos causantes, conozcan de tal determinación, ya que es una cuestión de interés público que se detenga la facturación de operaciones inexistentes, y que la sociedad en general conozcan quiénes son aquellos contribuyentes que llevan a cabo este tipo de operaciones."

En efecto, en el artículo 69-B del Código Fiscal de la Federación, se advierten dos procedimientos secuenciales pero independientes en su finalidad y en sus resoluciones, en virtud de que <u>el primer procedimiento</u> se lleva a cabo con los contribuyentes que emitieron los comprobantes fiscales [empresas que facturan operaciones simuladas, conocidas como EFOS], quienes hasta antes de que se resuelva el procedimiento en su contra, son presuntos emisores de comprobantes fiscales de operaciones simuladas; y el extremo a demostrar de parte de estos, es que cuentan con activo, personal, infraestructura o capacidad material directa o indirectamente para prestar los servicios, producir, comercializar o entregar los bienes que amparan los comprobantes fiscales.

<u>El segundo procedimiento</u> es solventado con los contribuyentes que recibieron, aplicaron, dedujeron y dieron efectos fiscales a los comprobantes cuestionados [empresas que deducen operaciones simuladas, conocidas como EDOS], quienes hasta antes de que se resuelva el procedimiento iniciado en su contra son contribuyentes que presuntamente deducen operaciones simuladas; y este procedimiento

tiene como finalidad que el contribuyente demuestre haber recibido el bien o servicio facturado.

En efecto, el segundo procedimiento de referencia tiene como finalidad dar al contribuyente la oportunidad de corregir voluntariamente su situación fiscal mediante la presentación de declaraciones complementarias o, en su caso, insistir y acreditar a la autoridad que sus comprobantes fiscales amparan operaciones efectivamente realizadas.

Por tanto, el diseño normativo de este procedimiento constituye un modelo de comunicación con la administración pública que consiste en la presentación de documentación o información para hacer efectivo un reclamo y accionar las funciones del ente público, lo que en términos generales puede ser catalogado como una instancia conferida a los terceros adquirentes de los comprobantes fiscales para solicitar a la autoridad administrativa una reconsideración –caso a caso– sobre una realidad declarada con efectos generales.

*Robustece lo antes señalado, en la parte conducente, la **jurisprudencia** 2a./J. 162/2019 (10a.), con registro digital 2021244, emitida por la Segunda Sala de la Suprema Corte de Justicia de la Nación, de la décima época, publicada en la Gaceta del Semanario Judicial de la Federación, libro 73, de diciembre de dos mil diecinueve, tomo I, página 538, cuyos rubro y texto señalan lo siguiente:*

*"**PROCEDIMIENTO PARA ACREDITAR LA MATERIALIDAD DE LAS OPERACIONES DE LOS CONTRIBUYENTES QUE HUBIERAN DADO EFECTOS FISCALES A COMPROBANTES EMITIDOS POR EMPRESAS QUE PRESUNTAMENTE REALIZAN OPERACIONES INEXISTENTES. LA OMISIÓN DE LA AUTORIDAD DE RESOLVER EN EL PLAZO ESTABLECIDO EN LA REGLA 1.5 DE LA RESOLUCIÓN MISCELÁNEA FISCAL PARA 2017 CONFIGURA UNA NEGATIVA FICTA Y, EN SU CASO, LA EMISIÓN EXTEMPORÁNEA DE LA RESOLUCIÓN EXPRESA NO DA LUGAR A SU NULIDAD.** De conformidad con el artículo 69-B, párrafo quinto, del Código Fiscal de la Federación y la regla 1.5 de la Resolución Miscelánea Fiscal para 2017, se advierte que el plazo máximo con el que cuenta la autoridad para resolver si un contribuyente acreditó que efectivamente adquirió los bienes o recibió los servicios que amparan los comprobantes fiscales emitidos por una empresa que se encuentra en el listado definitivo de las empresas calificadas como de aquellas que presuntamente realizan operaciones inexistentes será de treinta días contados a partir del día en que presente su solicitud de aclaración, o bien, de que se tenga por cumplido el requerimiento de información. Ahora bien**, la finalidad del procedimiento es dar al contribuyente la oportunidad de corregir voluntariamente su situación fiscal mediante la presentación de declaraciones complementarias o, en su caso, insistir y acreditar a la autoridad que sus comprobantes fiscales amparan operaciones efectivamente realizadas.** Así, el diseño normativo de este procedimiento constituye un modelo de comunicación con la administración pública que consiste en la*

presentación de documentación o información para hacer efectivo un reclamo y accionar las funciones del ente público, lo que en términos generales puede ser catalogado como una instancia conferida a los terceros adquirentes de los comprobantes fiscales para solicitar a la autoridad administrativa una reconsideración –caso a caso– sobre una realidad declarada con efectos generales. Entonces, en atención al plazo cierto y a la naturaleza de la instancia, resulta aplicable el artículo 37 del Código Fiscal de la Federación, por lo que: (i) la petición del contribuyente se entenderá resuelta en sentido negativo si no se emite resolución en el plazo de treinta días contados a partir del día en que presente su solicitud de aclaración, o bien, de que se tenga por cumplido el requerimiento de información; o de convenir a los intereses del particular, (ii) podrá esperar a que se dicte la resolución expresa para impugnarla. Por lo anterior, en aquellos casos en que la resolución expresa se dicte de manera extemporánea y los particulares acudan a demandar su nulidad por la vía contencioso administrativa, no es posible –por ese simple hecho– decretar su nulidad en términos de los artículos 51 y 52 de la Ley Federal de Procedimiento Contencioso Administrativo, pues el incumplimiento a tal requisito formal no genera una afectación a las defensas del particular ni trasciende al sentido de la resolución y, además, la inobservancia del plazo es un aspecto que no se relaciona con el fondo del asunto."

(Énfasis añadido)

Asimismo, sirve de apoyo a lo anterior, en lo conducente, la tesis VIII-CASR-CA-12, sustentada por esta Sala Regional del Caribe, publicada en la revista que edita este Tribunal, de la novena época, año I, número 4, de abril de dos mil veintidós, página 552, cuyos rubro y texto señalan lo siguiente:

"ARTÍCULO 69-B DEL CÓDIGO FISCAL DE LA FEDERACIÓN. ESTABLECE DOS PROCEDIMIENTOS INDEPENDIENTES ENTRE SÍ, POR LO QUE, LOS INCUMPLIMIENTOS DEL CONTRIBUYENTE QUE EMITIÓ LOS COMPROBANTES FISCALES NO PUEDEN SER SUSTENTO DE LA RESOLUCIÓN QUE SE EMITE EN EL PROCEDIMIENTO SOLVENTADO CON QUIEN DIO EFECTOS FISCALES A LOS COMPROBANTES.- En el artículo 69-B del Código Fiscal de la Federación, se advierten dos procedimientos secuenciales pero independientes en su finalidad y en sus resoluciones, en virtud de que el primer procedimiento se lleva a cabo con los contribuyentes que emitieron los comprobantes fiscales, quienes hasta antes de que se resuelva el procedimiento en su contra, son presuntos emisores de comprobantes fiscales de operaciones simuladas; y el extremo a demostrar de parte de estos, es que cuentan con activo, personal, infraestructura o capacidad material directa o indirectamente para prestar los servicios, producir, comercializar o entregar los bienes que amparan los comprobantes fiscales. El segundo procedimiento es solventado con los contribuyentes que dieron efectos fiscales a los comprobantes cuestionados, quienes hasta antes de que se resuelva el procedimiento iniciado en su contra son contribuyentes que

presuntamente deducen operaciones simuladas; y este procedimiento tiene como finalidad que el contribuyente demuestre haber recibido el bien o servicio facturado; por tanto, es ilegal que la resolución con que se concluye el segundo procedimiento se sustente en los incumplimientos del contribuyente que emitió los comprobantes fiscales, pues además de que son extremos diversos los que se deben demostrar en cada uno de los dos procedimientos, no hay fundamento en el que se sustente la sanción del contribuyente que da efectos fiscales a los comprobantes, por el incumplimiento en las obligaciones fiscales del tercero que los emitió, debiendo ceñirse la autoridad a motivar si el particular demostró o no, la recepción de los bienes o servicios descritos en los comprobantes fiscales motivo de los procedimientos."

De la misma manera, apoya lo anterior, la tesis I.4o.A.150 A (10a.), con registro digital 2018762, emitida por el Cuarto Tribunal Colegiado en Materia Administrativa del Primer Circuito, de la décima época, publicada en la Gaceta del Semanario Judicial de la Federación, libro 61, de diciembre de dos mil dieciocho, tomo II, página 1133, cuyos rubro y texto señalan lo siguiente:

*"**PROCEDIMIENTO RELATIVO A LA PRESUNCIÓN DE INEXISTENCIA DE OPERACIONES, PREVISTO EN EL ARTÍCULO 69-B DEL CÓDIGO FISCAL DE LA FEDERACIÓN –EN SU TEXTO ANTERIOR A LA REFORMA PUBLICADA EN EL DIARIO OFICIAL DE LA FEDERACIÓN EL 25 DE JUNIO DE 2018–. EL CONTRIBUYENTE QUE DEDUJO Y, POR ENDE, OTORGÓ EFECTOS FISCALES A LOS COMPROBANTES CUESTIONADOS, NO TIENE INTERÉS PARA SOLICITAR LA DECLARATORIA DE EXTINCIÓN DE LAS FACULTADES DE LA AUTORIDAD, POR HABER TRANSCURRIDO EN EXCESO EL PLAZO A QUE SE REFIERE EL TERCER PÁRRAFO DEL PROPIO PRECEPTO.** Los párrafos primero a cuarto del artículo citado establecen un procedimiento para que las autoridades investiguen, evalúen circunstancias y, en su caso, presuman la inexistencia o simulación de las operaciones de los contribuyentes que hayan emitido comprobantes fiscales sin contar con los activos, personal, infraestructura o capacidad material, directa o indirecta, para prestar los servicios o producir, comercializar o entregar los bienes que aquéllos amparan y, además, cuando no se les localice. A su vez, en sus dos últimos párrafos prevé la hipótesis de terceros que hayan utilizado los comprobantes cuestionados para soportar una deducción o un acreditamiento, concediéndoles un plazo para demostrar ante la autoridad que, efectivamente, adquirieron los bienes, recibieron los servicios o, en todo caso, para que corrijan su situación fiscal. Así, el numeral transcrito alude a dos procedimientos independientes, según se trate de: a) quien expidió los comprobantes – empresas que facturan operaciones simuladas (EFOS)–; y, b) quien los recibió, aplicó, dedujo y otorgó efectos fiscales –empresas que deducen operaciones simuladas (EDOS)–. En este contexto, el propósito del primer procedimiento es fiscalizar a quien emite los comprobantes fiscales y, el segundo, dar oportunidad a quien recibió y dedujo de demostrar que*

adquirió los bienes, recibió los servicios o corregir su situación fiscal, por lo que se trata de acciones, contenidos y responsabilidades diversos. Por tanto, el contribuyente que dedujo y, por ende, otorgó efectos fiscales a los comprobantes que amparan operaciones presuntamente inexistentes, no tiene interés para solicitar la declaratoria de extinción de las facultades de la autoridad, por haber transcurrido en exceso el plazo de cinco días para emitir y notificar su resolución, a que se refiere el tercer párrafo del precepto mencionado, pues aquélla va dirigida y puede solicitarse por quien facturó y expidió los comprobantes –EFOS–, y no por quien los recibió –EDOS–, pues para éste se prevé el procedimiento a que aluden los párrafos quinto y sexto del propio artículo 69-B, a efecto de demostrar que, efectivamente, adquirió los bienes o recibió los servicios."

Ahora bien, en el caso que nos ocupa, la resolución impugnada fue emitida con fundamento en el penúltimo párrafo del artículo 69-B del Código Fiscal de la Federación, toda vez que la parte actora ejerció el derecho previsto en dicho párrafo, pretendiendo acreditar que efectivamente recibió los servicios que amparaban los comprobantes fiscales emitidos por ***** ************** **&** ******** ** **************** ******** ** ******* *********

*En virtud de lo antes expuesto, es evidente que es **infundado** el argumento de la actora referente a que se encuentra en estado de indefensión, al desconocer cuál de las hipótesis previstas en el artículo 69-B del Código Fiscal de la Federación, fue considerada o tomada en cuenta por las autoridades fiscales para arribar que se trata de operaciones inexistentes o si se actualizaron todas las hipótesis referidas.*

Ello es así, pues el artículo 69-B del Código Fiscal de la Federación no establece como obligación el darle a conocer a las personas físicas o morales que hayan dado cualquier efecto fiscal a los comprobantes fiscales expedidos por un contribuyente incluido en el listado definitivo, cuál de los supuestos previstos en el primer párrafo de dicho numeral fue el que se actualizó.

En efecto, al haberse publicado el oficio *************, en el Diario Oficial de la Federación el siete de julio de dos mil veinte, mediante el cual se comunicó el listado global de los contribuyentes que se encontraban en forma definitiva en la situación a que se refiere el primer párrafo del artículo 69-B del Código Fiscal de la Federación, entre los que aparecía publicada la persona moral ***** ************** **&** ******** ** *************** ******** ** ******* ********* con quien la actora tuvo operaciones en el año dos mil catorce; la autoridad fiscal cumplió con la obligación establecida en el cuarto párrafo del numeral citado, sin que existiera obligación de darle a conocer a la hoy actora, cuál de los supuestos previstos en el primer párrafo de dicho artículo fue el que se detectó.

En tal virtud, la actora tenía la posibilidad de ejercer el derecho previsto en el penúltimo párrafo del artículo 69-B del Código Fiscal de la Federación, para acreditar ante la autoridad fiscal, que efectivamente recibió los servicios que amparaban los comprobantes fiscales emitidos

por ***** *************** **&** ******** ** *************** ******** ** *******
********; derecho que fue ejercido mediante el escrito presentado ante la
demandada el uno de septiembre de dos mil veinte.

De la misma manera, contrario a lo señalado por la actora, tampoco era
necesario que se le diera a conocer el ejercicio fiscal observado su
proveedor ***** *************** **&** ******** ** *************** ******** **
******* ********, ya que conforme al quinto párrafo del artículo 69-B, los
efectos de la publicación del listado definitivo al que se refiere el párrafo
cuarto de dicho numeral, serán considerar, con efectos generales, que las
operaciones contenidas en los comprobantes fiscales expedidos por el
contribuyente en cuestión no producen ni produjeron efecto fiscal alguno.

Por lo tanto, la parte actora tenía que demostrar que efectivamente recibió
los servicios que amparaban los comprobantes fiscales emitidos por *****
*************** **&** ******** ** *************** ******** ** ******* ********, por
cualquier ejercicio fiscal en el que hubiese tenido operaciones con dicho
proveedor.

Sirve de apoyo a lo anterior, en lo conducente, la **jurisprudencia** PC.I.A.
J/5 A (11a.), con registro digital 2024206, emitida por el Pleno en Materia
Administrativa del Primer Circuito, de la undécima época, publicada en la
Gaceta del Semanario Judicial de la Federación, libro 10, de febrero de
dos mil veintidós, tomo II, página 2095, cuyos rubro y texto señalan lo
siguiente:

**"EFECTOS DE LA PUBLICACIÓN EN EL DIARIO OFICIAL DE LA
FEDERACIÓN Y EN LA PÁGINA ELECTRÓNICA DEL SERVICIO DE
ADMINISTRACIÓN TRIBUTARIA DE LOS DATOS DEL SUJETO
CONTRIBUYENTE QUE SE UBICÓ EN DEFINITIVA EN LA HIPÓTESIS
DEL PRIMER PÁRRAFO DEL ARTÍCULO 69-B DEL CÓDIGO FISCAL
DE LA FEDERACIÓN. AUNQUE EL PROCEDIMIENTO RELATIVO
DERIVE DE LA REVISIÓN DE UN EJERCICIO FISCAL ESPECÍFICO,
ES VÁLIDO JURÍDICAMENTE QUE LA INCLUSIÓN EN EL LISTADO
TENGA EFECTOS GENERALES Y SE PROYECTEN A FUTURO.**

Hechos: Los Tribunales Colegiados de Circuito contendientes difirieron
acerca del alcance de la publicación en el Diario Oficial de la Federación
de los datos del sujeto o parte contribuyente que se ubicó en definitiva en
la hipótesis a que se refiere el primer párrafo del artículo 69-B del Código
Fiscal de la Federación cuando únicamente se revisaron los
comprobantes emitidos durante un ejercicio fiscal en específico.

Criterio jurídico: El Pleno en Materia Administrativa del Primer Circuito
establece que los efectos de la resolución que confirma en definitiva la
presunción de inexistencia de operaciones se proyecten a futuro, en razón
de que si no se desvirtuó la presunción, se entiende que carece de los
elementos necesarios para realizar las actividades de su objeto social y
que los comprobantes fiscales que emite no están soportados en
operaciones reales, lo que es acorde con la finalidad perseguida por el
artículo 69-B referido, que busca mitigar esas prácticas fiscales evasivas.

Justificación: El procedimiento establecido en el artículo 69-B del Código Fiscal de la Federación difiere en naturaleza y finalidad de las facultades de comprobación reguladas en el artículo 42 de ese compendio tributario; así, **con independencia del ejercicio revisado,** *en caso de que la autoridad fiscal determine que el sujeto contribuyente no logró desvirtuar la presunción de inexistencia de actos reflejados en los comprobantes fiscales expedidos e incluirlo en el listado definitivo previsto en ese numeral 69-B,* **cumple con la finalidad de dar a conocer a personas o entidades terceras que la persona física o moral incurrió en la práctica indebida, lo que válidamente puede proyectarse a futuro,** *pues además es necesario el ejercicio de las facultades de comprobación, acotadas legalmente en su temporalidad, para determinar el alcance de la consecuencia de la simulación referida."*

(Énfasis añadido)

Aunado a lo anterior, contrario a lo señalado por la actora, no existe violación alguna al derecho de audiencia, a una adecuada defensa, a la seguridad jurídica, a ofrecer pruebas, a las formalidades esenciales del procedimiento, debido proceso, ni existe violación al artículo 22 Constitucional, al no darle a conocer a la actora el acto jurídico por el cual se concluyó que el emisor de los comprobantes fiscales ***** ************** **&** ******** ** *************** ******** ** ******* ********* se encontró en forma definitiva en la situación a que se refiere el primer párrafo del artículo 69-B del Código Fiscal de la Federación.

Lo anterior, en primer lugar, *ya que el artículo 69-B no establece dicha obligación y,* en segundo lugar, *debido a que conforme a los párrafos quinto al último de dicho numeral, quedan expeditos los derechos de los contribuyentes que dieron efectos fiscales a los comprobantes que sustentan operaciones que se presumen inexistentes, para que aquéllos acudan ante la autoridad hacendaria con el fin de comprobar que efectivamente recibieron los bienes o servicios que amparan, lo que constituye un periodo de prueba, y en caso de no lograr desvirtuar esa presunción, pueden impugnar la resolución definitiva a través de los medios de defensa que estimen convenientes. Aunado a lo anterior, existen diversos criterios jurisdiccionales donde se ha concluido la constitucionalidad del referido precepto legal.*

En efecto, la Segunda Sala de la Suprema Corte de Justicia de la Nación, concluyó que el artículo 69-B del Código Fiscal de la Federación que prevé el procedimiento descrito, no viola el derecho de audiencia contenido en el artículo 14 de la Constitución Política de los Estados Unidos Mexicanos, mediante la **jurisprudencia** *2a./J. 133/2015 (10a.), con registro digital 2010274, de la décima época, publicada en la Gaceta del Semanario Judicial de la Federación, libro 23, de octubre de dos mil quince, tomo II, página 1738, cuyos rubro y texto señalan lo siguiente:*

"PROCEDIMIENTO RELATIVO A LA PRESUNCIÓN DE INEXISTENCIA DE OPERACIONES. EL ARTÍCULO 69-B DEL CÓDIGO FISCAL DE LA FEDERACIÓN QUE LO PREVÉ, NO CONTRAVIENE EL DERECHO DE

AUDIENCIA. El precepto aludido prevé un procedimiento para que las autoridades presuman la inexistencia de las operaciones de los contribuyentes que hayan emitido comprobantes fiscales sin contar con activos, personal, infraestructura o capacidad material, directa o indirectamente, para prestar los servicios o producir, comercializar o entregar los bienes que amparan dichos comprobantes o cuando no se localice al contribuyente. Asimismo, **establece que los terceros que hayan utilizado estos documentos para soportar una deducción o un acreditamiento, tendrán un plazo para demostrar ante la autoridad que efectivamente adquirieron los bienes o recibieron los servicios, o para corregir su situación fiscal.** *Ahora bien, la primera publicación que se efectúa en dicho procedimiento constituye un medio de comunicación entre la autoridad fiscal y el contribuyente que se encuentra en el supuesto de presunción de inexistencia de operaciones, siendo que la finalidad de esa notificación es hacer del conocimiento del gobernado la posibilidad que tiene de acudir ante la autoridad exactora, a manifestar lo que a su interés legal convenga, inclusive a ofrecer pruebas para desvirtuar el sustento de la referida presunción, esto de manera previa a que se declare definitivamente la inexistencia de sus operaciones; por lo que la mencionada primera publicación resulta ser un acto de molestia al que no le es exigible el derecho de audiencia previa; por otra parte, en relación con la segunda publicación a que se refiere el precepto citado,* **quedan expeditos los derechos de los contribuyentes que dieron efectos fiscales a los comprobantes que sustentan operaciones que se presumen inexistentes, para que aquéllos acudan ante la autoridad hacendaria con el fin de comprobar que efectivamente recibieron los bienes o servicios que amparan, lo que constituye un periodo de prueba, y en caso de no lograr desvirtuar esa presunción, pueden impugnar la resolución definitiva a través de los medios de defensa que estimen convenientes.** *En esas condiciones, el artículo 69-B del Código Fiscal de la Federación que prevé el procedimiento descrito, no viola el derecho de audiencia contenido en el artículo 14 de la Constitución Política de los Estados Unidos Mexicanos."*

(Énfasis añadido)

De la misma manera, es aplicable al caso, respecto a que el artículo 69-B del Código Fiscal de la Federación no viola el artículo 22 Constitucional, la **jurisprudencia** *2a./J. 161/2015 (10a.), con registro digital 2010621, emitida por la Segunda Sala de la Suprema Corte de Justicia de la Nación, de la décima época, publicada en la Gaceta del Semanario Judicial de la Federación, libro 25, de diciembre de dos mil quince, tomo I, página 277, cuyos rubro y texto señalan lo siguiente:*

"PROCEDIMIENTO RELATIVO A LA PRESUNCIÓN DE INEXISTENCIA DE OPERACIONES. LAS PUBLICACIONES CON LOS DATOS DE LOS CONTRIBUYENTES A QUE HACE REFERENCIA EL ARTÍCULO 69-B DEL CÓDIGO FISCAL DE LA FEDERACIÓN NO CONSTITUYEN UNA PENA QUE DEBA RESPETAR LOS DERECHOS RECONOCIDOS EN EL ARTÍCULO 22 DE LA CONSTITUCIÓN POLÍTICA DE LOS

*ESTADOS UNIDOS MEXICANOS. El citado precepto legal prevé un procedimiento para que las autoridades presuman la inexistencia de las operaciones de los contribuyentes que hayan emitido comprobantes fiscales sin contar con activos, personal, infraestructura o capacidad material, directa o indirectamente, para prestar los servicios o producir, comercializar o entregar los bienes que amparan dichos comprobantes o cuando no se localice al contribuyente. Asimismo, establece que los terceros que hayan utilizado estos documentos para soportar una deducción o un acreditamiento, tendrán un plazo para demostrar ante la autoridad que efectivamente adquirieron los bienes o recibieron los servicios, o para corregir su situación fiscal. En esos términos, se concluye que las publicaciones con los datos de los contribuyentes a que hace referencia el artículo 69-B del Código Fiscal de la Federación, únicamente tienen como finalidad que la autoridad dé a conocer que existe aquella presunción, para que tengan oportunidad de desvirtuarla y, posteriormente, declarar una realidad jurídica (sobre la inexistencia de las operaciones celebradas con esos contribuyentes) respecto de lo cual, **los terceros relacionados también pueden hacer valer lo que a su derecho corresponda**, sin que tales publicaciones constituyan una pena que deba respetar los derechos fundamentales reconocidos en el artículo 22 de la Constitución Política de los Estados Unidos Mexicanos."*

(Énfasis añadido)

Corolario, se desestiman por infundados los argumentos de defensa expuestos en el concepto de impugnación sujeto a estudio en esta parte considerativa."

97. PAGO ESPONTÁNEO

Es conveniente mencionar, que en términos del artículo 73 del Código que se ha venido invocando, las autoridades fiscales no deberán imponer multas cuando se cumplan en forma espontánea las obligaciones fiscales fuera de los plazos señalados por las disposiciones fiscales o cuando se haya incurrido en infracción a causa de fuerza mayor o de caso fortuito, contemplándose en el propio numeral, los casos en los que se considerará que el cumplimiento no es espontáneo.

98. ¿QUÉ ES EL PROCEDIMIENTO ADMINISTRATIVO DE EJECUCIÓN?

El Procedimiento Administrativo de Ejecución, conocido como PAE es el mecanismo con el que cuentan las autoridades fiscales (SAT, IMSS, INFONAVIT, etcétera), para exigir a los contribuyentes el pago de los créditos fiscales a su cargo que no hubieren sido cubiertos o garantizados dentro de los plazos que disponen las leyes fiscales.

99. MEDIOS DE DEFENSA EN LA FASE ADMINISTRATIVA

*Recurso de revocación regulado en el Código Fiscal de la Federación

*Recurso de inconformidad regulado en el Reglamento del Recurso de Inconformidad

*Recurso de Inconformidad regulado en el Reglamento de la Comisión de Inconformidades del Instituto del Fondo Nacional de la Vivienda para los Trabajadores

*Recurso de revisión regulado en la Ley Federal de Procedimiento Administrativo

100. RECURSOS ADMINISTRATIVOS

(PANORAMA GENERAL)

DEFINICIÓN. Son medios de defensa con los que cuentan los gobernados para impugnar los actos y resoluciones que afecten su interés jurídico.

Su interposición tiene como consecuencia que se confirme, revoque, o modifique la resolución o acto que se hubiere recurrido.

Para no enfrentar un problema de desechamiento del medio de defensa intentado, siempre se deberá controvertir el crédito que se pretende hacer efectivo, conjuntamente con los actos de ejecución, como son a saber: el mandamiento de ejecución, el requerimiento de pago y el acta de embargo correspondientes, ya que si tan solo se impugnan estos últimos, los cuales no tienen el carácter de resoluciones definitivas, en estricta aplicación del artículo 127 del Código Fiscal de la Federación, se desechará el medio de defensa intentado.

En efecto, el dispositivo legal en cuestión, preceptúa lo siguiente:

*"**Artículo 127.** Cuando el recurso de revocación se interponga porque el procedimiento administrativo de ejecución no se ajustó a la Ley, las violaciones cometidas antes del remate, sólo podrán hacerse valer ante la autoridad recaudadora hasta el momento de la publicación de la convocatoria de remate, y dentro de los diez días siguientes a la fecha de publicación de la citada convocatoria, salvo que se trate de actos de ejecución sobre bienes legalmente inembargables o de actos de imposible reparación material, casos en que el plazo para interponer el recurso se computará a partir del día hábil siguiente al en que surta efectos la notificación del requerimiento de pago o del día hábil siguiente al de la diligencia de embargo."*

Por lo que respecta a este numeral, lo que resulta digno de comentario es señalar que su texto dio lugar a la formulación de la tesis que enseguida se transcribe, para dejar sentado que si bien las violaciones cometidas en el procedimiento administrativo de ejecución antes del remate podrán impugnarse sólo hasta que se publique la convocatoria respectiva, dentro de los diez días siguientes a tal evento, también lo es que los actos del procedimiento administrativo de ejecución que recaigan sobre bienes inembargables o bien que causen daños de imposible reparación material, sí serán controvertibles a través del recurso de revocación, o dada la optatividad en cuanto al agotamiento de éste, a través del juicio contencioso administrativo federal, ilustrándose este particular, con la siguiente tesis jurisprudencial por contradicción cuyo contenido es el siguiente:

"PROCEDIMIENTO ADMINISTRATIVO DE EJECUCIÓN. POR REGLA GENERAL, LAS VIOLACIONES COMETIDAS ANTES DEL REMATE SON IMPUGNABLES MEDIANTE EL JUICIO CONTENCIOSO ADMINISTRATIVO HASTA QUE SE PUBLIQUE LA CONVOCATORIA RESPECTIVA, ACORDE CON EL ARTÍCULO 127, PRIMER PÁRRAFO, DEL CÓDIGO FISCAL DE LA FEDERACIÓN, REFORMADO MEDIANTE DECRETO PUBLICADO EN EL DIARIO OFICIAL DE LA FEDERACIÓN EL 28 DE JUNIO DE 2006. De acuerdo con el indicado precepto, en relación con los artículos 116, 117, fracción II, inciso b) y 120 del Código Fiscal de la Federación y 14 de la Ley Orgánica del Tribunal Federal de Justicia Fiscal y Administrativa, las violaciones cometidas en el procedimiento administrativo de ejecución antes del remate podrán impugnarse sólo hasta que se publique la convocatoria respectiva, dentro de los 10 días siguientes a tal evento, lo cual significa que esta clase de actos no serán recurribles de manera autónoma, como sucedía antes de la reforma del artículo 127 del Código Fiscal de la Federación. Entonces, siendo improcedente el recurso de revocación contra dichas violaciones procesales, tampoco podrían adquirir el carácter de "actos o resoluciones definitivas", de modo que en su contra no procede el juicio contencioso administrativo. Esta es la regla general impuesta por el legislador en la norma reformada, sin que pase por alto que en ella se establecieron como excepciones los actos de ejecución sobre bienes inembargables o los de imposible reparación material, casos en los que el recurso administrativo podrá interponerse a partir del día hábil siguiente al en que surta efectos la notificación del requerimiento de pago o la diligencia de embargo, de donde resulta que al ser impugnables estos actos del procedimiento administrativo de ejecución a través del recurso de revocación y siendo éste opcional, conforme al artículo 120 del Código Fiscal de la Federación, en su contra procede el juicio contencioso administrativo ante el Tribunal Federal de Justicia Fiscal y Administrativa, al tener la naturaleza de actos o resoluciones definitivas"[59]

---

[59]. Tesis consultable en el Semanario Judicial de la Federación, correspondiente al mes de marzo de 2009. Página 451.

101. GARANTÍA DEL INTERÉS FISCAL

Siempre que se promueva un recurso, o juicio contencioso administrativo federal, se deberá garantizar el interés del fisco federal en cualquiera de las formas que autoriza el artículo 141 del Código Fiscal de la Federación, teniendo buen cuidado en que dicha garantía comprenda, además de las contribuciones adeudadas actualizadas, los accesorios causados, así como los que se causen en los doce meses siguientes a su otorgamiento.

Sólo para que no pase desapercibido, es bueno comentar que por lo que hace a la parte de este numeral en la que refiere que en ningún caso las autoridades fiscales podrán dispensar el otorgamiento de la garantía, con tal mandato se da origen a una antinomia, dado que el artículo 4o. del Código Federal de Procedimientos Civiles, que es de aplicación supletoria al Código Fiscal de la Federación, preceptúa que las instituciones, servicios y dependencias de la Administración Pública de la Federación y de las Entidades Federativas, nunca serán objeto de mandamiento de ejecución ni providencia de embargo alguno, estando exentos de presentar las garantías que el propio Código Federal de Procedimientos Civiles exija de las partes, de tal suerte que cuando una de las partes contendientes en el juicio contencioso administrativo sea una de las instituciones, servicios o dependencias a las que se alude, es claro que la autoridad fiscal no deberá exigir el otorgamiento de garantía alguna.

Una reflexión válida sobre este apartado es la consistente en que existe un principio general de derecho que contempla que la ley especial, está por encima de la ley general, pues como en el caso que nos ocupa la ley especial lo es el Código Fiscal de la Federación, en estricto derecho no debería cobrar operancia la aplicación supletoria del Código Federal de Procedimientos Civiles, resultado comprensible por tanto, que la autoridad fiscal ejecutora exija la garantía correspondiente ante ese mandamiento contundente de que *"en ningún caso las autoridades fiscales podrán dispensar el otorgamiento de la garantía"*, cuidando inclusive con ello el pisar el terreno escabroso de la responsabilidad de Servidor Público, por no cumplir con lo que le manda la Ley.

Ahora bien, en lo concerniente al artículo 144, párrafo primero, del Código Fiscal de la Federación, es conveniente denotar que el procedimiento administrativo de ejecución no se podrá iniciar, sino hasta que hayan transcurrido 30 días hábiles (en materia fiscal) y (15 en materia de cuotas obrero patronales o capitales constitutivos) sin que se hubiere garantizado el interés fiscal de la Federación.

Asimismo, capital relevancia tiene resaltar, que en el párrafo segundo del propio numeral, se dispone que de haberse interpuesto en tiempo el recurso de revocación, el gobernado no tendrá la obligación de exhibir la garantía correspondiente, sino en su caso, hasta que el mismo sea resuelto.

LA DEFENSA FISCAL Y SUS PRINCIPIOS BÁSICOS

102. RAZONAMIENTOS DEL AUTOR RESPECTO AL PORQUÉ CONSIDERA QUE EL PÁRRAFO SEGUNDO DEL ARTÍCULO 144 DEL CÓDIGO FISCAL DE LA FEDERACIÓN, ES INCONSTITUCIONAL

En lo particular se considera que este segundo párrafo es inconstitucional, por violar los artículos 14 y 16 Constitucionales, en relación con el numeral 13 de la propia Ley Suprema de la Unión, por ser privativo, dado que sólo si se agota el recurso de revocación se estará exento de garantizar el interés fiscal de la Federación, pasándose por alto que como el agotamiento de dicho recurso es optativo, en términos de lo preceptuado por el artículo 120 del propio Código Fiscal de la Federación, lo lógico, congruente y jurídico es que de inclinarse el administrado por acudir directamente al juicio contencioso administrativo federal, de igual manera debe estar exento de garantizar el interés fiscal de la federación y no así contar con 30 días hábiles, como lo contempla el párrafo primero del mismo numeral 144, puesto que la optatividad otorgada no debe seccionarse entre la fase administrativa y la contenciosa, dado que no hay motivo ni fundamento para ello.

Sobre este particular, se considera que el razonamiento que nos ocupa admite enriquecerse con la invocación que se haga de la interpretación conforme, consagrada en el párrafo segundo del artículo 1. de nuestra Ley Fundamental, donde se preceptúa que en tratándose de normas relativas a los derechos humanos se deberá estar a la interpretación que ofrezca la protección más amplia a la persona, en el entendido de que el derecho humano que se hace valer es el de tener acceso a la impartición de justicia libre de condicionamientos arbitrarios como lo es la exigencia de garantizar el interés del Fisco Federal en 30 días hábiles si se determina interponer el juicio contencioso administrativo federal, cuando en la fase administrativa se está exento de tal obligación, por el simple hecho de inclinarse por el agotamiento del recurso de revocación en el que por lo demás, la autoridad se convierte en juez y parte y por regla general resuelve confirmando sus resoluciones.

103. CUADRO SINÓPTICO DE LOS RECURSOS TANTO EN MATERIA ADMINISTRATIVA COMO EN MATERIA FISCAL

RECURSOS

ADMINISTRATIVOS

Ley Federal de Procedimiento Administrativo

- Artículo 83 Recurso de Revisión
- Artículo Segundo Transitorio

EN MATERIA FISCAL

Código Fiscal de la Federación

- Artículo 116 Recurso de Revocación
- Artículos 116 a 128

Reglamento del Recurso de Inconformidad

- Recurso de inconformidad (IMSS)

Reglamento de la Comisión de Inconformidades del Instituto del Fondo Nacional de la Vivienda para los Trabajadores

- Recurso de Inconformidad (INFONAVIT)

104. LEY FEDERAL DE PROCEDIMIENTO ADMINISTRATIVO (RECURSO DE REVISIÓN).

En lo concerniente a esta Ley, es conveniente comentar que la misma se publicó en el Diario Oficial de la Federación el 4 de agosto de 1994, para entrar en vigor el 1 de junio de 1995 y específicamente por lo que respecta al recurso de revisión contemplado en su artículo 83, lo que se razonó por parte del legislador, fue que el propósito de este medio de defensa fue el de terminar con los laberintos y trampas procesales en los que se extravían los gobernados en su afán de controvertir las resoluciones administrativas recaídas sobre su esfera de derechos, habiéndose determinado, de una vez por todas, en su artículo SEGUNDO TRANSITORIO, derogar todas las disposiciones que se opusieran a lo establecido en dicha ley y en particular los diversos recursos administrativos contemplados en las diferentes leyes administrativas en las materias reguladas por la misma, lo que indudablemente fue un avance notable, dado que se dejaron de registrar un buen número de desechamientos, que otrora se apoyaban en que el gobernado no había agotado el recurso administrativo correspondiente, expidiéndose así el acceso a la impartición de justicia, como por lo demás así lo exige el artículo 17 Constitucional.

Lo regulado en la parte que interesa por dicho precepto, está en que los interesados afectados por los actos y resoluciones de las autoridades administrativas que pongan fin al procedimiento administrativo, a una instancia o resuelvan un expediente, podrán interponer el recurso de revisión o, cuando proceda, intentar la vía jurisdiccional que corresponda, lo que se deberá verificar dentro del plazo de quince días hábiles, resultando aquí de trascendental importancia denotar que este recurso tiene la particularidad de que es optativo; esto es, que si el gobernado desea agotarlo, sometiéndose a la propia autoridad como juez y parte, así lo hará o bien, en su defecto, acudirá directamente ante el Tribunal Federal de Justicia Administrativa, cuya nota característica es, que se trata de un órgano jurisdiccional imparcial.

105. CÓDIGO FISCAL DE LA FEDERACIÓN

Por lo que respecta a este ordenamiento legal, es pertinente señalar que en su artículo 116, se regula el recurso de revocación, el cual también es de agotamiento optativo y deberá promoverse dentro del término de treinta días hábiles, contados a partir del día siguiente a aquél en que surta efectos la notificación de la resolución que se vaya a recurrir, aconsejándose aquí tener buen cuidado de atender a lo que preceptúa el artículo 121 del propio ordenamiento legal, en el que se dispone que el recurso deberá presentarse a través del buzón tributario.

106. RECURSOS DE INCONFORMIDAD ANTE EL INSTITUTO MEXICANO DEL SEGURO SOCIAL Y ANTE EL INSTITUTO DEL FONDO NACIONAL DE LA VIVIENDA PARA LOS TRABAJADORES

Aunque tienen el mismo nombre, en realidad se tratan de dos recursos fiscales distintos.

El recurso de inconformidad ante el Instituto Mexicano del Seguro Social encuentra su origen en el artículo 294 de la Ley del Seguro Social y se regula en el Reglamento del Recurso de Inconformidad. Dicho recurso procede en contra de los actos definitivos del referido Instituto que causen agravios a los patrones y demás sujetos obligados, así como los asegurados o sus beneficiarios.

El recurso de inconformidad ante el Instituto del Fondo Nacional de la Vivienda para los Trabajadores encuentra su origen en los artículos 25 y 52 de la Ley del Instituto del Fondo Nacional de la Vivienda para los Trabajadores y se regula en el Reglamento de la Comisión de Inconformidades del Instituto del Fondo Nacional de la Vivienda para los Trabajadores. Dicho recurso procede en contra de los actos definitivos del referido Instituto que lesionen derechos de los trabajadores inscritos, de sus beneficiarios o de los patrones.

El plazo de presentación de ambos recursos es de quince días hábiles, contados a partir del día siguiente a aquél en que surta efectos la notificación de la resolución que se vaya a recurrir.

107. SUPRESIÓN DE LA PRESENTACIÓN DEL RECURSO DE REVOCACIÓN POR CORREO CERTIFICADO CON ACUSE DE RECIBO

Ahora bien, como por virtud de las reformas, adiciones y derogaciones que experimentaron algunas de las disposiciones reguladas por el Código Fiscal de la Federación, que entraron en vigor el 1 de enero de 2014, **ya no se contempla la posibilidad de presentar el recurso de revocación por conducto de correo certificado con acuse de recibo**, sino que en el numeral últimamente citado se establece que el escrito de interposición del recurso podrá enviarse a la autoridad competente en razón del domicilio o a la que emitió o ejecutó el acto, a través de los medios que autorice el Servicio de Administración Tributaria mediante reglas de carácter general, lo que resulta digno de comentario es que de actualizarse este supuesto; esto es, de darse el caso en que por razón del domicilio, el actor viva fuera de la sede de la autoridad que emitió o ejecutó el acto, se llegara a contemplar que el envío se podrá realizar por correo certificado con acuse de recibo, debemos tener buen cuidado de depositar nuestra pieza postal con toda oportunidad y no así el último día del término con el que contamos para hacerlo, ya que nos podríamos llevar una sorpresa desagradable como la que en seguida les compartimos.

Resulta ser, que se han dado casos en los que el medio de defensa, en el caso que nos ocupa, el recurso de revocación, se presentó en la oficina de correos correspondiente, después de las 12:00 horas del último día del término de 45 días, (antes de la reforma, pues a partir del 1o. de enero de este año, 2014, son 30 días), con el que se contaba para realizar la presentación respectiva, aconteciendo que estando el recurrente en espera de que se le notificara la admisión a trámite de su recurso, se dio el caso que lo que le notificaron fue el desechamiento de dicho medio de defensa, por haber resultado extemporáneo en su presentación, lo que provocó que se investigara qué fue lo que sucedió, dado que como antes se dijo, el recurso se presentó el último día del término, pero al fin y al cabo de manera oportuna.

Pues bien, lo que sucedió fue lo siguiente:

Es el caso que, por una práctica interna que tienen, no se sabe si todas, pero sí algunas oficinas de correos, ubicadas a lo largo y ancho de la República, a todos los registrados que se depositan después de las 12:00 horas del día, se les pone la fecha del día siguiente, de tal suerte que al llegar el sobre a la autoridad con una fecha estampada en el mismo a la cual atenderá esta última para realizar el cómputo de presentación correspondiente, es claro que como aconteció en el caso que se relata, la misma proceda a desechar la pieza en él contenida, consistente en el recurso, por haber resultado extemporáneo en su presentación, lo que se traducirá en la realización de las gestiones necesarias por parte del administrado a fin de acreditar que el recurso se presentó en tiempo, todo lo cual se pudo haber evitado si no se dejara todo para el último día.

"Artículo 123. El promovente deberá acompañar al escrito en que se interponga el recurso:

....

IV. Las pruebas documentales que ofrezca y el dictamen pericial, en su caso.

....*"*

108. ¿QUÉ PASA SI NO SE PRESENTA EL RECURSO DE REVOCACIÓN A TRAVÉS DEL BUZÓN TRIBUTARIO?

El primer párrafo del artículo 121 del Código Fiscal de la Federación, establece que el recurso de revocación deberá presentarse a través del buzón tributario, dentro del plazo legal, de ahí que no existe la posibilidad de presentar dicho medio de defensa de manera impresa en la oficialía de partes de la autoridad fiscal.

Pero, ¿qué pasaría si se presentara el recurso de revocación de manera impresa en la oficialía de partes de la autoridad fiscal?

Este cuestionamiento ha sido resuelto por el Pleno Jurisdiccional de la Sala Superior del Tribunal Federal de Justicia Administrativa, quien mediante precedente ha establecido que es legal que la autoridad tenga por no presentado el recurso de revocación, si dicho medio de defensa se presentó por la vía tradicional, es decir, de forma física y presencial ante las oficinas de la resolutora. Dicho precedente[60], es el siguiente:

"RECURSO DE REVOCACIÓN. ES LEGAL TENERLO POR NO PRESENTADO SI EL ESCRITO O CUALQUIER OTRA PROMOCIÓN PARA DARLE TRÁMITE SE REALIZA POR VÍA DISTINTA AL BUZÓN TRIBUTARIO.- De conformidad con lo establecido en el artículo 121 primer y segundo párrafos del Código Fiscal de la Federación en relación con la Regla 2.18.1 de la Resolución Miscelánea Fiscal para 2016 y la ficha de trámite 192/CFF "Recurso de Revocación en Línea" del Anexo 1-A, el medio idóneo para presentar el recurso de revocación es a través del buzón tributario. De tal suerte, que de la interpretación de dichas disposiciones se llega a la conclusión que cualquier promoción que se presente dentro de su substanciación debe necesariamente hacerse por el mismo medio; por tanto, es legal que la autoridad tenga por no presentado el recurso de revocación, si el escrito por el que se pretende solventar un requerimiento previo a su admisión, se presentó por la vía tradicional, es decir, de forma física y presencial ante las Oficinas de la resolutora. Máxime que el Código Fiscal de la Federación no establece excepción alguna para ello y el recurrente no acreditó imposibilidad para hacerlo por el medio correcto."

---

[60] Precedente IX-P-SS-256, publicado en la revista del Tribunal Federal de Justicia Administrativa, de la novena época, año II, número 21, de septiembre de 2023, página 91.

109. CONSECUENCIA DE QUE LAS PRUEBAS NO SE PRESENTEN DURANTE EL PROCEDIMIENTO ADMINISTRATIVO DE FISCALIZACIÓN, NI COMO ÚLTIMA OPORTUNIDAD EN EL RECURSO DE REVOCACIÓN

En lo concerniente a esta última fracción, resulta de trascendental importancia señalar que las pruebas que no se exhiban durante el procedimiento administrativo de fiscalización, ni como última oportunidad en el recurso de revocación, ya no podrán exhibirse en el juicio contencioso administrativo federal, dado que sobre el particular, la Segunda Sala de la Suprema Corte de Justicia de la Nación, emitió la siguiente tesis jurisprudencial por contradicción que a la letra dispone:

"JUICIO CONTENCIOSO ADMINISTRATIVO. EL PRINCIPIO DE LITIS ABIERTA QUE LO RIGE, NO IMPLICA PARA EL ACTOR UNA NUEVA OPORTUNIDAD DE OFRECER LAS PRUEBAS QUE, CONFORME A LA LEY, DEBIO EXHIBIR EN EL PROCEDIMIENTO DE ORIGEN O EN EL RECURSO ADMINISTRATIVO PROCEDENTE, ESTANDO EN POSIBILIDAD LEGAL DE HACERLO [MODIFICACION DE LA JURISPRUDENCIA 2a./J. 69/2001(*)]. Esta Segunda Sala de la Suprema Corte de Justicia de la Nación modifica la jurisprudencia referida, al considerar que el principio de litis abierta derivado del artículo 1o. de la Ley Federal de Procedimiento Contencioso Administrativo cobra aplicación únicamente cuando la resolución dictada en un procedimiento administrativo se impugna a través del recurso administrativo procedente, antes de acudir ante el Tribunal Federal de Justicia Fiscal y Administrativa, y se traduce en la posibilidad para el actor de formular conceptos de impugnación no expresados en el recurso, pero tal prerrogativa no implica la oportunidad de exhibir en juicio los medios de prueba que, conforme a la ley, debió presentar en el procedimiento administrativo de origen o en el recurso administrativo respectivo para desvirtuar los hechos u omisiones advertidos por la autoridad administrativa, estando en posibilidad legal de hacerlo. De haber sido esa la intención del legislador, así lo habría señalado expresamente, como lo hizo tratándose del recurso de revocación previsto en el Código Fiscal de la Federación en el que, por excepción, se concede al contribuyente el derecho de ofrecer las pruebas que por cualquier motivo no exhibió ante la autoridad fiscalizadora, para procurar la solución de las controversias fiscales en sede administrativa con la mayor celeridad posible y evitar su impugnación en sede jurisdiccional, esto porque la autoridad administrativa puede ejercer cualquiera de las acciones inherentes a sus facultades de comprobación y supervisión, como lo es, entre otras, solicitar información a terceros para compulsarla con la proporcionada por el recurrente o revisar los dictámenes emitidos por los contadores públicos autorizados, lo que supone contar con la competencia legal necesaria y los elementos humanos y materiales que son propios de la administración pública. Por tanto, tal prerrogativa no puede entenderse extendida al juicio contencioso administrativo, pues no sería jurídicamente válido declarar la nulidad de la resolución

impugnada con base en el análisis de pruebas que el particular no presentó en el procedimiento de origen o en el recurso administrativo, estando obligado a ello y en posibilidad legal de hacerlo, como lo prescribe el artículo 16 de la Constitución Política de los Estados Unidos Mexicanos, al indicar que los gobernados deben conservar la documentación indispensable para demostrar el cumplimiento de las disposiciones fiscales y exhibirla cuando sea requerida por la autoridad administrativa en ejercicio de sus facultades de comprobación. Estimar lo contrario significaría sostener que el Tribunal Federal de Justicia Fiscal y Administrativa puede sustituirse en las facultades propias de la autoridad fiscal y declarar la nulidad de sus actos por causas atribuibles al particular."[61]

"Artículo 125. *El interesado podrá optar por impugnar un acto a través del recurso de revocación o promover, directamente contra dicho acto, juicio ante el Tribunal Federal de Justicia Fiscal y Administrativa. Deberá intentar la misma vía elegida si pretende impugnar un acto administrativo que sea antecedente o consecuente de otro; en el caso de resoluciones dictadas en cumplimiento de las emitidas en recursos administrativos, el contribuyente podrá impugnar dicho acto, por una sola vez, a través de la misma vía.*

110. EXPLICACIÓN DEL PRINCIPIO DE LA CONEXIDAD DE LA CAUSA

En relación con este numeral 125 del Código Fiscal de la Federación, lo que se desea comentar es que cuando regula que se "*deberá intentar la misma vía elegida si pretende impugnar un acto administrativo que sea antecedente o consecuente de otro*", en realidad lo que se está cuidando es evitar que se pronuncien resoluciones contradictorias velando por el irrestricto respeto al **principio de la conexidad de la causa**, que no es otra cosa más que, cuando existan dos o más medios de defensa pendientes de resolver, en los que:

a.Las partes sean las mismas y se invoquen idénticos agravios;

b. Siendo diferentes las partes e invocándose distintos agravios, el acto impugnado sea uno mismo o se impugnen varias partes del mismo acto;

c. Independientemente de que las partes y los agravios sean o no diversos, se impugnen actos o resoluciones que sean unos antecedentes o consecuencia de los otros, **se deberá proceder a su acumulación**, precisamente para evitar que, se insiste, se pronuncien sentencias contradictorias.

Artículo 129 del Código Fiscal de la Federación
(DEROGADO)

---

[61]. Tesis consultable en el Semanario Judicial de la Federación, correspondiente al mes de julio de 2010. Página 917.

La Segunda Sala de la Suprema Corte de Justicia de la Nación, en el amparo directo en revisión 2425/2015 concluyó que es obligación de la autoridad fiscal dar a conocer a los particulares los actos que pretendan impugnar mediante el recurso de revocación, para que éstos puedan controvertir sus fundamentos y motivos, así como su notificación.

Afirmó que la derogación del artículo 129 del Código Fiscal de la Federación, a través del Decreto por el que se reforman, adicionan y derogan diversas disposiciones del Código Fiscal de la Federación, publicado en el Diario Oficial de la Federación el 9 de diciembre de 2013, no transgrede el principio de progresividad, pues no implica un menoscabo a la garantía de defensa del contribuyente en tanto prevalece la obligación de la autoridad fiscal de dar a conocer a los contribuyentes el acto administrativo, así como sus constancias de notificación, cuando éstos manifiesten su desconocimiento al interponer el recurso de revocación.

Ciertamente, señaló que conforme al derogado artículo 129 del Código Fiscal de la Federación, si el contribuyente negaba conocer el acto administrativo impugnado –y no meramente las constancias de su notificación–, las autoridades fiscales estaban obligadas a hacerlo de su conocimiento para que pudiese controvertir sus fundamentos y motivos, en cuyo caso el contribuyente contaba con un plazo para ampliar el recurso administrativo; de ahí que dicho precepto normativo *garantizaba la defensa del contribuyente en tanto permitía la impugnación de todo acto que le causara agravios* "con pleno conocimiento de él". En ello radicaba la importancia de la disposición jurídica referida.

En ese orden de ideas sostuvo que si bien, el artículo 129 de la Código Fiscal de la Federación fue derogado mediante el "Decreto por el que se reforman, adicionan y derogan diversas disposiciones del Código Fiscal de la Federación, publicado en el Diario Oficial de la Federación el 09 de diciembre de 2013"; sin embargo, ello no implica que haya quedado suprimida la referida garantía de dar a conocer al contribuyente el acto administrativo así como su notificación, cuando éste manifieste desconocerlo para que pueda controvertir sus fundamentos y motivos, así como su notificación, pues debe tenerse en cuenta que en la exposición de motivos de la iniciativa presentada por el Ejecutivo Federal ante la Cámara de Diputados, el 08 de septiembre de 2013, se señaló lo siguiente:

"Recurso de revocación

*Se propone que los contribuyentes, **mediante un sólo recurso administrativo de revocación y ya no en varios** como se establece en el texto vigente, **puedan impugnar la determinación del valor de bienes embargados, así como promoverlo**: (i) en contra del procedimiento administrativo de ejecución, cuando se alegue que éste no se ha ajustado a la ley; (ii) de la adjudicación, del remate o venta fuera de subasta, y **(iii) por el desconocimiento del origen de los créditos.***

*Lo anterior, a efecto de establecer **la facilidad al contribuyente de que pueda promover la impugnación correspondiente en un sólo momento por diferentes causas y no tener que realizarlo mediante una pluralidad de recursos administrativos de revocación en contra de diversos actos, en diferentes etapas dentro del procedimiento administrativo de ejecución, lo cual sólo retrasa la resolución del asunto en definitiva.***

En ese sentido, se propone disminuir los plazos para el pago o la garantía de créditos fiscales y para la interposición del recurso de revocación de 45 a 15 días; para llevar a cabo el remate de los bienes embargados, de 30 a 20 días, y de la subasta, de 8 a 5 días.

*De igual manera, considerando **que se propone otorgar la facilidad de que el contribuyente ya no tenga que promover diversos recursos contra cada acto**, se deroga la fracción VI del artículo 124 del Código Fiscal de la Federación, misma que establece que resultará improcedente el recurso administrativo de revocación **cuando no se amplíe éste en los casos en que se controviertan las notificaciones.***

***De esta forma se hace concordante con la derogación del artículo 129 propuesta,** en cuya disposición se elimina la impugnación de las notificaciones **como un recurso específico e independiente, <u>y se incluye este supuesto dentro del recurso administrativo de revocación</u>** que, en términos generales, puede promover el contribuyente para combatir diversos actos dictados en el procedimiento administrativo de ejecución."*

De ese modo el Alto Tribunal señaló que la razón legislativa tenía como finalidad lograr *el principio de concentración y economía procesal por lo que hace a los recursos de revocación*, a fin de que los contribuyentes pudieran promover la impugnación de los actos fiscales correspondientes **"en un sólo momento por diferentes causas y no tener que realizarlo mediante una pluralidad de recursos administrativos"**; reconociéndose expresamente que no se pretende expulsar del ordenamiento fiscal las hipótesis normativas contenidas en el artículo 129, por lo que hace a la impugnación de actos que desconoce el contribuyente, *sino incluir esos supuestos dentro del recurso administrativo de revocación*.

Tan es así, afirmó, que la propia iniciativa reconoce que los contribuyentes pueden promover el recurso de revocación **"por el desconocimiento del origen de los créditos"**. Lo cual se corrobora con el Dictamen presentado por la Comisión de Hacienda y Crédito Público de la Cámara de Diputados, el martes 15 de octubre de 2013, en cuanto precisa:

*"Esta comisión dictaminadora coincide con la propuesta del Ejecutivo Federal, relativa a que **en un solo momento se impugne la determinación del valor de los bienes embargados, así como promoverlo [...] <u>iii) el desconocimiento del origen de los créditos</u>**. Con esta medida de economía procesal se evitan además tácticas*

dilatorios mediante la constante interposición de medios de defensa."

En esa tesitura, si bien el texto del artículo 117 del Código Fiscal de la Federación vigente no señala expresamente que si el contribuyente niega conocer el acto administrativo impugnado, las autoridades fiscales están obligadas a hacerlo de su conocimiento para que pueda controvertir sus fundamentos y motivos, así como su notificación, lo cierto es que la interpretación teleológica de dicho precepto conlleva a determinar que **sigue vigente la referida garantía de defensa del contribuyente**, de ahí que *los gobernados se encuentran facultados para interponer el referido medio de impugnación contra los créditos fiscales cuyo origen desconozcan, lo cual, desde luego, tiene aparejada la obligación de la autoridad para que los dé a conocer, así como las constancias de notificación respectiva,* a fin de que los particulares puedan impugnar el acto fiscal **"con pleno conocimiento de él"**, ya que esa fue la intención expresa del legislador federal.

Por tanto, se colegía que el "Decreto por el que se reforman, adicionan y derogan diversas disposiciones del Código Fiscal de la Federación, publicado en el Diario Oficial de la Federación el 09 de diciembre de 2013", en el que se derogó el artículo 129 del Código Fiscal de la Federación, no implicaba un retroceso en el avance de los derechos humanos reconocidos en el sistema jurídico mexicano, y por ende, **basta señalar que la obligación de la autoridad fiscal de dar a conocer a los particulares los actos que pretendan impugnar mediante el recurso de revocación, para que éstos puedan controvertir sus fundamentos y motivos, así como su notificación, *continúa vigente*.**

Aunado a ello, dicho criterio también ha sido sustentado por la Segunda Sección de la Sala Superior del Tribunal Federal de Justicia Administrativa, en la jurisprudencia IX-J-2aS-8, publicada en la revista que edita el Tribunal Federal de Justicia Administrativa, correspondiente a la novena época, año I, número 6, de junio de 2022, que es del siguiente tenor:

"RECURSO DE REVOCACIÓN.- SU AMPLIACIÓN SOLO PROCEDE SI EL PARTICULAR NIEGA CONOCER EL ACTO.- LEGISLACIÓN VIGENTE A PARTIR DE LA REFORMA PUBLICADA EN EL DIARIO OFICIAL DE LA FEDERACIÓN EL 09 DE DICIEMBRE DE 2013.- La Segunda Sala de la Suprema Corte de Justicia de la Nación al resolver el amparo directo en revisión 2425/2015, en la ejecutoria del doce de agosto de dos mil quince, determinó que la derogación del artículo 129 del Código Fiscal de la Federación no eliminó la posibilidad de ampliar el recurso de revocación si el particular manifiesta desconocer el acto recurrido. En este contexto no es el desconocimiento de las constancias de notificación lo que genera la fase de ampliación, sino la circunstancia de que el particular haya planteado desconocer el acto recurrido. Dicho de otra forma, no procede la ampliación en el supuesto de que el recurrente conozca la resolución impugnada; pero, manifieste que no le fue notificado o que le fue ilegalmente entregado. Por consiguiente, si el

recurrente exhibe las constancias de notificación, al interponer el recurso de revocación y manifiesta que el acto fue ilegalmente notificado, entonces, no procede dicha ampliación, ya que, en ese caso, puede cuestionar las constancias desde la interposición del medio de defensa. Lo anterior se corrobora con lo expuesto por la Segunda Sala de la Suprema Corte de Justicia de la Nación al resolver infundada, en la ejecutoria del veintiocho de octubre de dos mil quince, la solicitud de sustitución de jurisprudencia 3/2015."

Por otra parte, el Segundo Tribunal Colegiado del Vigesimoséptimo Circuito, resolvió el juicio de amparo directo 680/2017, sosteniendo que de acuerdo con lo dispuesto por el artículo 68 del Código Fiscal de la Federación, el cual contiene el principio de presunción de legalidad de los actos y las resoluciones de las autoridades fiscales; sin embargo, el propio numeral establece una excepción respecto de que la autoridad debe probar los hechos que motiven los actos resoluciones, cuando el afectado lo niegue lisa y llanamente.

De ahí que, afirmó que el artículo 16, fracción II de la Ley Federal de Procedimiento Contencioso Administrativo dispone que cuando el actor en el juicio contencioso administrativo niegue conocer el acto administrativo impugnado porque no le fue notificado o lo fue ilegalmente, así lo debe indicar en su demanda, señalando la autoridad a quien atribuye el actor, su notificación o su ejecución, lo que genera la obligación a cargo de la autoridad correspondiente, de exhibir al contestar la demanda, constancia del acto administrativo de que se trate y de su notificación, para que el actor tenga oportunidad de combatirlos mediante ampliación de demanda.

Lo anterior en atención a que el legislador, al establecer tal obligación para la autoridad demandada, previó un derecho a favor del contribuyente a fin de que durante el procedimiento contencioso administrativo se respete su garantía de audiencia y por ende, los principios de certidumbre y de seguridad jurídica de los que debe gozar, contenidos en los artículos 14 y 16 de la Carta Magna, evitando que quede en estado de indefensión, ante la imposibilidad de combatir actos de la autoridad de los que argumenta no tener conocimiento, principio que se considera debe hacerse extensivo al procedimiento seguido en sede administrativa, a fin de salvaguardar la garantía de audiencia del contribuyente.

De ese modo afirmó que en el procedimiento administrativo debe operar el mismo principio que en el juicio contencioso, consistente en garantizar la defensa adecuada del contribuyente, evitando el retardo innecesario de la impartición de justicia, lo que resulta contrario a lo dispuesto por el artículo 17 Constitucional.

Por ello sostuvo que la autoridad administrativa debe exhibir en la instancia recursiva las constancias relativas a dichos créditos y sus notificaciones, por ser el momento procesal oportuno para hacerlo.

Lo anterior, efecto de que los recurrentes se encuentren en posibilidad de ejercer su derecho a una defensa adecuada, y evitar el retardo innecesario en la solución de los asuntos, en respeto de la garantía de audiencia y a los principios de economía e igualdad procesales.

Corolario, cuando la autoridad administrativa incumple aquella obligación lo correcto es declarar la nulidad lisa y llana, por no haberlas exhibido en la secuela del procedimiento del recurso, con el propósito de que la recurrente estuviera en aptitud de ampliar su recurso expresando razonamientos en su contra y de ofrecer pruebas que estimara pertinentes; todo lo anterior a efecto de garantizar una defensa adecuada al contribuyente así como en acatamiento al principio de economía procesal y al no considerarlo así, su determinación en cuanto a los efectos de la declaratoria de nulidad es indebida. Esto aplicando por analogía, la jurisprudencia 2ª./J.173/2011 (9ª.) sustentada por la Segunda Sala de la Suprema Corte de Justicia de la Nación, consultable a fojas 2645 del Libro III, Diciembre de 2011, Tomo 4, Novena Época del Semanario Judicial de la Federación y su Gaceta.

111. NOTIFICACIONES

*"**Artículo 137.** Cuando la notificación se efectúe personalmente y el notificador no encuentre a quien deba notificar, le dejará citatorio en el domicilio, sea para que espere a una hora fija del día hábil posterior que se señale en el mismo o para que acuda a notificarse a las oficinas de las autoridades fiscales dentro del plazo de seis días contado a partir de aquél en que fue dejado el citatorio, o bien, la autoridad comunicará el citatorio de referencia a través del buzón tributario... "*

112. CONSECUENCIA DE QUE EN EL ACTA DE NOTIFICACIÓN, NO SE HAGA CONSTAR EN PODER DE QUIEN SE DEJO CITATORIO

Aquí lo que resulta digno de comentario es que en el caso de que se deje citatorio, al levantarse al día siguiente el acta de notificación correspondiente, en ella se deberá hacer constar que a la misma antecedió citatorio, consignando necesariamente, en poder de quién se dejó el mismo, dado que de otra suerte, por ese solo hecho omisivo, la diligencia relativa será nula, como así se contempla en las tesis jurisprudenciales que en seguida se presentan:

*"**NOTIFICACIÓN PERSONAL EN MATERIA FISCAL. EL ARTÍCULO 137 DEL CÓDIGO FISCAL DE LA FEDERACIÓN, AL CONTENER TODOS LOS ELEMENTOS NECESARIOS PARA REALIZARLA, NO VIOLA LA GARANTIA DE SEGURIDAD JURIDICA PREVISTA EN LOS ARTÍCULOS 14 Y 16 DE LA CONSTITUCIÓN FEDERAL.** Del contenido íntegro del citado precepto, se advierte que las formalidades de la notificación personal a que alude su primer párrafo, se encuentran en cada uno de sus párrafos, complementados entre sí, de ahí que sea*

*inexacto considerar que aquellas previstas en su párrafo segundo sean exclusivas del procedimiento administrativo de ejecución, ya que al no existir disposición en contrario, rige en general a todo tipo de notificación. De esta manera, aun cuando el referido primer párrafo no aluda al levantamiento de un acta circunstanciada donde se acrediten los hechos respectivos, ello se desprende tácita y lógicamente del propio numeral, ya que tratándose de la notificación personal en el domicilio, es evidente que en la constancia se asentará quién es la persona buscada y cuál es su domicilio; en su caso, porqué no pudo practicarla; con quién la entendió y **a quién le dejó el citatorio, datos ineludibles que permiten establecer la certeza de que se satisfacen las formalidades que para este tipo de actos exige la Norma Fundamental**. Más aún, el párrafo segundo señala que si la persona citada no espera, se practicará la diligencia con quien se encuentre en el domicilio o, en su defecto, con algún vecino, y si estos últimos se niegan a recibir la notificación, se hará por medio de instructivo que se fijará en lugar visible del domicilio. En consecuencia, el artículo 137 del Código Fiscal de la Federación contiene los elementos necesarios para efectuar la notificación personal en el domicilio y, por ende, no viola la garantía de seguridad jurídica prevista en los artículos 14 y 16 de la Constitución Política de los Estados Unidos Mexicanos."[62]*

*"**NOTIFICACIÓN PERSONAL. EL ARTÍCULO 137 DEL CÓDIGO FISCAL DE LA FEDERACIÓN, AL PREVER LAS FORMALIDADES PARA SU PRACTICA, NO VIOLA LA GARANTÍA DE SEGURIDAD JURIDICA.** La práctica de toda notificación tiene como finalidad hacer del conocimiento al destinatario el acto de autoridad que debe cumplir, para estar en condiciones de dar oportuna respuesta en defensa de sus intereses. En ese sentido, el artículo 137 del Código Fiscal de la Federación cumple con dicha exigencia y satisface la formalidad que para ese tipo de actos requiere la Constitución Federal, pues cuando su segundo párrafo alude a las notificaciones de los actos relativos al procedimiento administrativo de ejecución, sólo lo hace para diferenciarlas de las notificaciones en general, en cuanto a que en aquéllas el citatorio será siempre para que la persona buscada espere a una hora fija del día hábil siguiente y nunca, como sucede con las que deben practicarse fuera de ese procedimiento, para que quien se busca acuda a notificarse a las oficinas de las autoridades fiscales dentro del plazo de seis días. Ahora bien, del contenido íntegro del citado precepto se advierte que el notificador debe constituirse en el domicilio de la persona para la práctica de la notificación personal y, en caso de no encontrarla, le dejará citatorio para que lo espere a una hora fija del día hábil siguiente, de ahí que aun cuando su primer párrafo no aluda expresamente al levantamiento del acta circunstanciada donde se asienten los hechos respectivos, ello deriva tácita y lógicamente del*

---

[62]. Tesis consultable en el Semanario Judicial de la Federación, correspondiente al mes de julio de 2008. Página 310.

propio precepto, ya que debe notificarse personalmente al destinatario en su domicilio, por lo que en la constancia de notificación deberá constar quién es la persona que se busca y cuál es su domicilio; en su caso, por qué no pudo practicarse; quién atendió la diligencia y a quién le dejó el citatorio; datos ineludibles que aunque expresamente no se consignen en la ley, la redacción del propio artículo 137 los contempla tácitamente. Además, la adición y reforma a los artículos 134 y 137 del Código Fiscal de la Federación, publicadas en el Diario Oficial de la Federación de 28 de diciembre de 1989, ponen de manifiesto que las formalidades de dicha notificación no son exclusivas del procedimiento administrativo de ejecución, pues las propias reglas generales de la notificación de los actos administrativos prevén que cualquier diligencia de esa naturaleza pueda hacerse por medio de instructivo, siempre y cuando quien se encuentre en el domicilio, o en su caso, un vecino, se nieguen a recibir la notificación, y previa la satisfacción de las formalidades que el segundo párrafo del artículo mencionado establece. En consecuencia, el artículo 137 del Código Fiscal de la Federación, al señalar las formalidades para la práctica de la notificación personal que prevé, no viola la garantía de seguridad jurídica contenida en los artículos 14 y 16 de la Constitución Política de los Estados Unidos Mexicanos."[63]

113. ¿QUÉ ES LA PROCURADURÍA DE LA DEFENSA DEL CONTRIBUYENTE (PRODECON)?

Conforme a lo señalado en el artículo 18-B del Código Fiscal de la Federación, la Procuraduría de la Defensa del Contribuyente es un organismo autónomo, con independencia técnica y operativa, misma que presta sus servicios de manera gratuita y tiene como función la protección y defensa de los derechos e intereses de los contribuyentes en materia fiscal y administrativa.

Asimismo, a dicha Procuraduría le corresponde la asesoría, representación y defensa de los contribuyentes que soliciten su intervención, en todo tipo de asuntos emitidos por autoridades administrativas y organismos federales descentralizados, así como, determinaciones de autoridades fiscales y de organismos fiscales autónomos de orden federal.

114. ¿CUÁLES SON LOS PRINCIPALES SERVICIOS QUE PRESTA LA PRODECON?

Los principales servicios que presta la Procuraduría de la Defensa del Contribuyente, son los de orientación, asesoría, representación legal y defensa, acuerdos conclusivos, quejas y emisión de recomendaciones en materia fiscal.

---

[63]. Tesis consultable en el Semanario Judicial de la Federación, correspondiente al mes de abril de 2006. Página 206.

Respecto a la representación legal y defensa, conviene precisar que la PRODECON representa y defiende gratuitamente a las personas físicas, personas morales, obligados solidarios o terceros que se vean afectados por actos o resoluciones emitidos por autoridades fiscales federales, incluso de las coordinadas en las entidades federativas, así como organismos fiscales autónomos, tales como el Instituto Mexicano del Seguro Social y el Instituto del Fondo Nacional de la Vivienda para los Trabajadores, cuando el monto del asunto o de los créditos fiscales (sin contar actualizaciones, accesorios y multas) no excedan de 30 veces la Unidad de Medida y Actualización (UMA) vigente, elevado al año ($1,188,841.50 a partir del 1 de febrero de 2024).

BIBLIOGRAFÍA

1. Aguilar Cuevas Magdalena. Derechos Humanos. Artículo publicado en la Revista número 30, del Órgano Informativo de la Comisión de Derechos Humanos del Estado de México. 1998

2. Burgoa Orihuela, Ignacio. *Principios Constitucionales en Materia de Contribuciones*. Publicado en la obra conmemorativa denominada "Tribunal Fiscal de la Federación, Cuarenta y Cinco Años".

3. Carrasco Iriarte, Hugo. *Derecho Fiscal Constitucional*. Editorial Oxford University Press. Cuarta Edición. 1999.

4. Carrillo Flores, Antonio. *La Defensa Jurídica de los Particulares Frente a la Administración en México*. Editorial Porrúa. 1981.

5. Chapoy Bonifaz, Beatriz. *"gasto público"* en *Diccionario Jurídico Mexicano*, Instituto de Investigaciones Jurídicas. UNAM, México. 1985.

6. Cruz Morales, Carlos Agustín. *Los Artículos 14 y 16 Constitucionales*. Editorial Porrúa. México. 1977.

7. Delgadillo Gutiérrez, Luis Humberto. *Principios de Derecho Tributario*. Editorial Limusa. Quinta Edición. 2008.

8. De la Garza, Sergio Francisco. *Derecho Financiero Mexicano*. Editorial Porrúa. Decimocuarta Edición. 1986.

9. Ferrer Mac-Gregor Eduardo. La Reforma Constitucional de Derechos Humanos México, un Nuevo Paradigma. Instituto de Investigaciones Jurídicas de la U.N.A.M. y S.C.J.N. 2012.

10. García Ramírez Sergio. La Corte Interamericana de Derechos Humanos. Editorial Porrúa-U.N.A.M. 2019.

11. Sánchez Gómez, Narciso. *Derecho Fiscal Mexicano*. Editorial Porrúa. México. 2009.

12. Sánchez Hernández, Mayolo. *Derecho Tributario*. Cárdenas Editor y Distribuidor. México. 1988.

13. Sánchez León, Gregorio. *Derecho Fiscal Mexicano*. Cárdenas Editor y Distribuidor. México. 1979.

14. Vázquez Mata, J. Guadalupe. El principio constitucional del destino de las contribuciones al gasto público y los derechos humanos. En Viesca de la Garza, Eduardo J., *Los principios constitucionales de las contribuciones a la luz de los derechos humanos*. Editorial Porrúa. México. 2017.

LEGISLACIÓN

1. Constitución Política de los Estados Unidos Mexicanos. www.diputados.gob.mx

2. Convención Americana sobre Derechos Humanos. (Pacto de San José)

3. Ley Orgánica de la Administración Pública Federal. www.diputados.gob.mx

4. Código Fiscal de la Federación. www.diputados.gob.mx

5. Ley de Amparo. www.diputados.gob.mx

6. Ley del Servicio de Administración Tributaria. www.diputados.gob.mx

7. Ley del Seguro Social. www.diputados.gob.mx

8. Ley del Instituto del Fondo Nacional de la Vivienda para los Trabajadores. www.diputados.gob.mx

9. Ley del Impuesto al Valor Agregado. www.diputados.gob.mx

10. Ley del Impuesto sobre la Renta. www.diputados.gob.mx

11. Ley Federal de Procedimiento Administrativo. www.diputados.gob.mx

12. Ley Federal de Procedimiento Contencioso Administrativo. www.diputados.gob.mx

13. Ley Federal de Protección al Consumidor. www.diputados.gob.mx

14. Ley de Aguas Nacionales. www.diputados.gob.mx

15. Reglamento de la Ley de Aguas Nacionales. www.diputados.gob.mx

16. Código Federal de Procedimientos Civiles. www.diputados.gob.mx

17. Ley Federal de los Derechos del Contribuyente. www.diputados.gob.mx

18. Semanario Judicial de la Federación.

19. Página Web de la Organización de las Naciones Unidas.

20. Página Web de la Comisión Nacional de los Derechos Humanos, México.

21. Página Web de la Corte Interamericana de Derechos Humanos.

Made in United States
Troutdale, OR
01/15/2024

16955523R00126